프랜차이즈 트렌드 2017

쌩초보도 고수로 거듭나는 창업의 정석

프랜차이즈
트렌드 2017

노승욱 지음

매일경제신문사

 들어가는 글

2016년 여름, 동네에 새 치킨집이 문을 열었다. 배달 대신 홀 영업만 하는 가게였다. 이미 반경 5미터 안에 그런 가게가 3개 있다가 한 곳이 문을 닫은 지 한 달도 안 된 참이었다. 지인과 가서 맛을 봤고, 둘 다 평이 안 좋았다. 나오는 길에 점주 아주머니가 자신 없는 눈빛과 목소리로 물었다.

"맛이 어때요?"
"네, 맛있네요~"

차마 솔직히 답하지 못했다. 눈도 못 마주치고 서둘러 나오는 내 뒷모습에서 아주머니는 어렴풋이나마 진심을 느꼈을까. 아니면 그저 안도했을까. 어느 쪽이라도 마음이 불편하긴 마찬가지다. 이후 그 가게에 다시 가지 않았고, 2016년 12월 간판을 내리는 가게를 지나치며 나는 아렸다.

자영업 시장이 아우성이다. '자영업자 600만 명 육박', '금리 인상으로 자영업자 부채 급증', '자영업자 폐업 속출' 등의 뉴스가 잇따른다. '프랜차이즈 다점포율 2017' 조사 결과에서도 어려운 자영업 시장 상황이 뚜렷이 읽혔다. 2016년보다 다점포율이 상승한 업종보다 감소한 업종이 더 많았다. 그나마 다점포가 덜 줄어든 곳에서 희망을 찾아야 할 정도다. 어쩌면 예고됐던 일이다. 저성장으로 소비는 갈수록 둔화되는데, 베이비붐 세대 은퇴와 청년실업으로 창업이 급증하니 모두가 힘들 수밖에.

그렇다고 창업을 안 할 수도 없는 노릇이니 고약하다. 이럴 때 '피할 수 없으면 즐겨라'라고는 말 못한다. 도저히 즐길 만한 상황이 아니니까. 그보다는 '피할 수 없으면 공부해서 창업하라'고 말하고 싶다. '묻지마 창업'으로는 백전백패일 수밖에 없다.

창업 트렌드를 읽는 데 이 졸저가 감히 도움이 되길 바란다. 지난 2016년 7월 《노기자의 창업 트렌드》를 쓴 지 불과 6개월 만에 다시 썼다. 혹자는 6개월 동안 트렌드가 얼마나 달라졌겠느냐고 물을지 모르겠다. 천만의 말씀. 우리는 스마트폰과 SNS로 모든 정보가 실시간으로 공유되는 세상에 살고 있다. 트렌드가 전파되고 변화하는 속도도 갈수록 빨라지는 추세다. 물론 지난 책에서 쓴 트렌드와 여전히 비슷해 그대로 인용한 부분도 있다. 그래도 이번 책에서 새로 쓴 내용이 전체의 98% 이상이다.

혹여나 대박집을 꿈꾼다면 그래, 꿈이라도 꾸자. 하지만 솔직히 말하면 2017년에도 자영업 시장 키워드는 '대박'이 아니라 '생존'이다. 저성장, 장기 불황, 고령화, 청년실업, 비혼, 1인 가구 증가, 핵가족화 등의 사회상은 우리에게 갈수록 각자도생을 종용한다. 최근 가성비 좋은 저가 상품이나 온라인 쇼핑이 잘나가는 이유다. 그러다 가끔 '작은 사치'로 스트레스를 풀 때 일부 프리미엄 시장도 겨우 한숨 돌리는 상황이다. 허황된 환상을 버리고, 두 손 불끈 쥐고, 뚜벅뚜벅, 모두 힘내시길 바란다.

매경이코노미 기자
노승욱

목 차

Part
3

어서 와, 창업은
처음이지?

Part 4

일본에서 본
한국의 내일

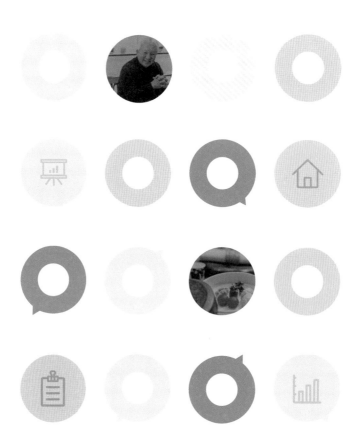

PART
1

2017년 뜨고 지는 아이템?
다점포율에 물어봐~

가맹점을 두 개 이상 운영하는
'투자형 점주'의 움직임을 보면
최신 창업 트렌드를 알 수 있다.

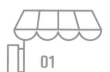

01

대한민국 자영업,
이대로는 안 된다!

먹방·미쉐린 가이드 열풍에
한국인 입맛 '지붕 뚫고 하이킥～'

4,800개 vs 1,300개.

2015년 말 기준 한국과 일본의 프랜차이즈 브랜드수다(2015년 말 기준). 같은 해 두 나라의 국내총생산(GDP) 규모는 각각 1조 3,779억 달러(한국), 4조 1,233억 달러(일본). GDP가 일본의 3분의 1 수준인데도 국내 프랜차이즈 브랜드는 되레 4배나 많다. 그뿐인가. 격차는 갈수록 벌어지고 있다. 2015년 한 해 동안 등장한 신생 브랜드가 일본은 17개였지만, 우리는 556개나 됐다. 가맹점수도 우리나라(약 21만 개)는 일본(약 26만 개)의 80%에 육박한다. 양국의 인구나 경제 규모가 2~3배 차이임을 감안하면 국내 프랜차이즈 시장이 '기형적'으로 크다는 걸 알 수 있다. 이쯤 되면 '프랜차이즈 공화국'이라 할 만하다.

우리나라는 왜 이렇게 프랜차이즈 업체가 많은 걸까. 크게 3가지 이유를 들 수 있다.

우선 5,000개나 되는 브랜드에 허수가 숨어 있다. 이 중 약 50%(2,559개)는 가맹점과 직영점을 더한 총 점포수가 5개가 채 안 된다. 가맹점이 아예 0인 곳도 많다. 가맹사업을 하겠다고 공정거래조정원에 브랜드 등록만 해놓고 사실상 개점휴업 상태인 곳들이다. 또 총 점포수가 30개가 안 되는 곳은 약 80%(4,151개)에 달한다. "가맹점이 30개 이하여서는 규모의 경제를 통한 구매 원가 절감이나 브랜드 홍보 효과를 기대하기 어렵다"는 게 프랜차이즈 업계의 중론이다. 즉 브랜드 경쟁력 부족으로 제대로 꽃도 피워보지 못하고 영세한 규모로 사업을 유지하다 문을 닫는 프랜차이즈가 태반이란 얘기다.

▌ 영세 브랜드 난립한 국내 프랜차이즈 현황

〈단위: 개, %〉

점포수*	브랜드수	누적 브랜드수	누적 비중
5 이하	2,559	2,559	49.5
6~10	620	3,179	61.5
11~30	972	4,151	80.2
31~50	347	4,498	87.0
51~100	304	4,802	92.8
101~300	233	5,035	97.3
301~500	56	5,091	98.4
501~1,000	48	5,139	99.3
1,001~1,500	18	5,157	99.7
1,501~2,000	7	5,164	99.8
2,000 이상	9	5,173	100
총합	5,173		

*점포수는 직영점과 가맹점을 모두 더한 기준

자료: 공정거래조정원

둘째, 우리나라는 소비의 지역색이 옅다. 즉 서울과 부산 시민의 소비 특성이 그리 큰 차이가 없다. 때문에 서울에서 프랜차이즈가 하나 성공하면 순식간에 전국으로 가맹점을 늘린다(반대로 부산에서 성공해 서울로 확산되는 경우도 가능. 스크린야구장과 설빙이 그 예). 일본은 다르다. 지역색이 강해 전국 단위로 출점하는 프랜차이즈가 많지 않다. 가령 홋카이도에서 잘 팔린다고 해서 간사이 지방이나 규슈 지역에서 잘 팔릴 거라 확신할 수 없기 때문이다. 프랜차이즈 본사 입장에선 트렌드 확산 속도가 빠르고 범위가 넓은 한국 시장이 더 매력적일 수밖에 없다. 브랜드 등록과 가맹점 출점이 무분별하게 이뤄지는 배경이다.

셋째, 한국 자영업자의 경쟁력이 약하다. 이게 가장 핵심이다. 일본의 장인 정신에 대해선 여기서 길게 설명할 필요가 없다. '잇쇼 켄메이(いっしょうけんめい, 一生懸命)', 즉 '목숨 걸고 최선을 다한다'는 정신이 자영업에도 그대로 배어 있다. 일본의 대학 진학률(48%)이 한국(71%)과 미국(64%)보다 훨씬 낮은 이유 중 하나도 잇쇼 켄메이 정신 때문으로 풀이된다. 일찌감치 가업(家業)을 물려받을 생각이라면 굳이 비싼 등록금 내고 대학에 갈 필요가 없단다. 실제 기자가 도쿄에서 인터뷰한 이토 히로유키 일본 프랜차이즈협회 전무는 "일본은 독립 창업한 자영업자가 프랜차이즈 매장과의 경쟁에서 전혀 밀리지 않는다"고 말했다.

우리나라는 어떤가. '사농공상(士農工商)' 문화 탓인지 자영업을 하는 부모도 자식은 자영업을 하지 말라고 신신당부한다. 자영업이 '선망의 직업'보다는 먹고살기 위해 마지못해 하는 생계 수단에 가깝다. 스스로 자부심이 없고 동기부여가 안 된 자영업자는 결코 좋은 서비스를 할 수 없다. 그런데 요즘 우리나라는 이런 현상을 부채질하는 일들이 계속 일어나고 있다. 베이비붐 세대 은퇴와 청년실업 대란이다. 직장을 잃은 60대와 취업을 못 한 20대가 생계를 위해 '자의 반 타의 반' 자영업 시장으로 떠밀리듯 뛰어들고 있다. 실제 통계청이 발표한 '전국사업체조사 잠정결과'에 따르면 60대 이상 대표 사업체는 11.8%(2013년 62만 7,348개 → 2014년 70만 1,319개), 20대 대표자 사업체는 24%(2013년 6만 7,365개 → 2014년 8만 3,230개) 급증, 전체 세대 중 가장 큰 증가폭을 기록했다. 이렇게 할 수 없이, 등 떠밀려 '묻지마 창업'을 하는 생계형 영세 자영업자가 늘어날수록 국내 자영업의 질적 발전은 요원해진다.

이처럼 자영업자 경쟁력이 떨어지니 유독 한국에서 프랜차이즈가 잘될 수밖에 없다. 서울시에 따르면, 서울에서 창업한 독립 점포와 프랜차이즈 점포의 3년(2011~2014년) 생존율은 각각 58.4%, 73%였다. 소비자들이 맛이나 서비스가 미덥지 않은 독립 점포보다는, 표준화된 서비스로 일정 수준의 만족을 제공하는 프랜차이즈로 몰리기 때문이다.

이런 이유에서 기자는 지난번 책에서 '창업을 하려거든 프랜차이즈로 할 것'을 권했다. 현재 프랜차이즈 과잉 사회가 바람직한 건 아니지만, 어찌 됐든 그게 자영업자의 '생존'에 유리하다는 판단에서다. 프랜차이즈는 상권 분석부터 신메뉴 개발, 서비스 교육, 홍보 등을 본사가 전문적으로 해준다. 또 트렌드를 좇기 위해 주기적으로 매장 인테리어 리뉴얼도 한다. 반면 독립 점포는 하나부터 열까지 점주가 혼자 해야 돼 프랜차이즈와 경쟁하기가 쉽지 않은 구조다. 독립 점포에 대한 소비자 신뢰가 아직 형성되지 않았고, 창업자 본인도 프랜차이즈 매장 서비스 수준을 넘어설 자신이 없다면 2017년에도 프랜차이즈 창업이 더 유리하다는 생각에는 변함이 없다.

단 프랜차이즈로 창업하지 않았다 해서 비관할 필요는 없다. 독립 창업자에게도 얼마든지 기회는 있다. 프랜차이즈 매장보다 더 좋은 맛과 친절한 서비스, 또 상권 분석과 마케팅 전략을 잘 갖추면 된다. 그렇다. 정말 뻔하고 원론적인 얘기다. 그러나 그 울림은 이전과 달라졌다. 적어도 외식 시장에선 그렇다. 2017년의 창업 환경이 이전과 달라졌기 때문이다. 바로 소비자의 눈높이가 예전보다 훨씬 높아졌다는 것이다. 지난 2년간 유행했던 '먹방'의 영향으로 이제 소비자들은 다들 미식가(美食家)가 됐다. 미원을 얼마나 넣었는지, 어떤 커피 원두로 로스팅했는지, 식재료는 신선한 걸 썼는지 전문가 뺨치게 잘 안다. 또 2016년 11월 세계적인 맛집 추천지 《미쉐린 가이드 서울 편》이 발간되면서 미식에 대한 관심이 최고조에 달한 분위기다.

입맛이 높아진 소비자에게 프랜차이즈는 이제 그리 성에 차는 선택지가 아닌 상황이 됐다. 프랜차이즈는 적당한 가격에 적당한 맛과 서비스를 제공할 뿐, 소비자가 감동할 만한 맛과 서비스는 태생적으로 제공할 수 없다. 그게 프랜차이즈 3요소인 표준화·단순화·전문화 중 표준화, 단순화의 한계다. 먹방에서 보여주는 훌륭한 식당들을 보라. 열이면 열 장인 정신을 갖고 특정 지역에서 오랫동안 영업해온 '독립 점포'다. 고객이 원하는 '감동적인' 맛과 서비스를 제공하기만 한다면, 고객은 조금 멀고 비싸더라도 기꺼이 발품을 팔아서 찾아가 지갑을 열 준비가 돼 있다. 즉 일본처럼 장인 정신(잇쇼 켄메이)을 갖고 열심히 하는 자영업자가 인정받고 눈에 띌 수 있는 환경이 마련된 것이다. 적당한 맛과 가격으로 가성비 좋은 프랜차이즈를 최상의 맛과 독창적인 서비스로 반격하는 자영업자가 많아지길 진심으로 바란다.

이제 다시 프랜차이즈 얘기로 돌아오자. 프랜차이즈 창업의 첫걸음은 '옥석 가리기'다. 1년에 신생 브랜드가 수백 개씩 생겨나고 트렌드도 자주 바뀌니 예비창업자로선 유망 브랜드를 선별하기가 쉽지 않다. 기껏 점찍어둔 브랜드도 빠르면 수개월, 늦어도 2~3년만 지나면 '흘러간 브랜드'가 돼 있기 십상이다. 실제 국내 프랜차이즈의 평균 사업 지속 기간은 5년 안팎에 불과하다. 국내 상장업체들의 평균 사업 지속 년수가 약 40년인 데 비하면 영속성이 크게 떨어진다. 상황이 이렇다 보니 금융당국도 프랜차이즈의 기업공개(상장)에 소극적이다. 5,000여 개 브랜드 중 증시에 상장된 곳은 10개 안팎에 불과하다. 비상장 브랜드가 대부분이니 예비창업자에게 제공되는 정보도 제한적일 수밖에 없다. 상장기업은 분기(3개월)에 한 번씩 실적 등 경영 상황을 공시한다. 반면 프랜차이즈는 1년에 딱 한 번, 그마저도 공정거래조정원의 검수를 거치느라 8개월이나 지난 시점에 공시한다. 프랜차이즈 난립(과잉)→영속성 불안→상장 심사 탈락→창업 정보 부족→옥석 가리기가 힘든 악순환이 반복되는 구조다.

현재도 예비창업자는 2015년 말 기준 프랜차이즈 현황만 확인할 수 있다. 또 2016년 기준 프랜차이즈 현황은 2017년 8월에나 공시될 예정이다. 거의 1년 전 자료다 보니 최신 트렌드를 반영하기 힘들다. 가령 2016년 상반기 급성장한 저가주스, 만화카페, 스크린야구장 등은 공정거래조정원에 공개된 2015년 말 기준 자료에선 아예 찾아볼 수도 없다.

이를 위해 기자는 2014년부터 3년째 국내 주요 프랜차이즈 현황을 직접 조사하고 있다. 이번 조사 대상 20개 업종 80개 브랜드의 가맹점수를 모두 합치면 약 7만 5,000개로 전국 프랜차이즈 가맹점의 3분의 1에 해당한다. 전체 점포수 최신화를 위해 직영점과 가맹점수는 물론, '다점포수'도 조사했다. 다점포는 점주 한 명이 같은 브랜드의 점포를 2개 이상 운영하는 경우다. 추가 출점이 많은 브랜드일수록 기존 점주의 경영 만족도가 높다고 볼만하다. 야놀자모텔, 양키캔들, 미니스톱을 2~5개씩 운영하는 다점포 점주에게 최근 트렌드와 경영 노하우도 들어봤다.

프랜차이즈 매장이 늘어서 있는 서울 명동 거리

2017년 다점포율 조사 결과 전년 대비 다점포 비율이 늘어난 업종보다는 줄어든 업종이 상대적으로 더 많았다. 경기 침체로 인해 자영업 시장이 전반적으로 어려워졌음을 시사한다. 그나마 중가 커피전문점, 모텔, 생활용품 등의 업종에선 다점포가 늘었지만 증가폭은 전년 대비 둔화됐다. 반면 편의점, 치킨, 피자, 패스트푸드, 김밥, 떡볶이 등 주요 외식 업종은 다점포가 크게 줄거나 정체된 모습을 보였다. 최근 트렌드와 안 맞거나 시장 포화로 인해 기존 점주들의 수익성이 그리 좋지 않다는 해석이 가능하다. 또 같은 업종 안에서도 브랜드에 따라 다점포율이 뚜렷하게 갈렸다. 소비자 취향이 다변화됨에 따라 브랜드별 전략 차별화가 중요해졌음을 시사한다. 경기는 안 좋은데 시장은 점점 알 수 없는 흐름이 펼쳐지고 있는 것이다. 이럴 때일수록 안테나를 바짝 세우고 트렌드 파악에 공을 들여야 한다.

전문가들은 2017년에도 자영업 시장이 계속 어려울 것으로 우려한다. 저성장이 지속되면 소비자들이 허리띠를 더욱 졸라맬 것이란 예상에서다. 그러면서도 가성비(가격 대비 성능) 트렌드에 맞는 각종 '저가○○' 창업과 두 아이템을 더한 복합 매장, 숍인숍, 서비스업 분야 창업이 대안으로 제시된다. 주윤황 장안대 유통경영과 교수는 "가성비를 중시하는 소비 습관도 한동안 계속될 전망"이라며 "작은 매장, 저가 제품 이 두 가지 큰 트렌드는 새해에도 계속 이어질 것"으로 내다봤다.

미쉐린 가이드 별 4개 받은
조태권 광주요 회장

요정 한상차림에 굳어진 한식 이미지… 시대 따라 변해야 산다!

"지난 28년간 한식 세계화를 위해 한길만을 걸어왔습니다. 저의 사업들은 전부 세계를 향하는 것이었죠. 이제 그 문이 활짝 열린 것 같아 정말 기쁩니다."

《미쉐린 가이드》 선정 소식이 전해진 지 일주일 만인 2016년 11월 16일, 가온에서 만난 조태권 광주요 회장은 담담히 소감을 밝혔다. 《미쉐린 가이드》는 세계에서 가장 권위있는 레스토랑 평가서다. 별 1개 받기도 힘든데 그가 운영하는 식당은 별을 무려 4개(가온 3개, 비채나 1개)나 받았다. 특히 '요리를 맛보기 위해 여행을 떠나도 아깝지 않다'는 찬사의 별 3개는 가온과 신라호텔의 라연 단 두 곳뿐이었다. 그의 식당이 삼성그룹의 특급호텔과 함께 전 세계에 한식의 매력을 한껏 뽐낸 셈이다.

광주요그룹의 사업부는 크게 셋으로 나뉜다. 도자기(광주요), 술(화요), 한식(가온·비채나)이다. 언뜻 보면 서로 이질적인 것 같지만 그렇지 않다. 대우에서 상사맨으로 활동하다 1988년 가업(家業)인 도자기 사업을 이어받은 조 회장은 도자기를 식(食)문화로 접근했다.

"문화 사업은 해보니까 간단치가 않더군요. 도자기 선진국들을 다녀 보니 도자기 강국은 곧 음식 강국임을 알게 됐어요. 1달러에서 1,000달러까지 다양한 음식 문화가 있고, 그 가격대에 준하는 다양한 공예품이 개발된 거더라고요. 그래서 외식사업부 '가온소사이어티'를 신설해 한식당을 열었습니다. 그런데 이번에는 우리 음식에 맞는 술이 없는 거예요. 5만~10만 원짜리 음식에 3,000원짜리 술을 곁들일 수는 없지 않습니까. 그래서 우리술 '화요'를 만들게 됐습니다."

이때부터 조 회장은 국내 식문화 개혁에 뛰어든다. 지난 30여 년간 투자한 돈만도 수백 억 원에 달한다. 특히 2007년 10월 미국 캘리포니아의 와인 명산지인 나파밸리에서 세계 부호들과 와인 제조업자, 음식 담당 기자 등 60여 명을 초대해 최고의 한식을 대접한 일화는 유명하다. 한국에서 고급 식기와 식재료를 직접 공수하고 가온 요리사 6명을 동원해 1인당 270만 원짜리 한식 만찬을 열었다. 세계 미식의 중심지에서 한식의 우수함을 보여주기 위해 사재를 털어 마련한 자리였다.

국내에선 식문화 고급화에 앞장섰다. 그는 시중에 팔리는 희석식 소주가 저급술로 둔갑하면서 안주도 저렴한 음식과 어울리고 이렇다 할 서비스도 없어졌다고 개탄했다. 술과 음식, 식기, 서비스는 모두 하나로 연결된 식문화이고, 이 중 하나가 바뀌면 나머지도 따라올 거라고 생각했다. 또 일제강점기 이후 끊어진 증류 생산 방식의 전통 소주 명맥을 되살리겠다는 일념하에 국내 최고 전문가들과 함께 2003년부터 화요 생산에 돌입했다. 최고의 한식을 선보이는 식당 '가온'도 같은 해 열었다.

시대를 너무 앞서간 때문이었을까. 화요와 가온은 적자의 연속이었다. 한 병에 1만 원, 한 끼에 10만 원이 훌쩍 넘는 고급술과 한식을 즐기려는 수요는 많지 않았다. 결국 경영난을 못 이긴 가온은 2008년 문을 닫았고, 화요는 2014년까지 10년 연속 적자를 이어갔다. 한식 사업을 위해 재산을 하나둘 처분하다 보니 부인이 우울증까지 겪을 정도였지만 조 회장은 끝내 포기하지 않았다.

"시장이 호응을 안 해줬지만 이를 실패라고 단정할 수는 없었습니다. 문화 사업은 축적돼 가는 것이기 때문에 원래 실패라는 게 없어요. 내가 하다가 중단하면 다음에 누군가가 내가 멈춘 곳에서 다시 시작하게 되거든요. '한식 세계화'라는 목표를 이루기 전까지는 수익이나 경영을 고려하지 않았습니다. 오직 투자의 과정으로 생각했죠."

가온의 음식들. 가온은 한식을 현대적으로 재해석해 미쉐린 가이드 별 3개를 받았다.

기다리는 자에게 기회는 온다고 했던가. 2~3년 전부터 《미쉐린 가이드》가 상하이, 서울 등 아시아 편 발간을 준비 중이란 얘기가 흘러나왔다. 세계적인 미식 안내서의 서울판이 나오면 한식이 국내외에서 재조명받을 것이라고 확신한 그는 2014년 가온을 다시 열었다.

"《미쉐린 가이드》는 우리 한식을 세계에 소개해주는 겁니다. 홍보 효과만 해도 5,000억 원의 경제성을 가지죠. 이를 계기로 한식 시장이 고급화되면 약 70조 원 규모인 국내 외식업 시장은 5년 안에 2배 이상 커질 거예요. 지금까지는 가격 경쟁 시대였지만, 이젠 '가치' 경쟁의 시작이라 보고 대비를 서둘렀죠."

변화의 바람은 화요에서 먼저 불었다. 군대에 납품하던 화요가 '우리 술인데 양주보다 깔끔하고 맛도 좋다'는 입소문을 타기 시작했다. 민간 시장으로 확산된 화요 열풍으로 드디어 2015년에 첫 흑자를 달성했다. 무려 10년 만의 흑자전환이었다. 2016년에도 흑자를 이어갈 전망이다. 여기에 최근 《미쉐린 가이드》 별 4개를 획득하면서 술과 음식 모두 겹경사를 맞게 됐다.

2016년 11월 《미쉐린 가이드》 선정 이후 가온과 비채나는 즐거운 비명을 지르고 있다. 바로 당장 2017년 2~3월까지 예약이 밀려들었다. 현재 가온은 주방 6명, 홀 9명 등 15명의 직원이 최고의 정찬을 준비하느라 저녁 영업만 하고 있다. 조 회장은 "직원을 주방 10명, 홀 12명으로 늘려 2017년부터 점심 영업도 하려 한다"고 계획을 밝혔다.

　　조 회장은 가온과 비채나 2호점은 생각지 않고 있다. 그보다는 일반 자영업자들도 참여할 수 있는 대중 한식 프랜차이즈 사업을 구상 중이다. 현재 가온과 비채나는 매일 가장 신선한 제철 식재료로 음식을 준비하는데, 식재료의 신선도를 유지할 수 있는 냉동·해동 기술을 개발하고, 도자기·음식·술을 표준화해 공급하면 대중적인 가격에 서비스를 제공할 수 있다는 복안이다.

　　"전국에 228개 지역 문화원이 있는데, 여기에 30~40명 수용 가능한 식당을 만들어 국내 정식 문화의 새로운 혁명을 일으키려 합니다. 장기적으로는 도자기 사업도 계속 키워나갈 겁니다. 사람은 자신에게 어울리는 옷을 입었을 때 보기 좋듯, 음식도 마찬가지거든요. 고급 음식은 고급 식기에 담아야 비로소 완성됩니다. 또 공간도 달라질 거예요. 우리 식당에 들어서는 순간 '아, 이 집은 한식당이구나' 손님이 바로 느낄 수 있도록 특별한 인테리어도 준비 중입니다. 한 달에 한 번쯤 한복을 입고 오는 날을 정해 복식 문화를 바꿔나가는 것도 가능하겠죠. 그러다 보면 예절과 서비스, 나아가 우리 국민의 인성도 업그레이드될 겁니다. 이처럼 우리 식당을 다양한 체험을 할 수 있는 문화복합공간으로 키워나가는 게 목표입니다."

　　다음은 기사에 싣지 못한 조태권 회장과의 일문일답.

　　Q **한식 세계화를 주창해왔는데, 현재 국내 한정식 식당들에 대한 평가는 어떤가요?**

　　A 현재 한식당은 맛, 모양, 서비스 모두가 한국인에게 맞춰져 있습니다.

한식은 '저렴하고 푸짐하고 서민적인 음식'이라는 이미지여서 식자재를 고급화하지 못하고 있어요. 그래서 국내 한식당은 말 그대로 국내용이지 세계용이 아닙니다. 한식이 세계화되려면 세계인의 취향에 맞아야 합니다. 또 한식은 과거 요정에서 나오던 한상차림 이미지가 굳어진 측면이 있습니다. 여기서 변형되면 '퓨전 한식' 또는 '모던 한식'이라고 말하죠. 이는 한식을 우리 스스로 비하하는 것이에요. 한식은 시대 흐름에 따라 계속 변해야 합니다. 우리 음식 모두가 퓨전 한식, 모던 한식일 수 있습니다.

Q 일반 자영업자가 한식을 업그레이드하기 위한 방법은 무엇인가요?

A 서로 신메뉴 개발 경쟁을 해야 합니다. 예를 들어 된장찌개를 어떤 사람은 5,000원짜리면 만족하겠지만, 어떤 사람은 1만 원짜리, 또 3만 원짜리를 찾을 수도 있어요. 그에 따라 식자재가 달라져야 합니다. 음식에서 가장 중요한 게 식자재거든요. 신메뉴도 개발해야 합니다. 된장찌개에 새우, 전복, 랍스터도 넣을 수 있어요. 식당을 알릴 만한 대표 상품이 있어야 합니다. 수요가 없어서 개발하지 못한다는데, 식당에서 자꾸 선보이고 알리면 수요는 따라오게 돼있어요.

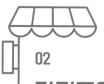

02

다점포율로 보는
창업 트렌드

◇◇◇◇◇

점주가 만족하는 브랜드를 찾아라

　프랜차이즈 창업을 할 때 고려할 사항은 한두 가지가 아니다. 창업 자금과 업종, 입지 등도 중요하지만 어느 브랜드의 프랜차이즈를 선택할 것인가도 심히 고민된다. 문제는 어느 브랜드가 잘되는지를 알 수 있을 만한 정보가 부족하다는 것이다. 국내 프랜차이즈는 대부분 비상장사여서 주가처럼 기업가치를 비교할 만한 지표가 없다. 그렇다고 공정거래위원회가 제공하는 정보공개서상의 매출이나 가맹점당 평균 매출, 폐점률 등을 참고하자니 허점이 너무 많다. 정보공개서는 직전연도 정보가 이듬해 7~8월에나 발표된다. 즉 2016년 6~7월까지는 2014년 말 기준 자료만 확인 가능하다. 빠르면 6개월 만에도 트렌드가 바뀌는 시장임을 감안하면 시의성이 아쉬울 수밖에 없다.

　가맹점수도 점주 만족도를 그대로 보여주기에는 일부 한계가 있다. 1개 점포만 경영하는 일반 점주는 대개 '생계형 점주'가 많다. 때문에 장사가 잘 안 돼도 생계를 위해 근근이 버티며 '한계 점포' 또는 '좀비 점포'로 유지하기 쉽다. 하지만 이런 사정을 모르는 예비창업자들은 가맹점수가 줄지 않으면 그저 '장사가 예전만큼 잘되나 보다' 오해할 수 있다. 가맹점수가 중장기적인 트렌드는 반영해도 당장 최근의 변화를 반영하기에는 '시차'가 있다는 얘기다.

창업 시장 트렌드를 가장 잘 반영할 수 있는 지표는 없을까. 주요 브랜드의 기존 점주들은 과연 얼마나 만족하고 있을까. 이런 고민 끝에 기자가 고안한 게 '다(多)점포율'이다. 80여 개 주요 프랜차이즈의 '다점포율'을 보면 점주 만족도에 대한 대략적인 윤곽이 드러난다.

다점포율, 점주 만족도 보여주는 지표

다점포율이란 프랜차이즈의 전체 가맹점 중 점주 한 명이 2개 이상 다(多)점포를 거느리는 경우의 수다. 1개 점포를 해보고 꽤나 만족스러우니 같은 브랜드의 점포를 추가 출점했을 터. 따라서 다점포율이 높을수록 해당 브랜드에 대한 점주들의 만족도나 신뢰도가 높다고 볼만하다. 다점포율은 전체 가맹점포수 대비 다점포수(점주가 복수 점포를 거느린 경우의 총합) 비율로 계산했다. 가령 전체 가맹점이 100개인 프랜차이즈에서 A점주가 2개 점, B점주가 3개 점, 나머지 점주 95명이 각 1개 점씩 운영 중이라면 이 프랜차이즈의 다점포율은 5/100=5%가 된다. 직영점은 계산에서 제외했다. 다점포수는 기본적으로 명의자가 같은 점포를 기준으로 했다. 부부, 자녀 등 가족이나 친구, 후배 등 지인이 운영하는 점포까지 포함하면 다점포율은 훨씬 높아진다. 일례로 네네치킨의 경우 원칙대로 하면 다점포율은 2%에 불과하다(2015년 말 기준). 1,192개 가맹점 중 명의자가 같은 다점포 사례가 24개에 불과하기 때문이다. 그러나 가족이 운영하는 점포를 포함하면 12.2%(다점포수 145개)로 다점포율이 껑충 뛴다. 지인 추천으로 개설한 점포까지 포함하면 다점포율은 25%에 달한다. 가족이나 지인이 점포를 추가 출점한 것은 기존 점주가 브랜드에 만족해서 추천을 한 때문일 것이므로 사실상 다점포 운영 사례라고 볼 수 있다. 그러나 가족과 지인 점포를 구분하지 못하는 프랜차이즈가 적잖아 데이터 확보가 어려운 곳이 많았다. 다점포율이 실제로는 훨씬 더 높을 수 있지만, 공정한 비교를 위해 가장 보수적인 기준으로 다점포율을 산출한 것이다.

일반 점주가 '생계형 점주'라면 다점포 점주는 '투자형 점주'에 가깝다. 일반 점주보다 자본력과 정보력, 본사와의 협상력 등이 월등히 높고 시장 트렌드에도 관심이 많다. 다점포 점주는 사업 전망에 따라 언제든 점포를 늘리거나 줄이며 시장 트렌드에 탄력적으로 대응한다. 다점포율이 프랜차이즈 시장의 트렌드를 더 잘 보여주는 지표로 주목받는 이유다.

최근 국내 프랜차이즈 산업 규모가 커지고 다점포를 거느리는 점주들도 늘어나면서 그 중요성이 점점 커지고 있다. 실제 같은 브랜드 점포를 2개, 3개, 심지어 10개 이상 운영하는 다점포 점주들이 적잖다. 트렌드에 맞는 알짜 브랜드라면 점포를 여럿 늘려서 수익을 극대화하려는 전략일 테다. 특히 요즘은 소비자들이 검증된 프랜차이즈 브랜드를 선호하고, 점포가 여럿이더라도 '풀오토(Full-auto)'로 운영할 수 있게 시스템이 발달했다. 전문가들이 갈수록 다점포 점주가 많아질 것으로 내다보는 배경이다.

2017년 프랜차이즈 다점포율

〈단위: 개, %, %포인트〉

구분	상호	전체 점포	직영점	가맹점	다점포	2017 다점포율	2016 다점포율	2015 다점포율	증감
편의점	CU	1만 509	110	1만 339	3,825	37	40.9	39.9	−3.9
	GS25	1만 362	110	1만 252	3,214	31.3	34.7	31.8	−3.4
	미니스톱	2,317	63	2,254	590	26.2	23.3	20.9	2.9
	세븐일레븐	8,405	90	8,315	2,108	25.4	24.4	20.1	1
	위드미	1,536	9	1,527	119	7.8	7.1	1	0.7
피자	파파존스	107	39	68	37	54.4	49.2	–	5.2
	피자헛	334	0	334	92	27.5	9.5	37.1	18
	피자알볼로	250	10	240	65	27.1	–	–	–
	미스터피자	390	19	371	91	24.5	32	40.1	−7.5
	도미노피자	426	102	324	비공개	비공개	38.9	36.7	–
커피	엔제리너스	889	96	793	368	46.4	27.5	29.8	18.9
	마노핀	55	40	15	6	40	22.2	–	17.8
	이디야커피	1,786	7	1,779	598	33.6	29.2	27.8	4.4
	카페베네	850	23	827	123	14.9	비공개	6.9	–
	파스쿠찌	407	42	365	46	12.6	16.1	–	−3.5
	드롭탑	220	7	213	24	11.3	–	–	–
	커피랑도서관	21	3	18	2	11.1	–	–	–
	탐앤탐스	462	57	405	36	8.9	11.2	17.4	−2.3
	투썸플레이스	758	48	710	61	8.6	9.6	–	−1
	셀렉토커피	137	1	136	2	1.5	–	–	–
	요거프레소	786	0	786	10	1.3	1	–	0.3
	커피베이	413	5	408	2	0.5	1.7	0.5	−1.2
	더카페	196	7	189	비공개	비공개	–	–	–
	빽다방	513	2	511	비공개	비공개	–	–	–
저가주스	쥬씨*	814	4	810	약 142	17.5	–	–	–
	커피식스미니	429	1	208	16	7.5	–	–	–
	쥬스식스		1	219					

〈단위: 개, %, %포인트〉

구분	상호	전체점포	직영점	가맹점	다점포	2017 다점포율	2016 다점포율	2015 다점포율	증감
외식	놀부*	990	21	969	440	45.4	45.4	40.8	0
	하남돼지집	190	10	180	72	40	43.3	-	-3.3
	한촌설렁탕	65	5	60	22	36.7	36.7	-	0
	포메인	134	2	132	42	31.8	32.5	-	-0.7
	이바돔*	170	27	143	30	21	22.8	-	-1.8
	본죽&비빔밥카페	170	4	168	234	17.4	13	9.3	4.4
	본죽	1,177	2	1,175					
	원할머니보쌈*	246	3	243	26	10.7	18.2	13.5	-
	박가부대찌개*	126	2	124	4	3.2			
	오니기리와 이규동	147	3	144	4	2.8	-	-	-
	코코이찌방야	24	21	3	0	0	-	-	-
	더본코리아	780	14	766	비공개	비공개	43.2	-	-
패스트푸드	롯데리아	1,316	127	1,189	292	24.6	26.5	28.2	-1.9
	써브웨이	189	0	189	31	16.4	12.6	10.8	3.8
	파파이스	127	16	111	10	9	10.4	8.3	-1.4
	맘스터치	970	0	970	64	6.6			
	KFC	215	215	0	-	-	-	-	-
	버거킹	253	188	65	비공개	비공개	-	4.3	-
생활용품	양키캔들	150	15	135	50	37	31	16.3	6
	다이소	1,106	706	410	51	12.4	14.1	6.3	-1.7
디저트	옥루몽	19	0	19	5	26.3	4.5	-	21.8
	공차	390	71	319	74	23.2	25.6	17.6	-2.4
	던킨도너츠	821	145	655	56	8.5	14.1	-	-5.6
	설빙	466	7	459	22	4.8	5.7	-	-0.9
	배스킨라빈스31	1,106	80	1,116	42	3.8	3.2	-	0.6
	디저트39	140	0	140	2	1.4	-	-	-
간편식	본도시락	233	3	230	22	9.6	10.3	7.7	-0.7
	한솥도시락	668	5	663	42	6.3	8.4	7.5	-2.1

구분	상호	전체 점포	직영점	가맹점	다점포	2017 다점포율	2016 다점포율	2015 다점포율	증감
빵	브레댄코	65	4	61	20	32.8	26.9	24	5.9
	뚜레쥬르	1,303	14	1,289	100	7.8	8	9	−0.2
	파리바게뜨	3,355	39	3,400	227	6.7	6.8	6.9	−0.1
주점	봉구비어	754	7	747	83	11.1	11	6.9	0.1
	청담동 말자싸롱	200	5	195	18	9.2	–	–	–
김밥	김가네	426	1	425	30	7.1	7.5	5.6	−0.4
	바푸리	230	0	230	15	6.5	6.8	–	−0.3
	바르다김선생	185	3	182	10	5.5	3.6	–	1.9
	가마솥김밥	20	1	19	0	0	0	–	0
치킨	페리카나**	1,203	0	1,203	152	12.6	12.4	12.3	0.2
	BBQ	1,480	30	1,450	110	7.6	10.2	9.8	−2.6
	BHC치킨	1,370	0	1,370	89	6.5	3.4	3.2	3.1
	교촌치킨**	1,015	0	1,015	16	1.6	7.7	7.4	−6.1
	굽네치킨	939	0	939	0	0	0	0	–
	호식이두마리 치킨**	1,002	2	1,000	51	0	–	–	–
세탁	크린토피아**	2,445	112	2,242	91	4.1	1.1	0.9	3
떡볶이	아딸	780	0	780	104	13.3	13.8	13.3	−0.5
	죠스떡볶이**	311	2	309	10	3.2	3.5	7.9	−0.3
	국대떡볶이	88	4	84	0	0	0	1.9	0
문구	모닝글로리	305	4	301	6	2	2	1.9	0
프리미엄 독서실	그린램프 라이브러리	21	21	–	10	47.6	–	–	–
	토즈스터디 센터	198	5	193	32	16.6	24.4	–	−7.8
	온더데스크	50	1	49	8	16.3	18.2	–	−1.9
힐링카페	미스터힐링	36	1	35	4	11.4	–	–	–
만화카페	놀숲	102	–	102	2	2	–	–	–
스크린 야구	스트라이크존	94	2	92	27	29.3	–	–	–
	리얼야구존	128	2	126	18	14.3	–	–	–
모텔	야놀자모텔	121	8	113	38	34	20	–	14

* 2016년 4분기 기준
* 놀부, 이바돔은 프랜차이즈 내 복수 브랜드 포함한 기준. 쥬씨는 다점포수 대신 다점포율만 밝힘. 원할머니보쌈, 박가부대찌개는
  2015~2016년에는 통합해 다점포율을 밝혔지만 2017년엔 브랜드별로 따로 밝힘
** 가족, 지인 명의 다점포 포함(나머지는 동일 점주 명의 기준)

물론 다점포율도 약점은 있다. 점주 만족도와는 별개로 업종 특성이나 본사 출점 전략에 따라 다점포 출점이 제한되는 경우도 적지 않기 때문이다. 새마을식당, 한신포차 등을 운영하는 더본코리아가 대표적인 경우다. 더본코리아는 "2호점 개설에 대해 엄격히 평가, 제한하고 있기 때문에 그 수가 극히 미비한 상황"이라고 밝혔다. 굽네치킨도 "창업 초기에는 다점포가 많았지만 요즘은 일부러 안 내주는 추세다. 두 개 이상 점포를 운영하면 집중력이 흩어져 매출이 떨어지는 사례가 발생했기 때문"이라고 전했다. 따라서 다점포율이 낮다고 무조건 수익성이나 점주 만족도가 낮다고 보긴 어렵다.

　다점포율이 높다고 마냥 좋게 보는 것도 위험하다. 성장기를 거치며 다점포율이 급증했지만 이제는 포화 상태인 업종일 가능성도 있다. 편의점과 커피전문점 등이 대표적인 예다. 이들은 풀오토 운영이 쉽고 시장 트렌드에도 부합해 지난 수년간 다점포율이 급증했다. 신규 점주도 점포를 열고 기존 점주도 점포를 늘리니 시장이 포화되기 마련. 점포당 수익성이 예전 같지 못할 테니 환상은 버리자. 다만 다점포율 변화를 보고 시장 트렌드 변동을 읽어내는 참고자료로 활용하는 것이 바람직하다.

2014년 말부터 3년째 조사
외식 지고 간편식 인기

　기자는 2015년 1월에 2014년 말 기준으로 총 16개 업종 49개 브랜드의 다점포율을 조사했다(표 참조). 그 결과 업종 내 매출 순위가 높은 브랜드일수록 다점포율도 높은 것으로 나타났다. 다점포율과 점주 만족도가 어느 정도 비례 관계에 있음을 확인할 수 있었다. 이후 2016년 1월과 10월에 20여 업종 80여 개 브랜드의 다점포율을 재조사했다. 이를 통해 최근 1여 년간 점주 만족도를 보여주는 다점포율이 증가하거나 감소한 업종과 브랜드를 살펴볼 수 있었다.

2016년에 점주들로부터 '앙코르'를 가장 많이 받은 프랜차이즈는 어디일까. 결론부터 얘기하면 업종별로 중가 커피, 스크린야구, 모텔 등이 뜨고 편의점, 고가 커피, 외식업 등은 주춤했다. 가성비와 경험 소비 트렌드가 지속돼 관련 프랜차이즈가 수혜를 입고, 시장이 포화됐거나 화제성이 떨어진 먹거리 업종은 고전 중인 것으로 풀이된다.

편의점의 경우 상위 브랜드의 다점포율이 감소한 게 눈에 띈다. 2015년 말 조사에선 편의점 5사 모두 다점포율이 증가했었다. 특히 2014년 대비 각각 1,500여 개씩 점포가 늘어난 CU와 GS25는 신규 점포와 다점포(기존 점주의 추가 출점)가 절반씩 차지했다. 1인 가구 증가 트렌드를 타고 신규 점주와 기존 점주 모두 점포를 늘렸단 얘기다. 2016년엔 달랐다. 양 사는 2015년 대비 각각 1,000여 개씩 점포가 늘어났지만(2016년 9월 말 기준) 이는 대부분 신규 점포였다. 다점포는 GS25는 27개 증가(2015년 말 3,187개→2016년 9월 말 3,214개)하는 데 그쳤고 CU는 오히려 5개 감소(3,830개→3,825개)했다. 같은 기간 세븐일레븐, 미니스톱, 위드미의 다점포가 모두 크게 증가한 것과 대조된다.

점포수가 가장 많은 상위 2사의 다점포율 감소는 의미심장하다. CU와 GS25의 기존 점주들이 편의점 시장 업황을 안 좋게 보고 더 이상 추가 출점을 안 했다는 해석이 나온다. 편의점이 3만 개를 돌파하며 제기된 시장 포화 우려를 뒷받침한다. 업계 관계자는 "편의점은 창업비용이 적고 풀오토 운영이 수월해 업황만 좋으면 얼마든지 다점포 점주가 돼 수익을 극대화하기 쉽다. 실제 10개 이상 편의점을 운영하는 경우도 적잖다"며 "그럼에도 CU와 GS25의 다점포가 줄었거나 정체됐다는 건 부정적인 신호로 보인다. 상반기에 양 사가 1만 개 점포 최초 돌파를 위해 무리한 출점 경쟁을 벌인 것도 원인으로 작용했을 것"이라고 말했다.

편의점 중 다점포율이 가장 많이 늘어난 건 미니스톱이다. 새로 생긴 가맹점 125개 중 94개(75.2%)가 다점포였다. 신규 창업은 많지 않아도, 기존 점주들의 추가 출점은 잇따라 '외유내강'이란 평가다. 미니스톱 관계자는 "소프트 아이스크림 등 즉석 먹거리로 차별화한 전략이 효과를 봤다. 먹거리로 인한 추가 매출이 생겨 점주 만족도가 높아진 것 같다. 또 즉석 먹거리를 팔려면 주방·테이블 등이 들어가야 돼 매장이 커야 한다. 그래서 25평 이상 출점을 유도했는데, 이것도 최근 매장 대형화 트렌드와 부합했다"고 자랑했다.

외식 업종에선 본죽&비빔밥카페가 두각을 나타냈다. 2015년 13%에서 2016년 17.4%로 다점포율이 4.4%포인트 증가했다. 하이브리드 매장(이종 업종을 더한 복합매장) 전략이 먹혔다는 평가다. 이 회사 관계자는 "캐주얼 한식 카페인 본죽&비빔밥카페는 건강식인 죽과 영양식인 비빔밥 메뉴를 한 그릇에 담아 선보이며 균형 잡힌 한 끼 식사를 제공하고 있다. 다양한 메뉴와 한상차림의 구성, 밝은 매장 분위기로 기존 한식당과 차별화해 인기가 높다"고 자랑했다.

신흥 프랜차이즈 업종 중에선 스크린야구장의 성장이 눈에 띈다. 업계 1·2위인 리얼야구존(14.3%)과 스트라이크존(29.3%) 모두 비교적 높은 다점포율을 보였다. 출범한 지 1년 남짓된 신생 업종이고 창업비용도 5억 원 안팎으로 비싼데도 전체 점포수를 각각 128개, 50개까지 늘렸다. 숙박앱 야놀자의 모텔 프랜차이즈 사업도 속도를 내는 모습이다. 신규 점포와 다점포수가 각각 29개, 18개 늘어 다점포율이 34%가 됐다. 2015년(20%)보다 11.1%포인트 늘었다. 야놀자 관계자는 "매출 대비 수익률이 요식업에 비해 2.5배 이상 높다. 브랜드 인지도도 숙박앱 시장 성장과 함께 꾸준히 커지고 있다"고 말했다.

편의점 포화 '빨간불'
이디야 · 본죽 · 야놀자 강세

커피전문점 업종에선 이디야의 강세가 이어졌다. 2015년보다 신규 점포가 199개 늘었고, 이 중 136개(68.3%)가 다점포였다. 미니스톱처럼 신규 창업보다 기존 점주의 추가 출점이 두드러졌다. 이에 대해 이디야 측은 "다점포 증가는 본사의 특정한 노력으로 이룰 수 있는 게 아니다. '장사가 될 만한 곳에만 가맹점을 연다'는 게 원칙을 확고히 지킨 게 비결이라면 비결"이라고 밝혔다. 반면 파스쿠찌(-2.5%포인트), 탐앤탐스(-2.3%포인트), 투썸플레이스(-1%포인트) 등 대형 커피전문점들의 다점포율은 소폭 하락했다. 가성비 트렌드에 부합하지 못한 때문으로 풀이된다.

다점포율 표를 유심히 본 독자라면 대형 커피전문점이 불황이란 설명에 고개를 갸우뚱할 수 있겠다. 대형 커피전문점업계 1·2위인 엔제리너스와 카페베네는 다점포율이 2015년보다 2배가량 급증했기 때문이다. 그러나 오해하지 마시라. 여기엔 다점포율의 '착시 현상'이 숨어있다. 다점포율은 다점포수/가맹점수다. 가맹점수가 감소하면 다점포수가 그대로거나 조금만 늘어도 다점포율이 급증한 것처럼 보인다. 실제 엔제리너스와 카페베네도 2015년보다 전체 가맹점수가 줄었다. 이 과정에서 기존 가맹점이 폐업해 싸게 나온 매물을 다른 점주가 저렴하게 양수해 다점포수가 증가, 전반적으로 다점포율이 급증한 것이다.

카페베네 관계자는 "2016년의 다점포는 대부분 성공한 가맹점이 문 닫은 가맹점을 양수해 점포를 늘린 경우다. 다점포 점주들은 완전히 새로운 매장을 추가 출점하기보다는 기존 매장 인수를 선호하는 편이다. 실제로 '다른 가맹점이 싸게 나오면 알려달라'는 문의가 종종 들어온다"고 전했다. 엔제리너스 관계자도 "기존 점주가 다른 가맹점이나 직영점을 양도받아 점포를 늘리는 경우가 좀 있다"고 말했다.

기존 점주가 망한 점주의 점포를 싸게 거둬들여 다점포를 늘리는 건 다점포율이 높아져도 결코 긍정적으로 평가할 수 없다. 상권이 좋거나 경영 노하우가 아주 뛰어난 일부 점주만 이익을 보게 되기 때문이다. 이런 다점포율 착시 현상은 가맹점수가 감소해 침체기로 들어서는 업종에서 자주 발생한다. 대형 커피전문점 외에 팥빙수전문점과 프리미엄 김밥 시장도 그랬다.

다점포율 읽을 때 '착시' 주의해야
옥루몽·카페베네, 망한 점포 헐값 인수 잇따라

팥빙수전문점 2위 브랜드인 옥루몽 사례는 엔제리너스나 카페베네보다 더 극적이다. 다점포율이 4%에서 26.3%로 1년 만에 7배나 급증했다. 다점포가 2개에서 5개로 증가하는 동안 가맹점이 44개에서 19개로 반 토막 났기 때문이다. 역시 카페베네처럼 그나마 장사가 좀 되는 기존 점주가 다른 점포를 헐값에 인수한 결과다. 김남형 옥루몽 대표는 "2016년 여름 저가주스 열풍으로 비교적 가격대가 높은 팥빙수전문점들의 경쟁력이 크게 약해졌다. 적자폭이 너무 커져 직영점 2개도 권리금 없이 기존 점주에게 넘겨야 했다"고 전했다. 실제 설빙도 가맹점수와 다점포수가 모두 줄어 낮아진 점주 만족도를 반영했다.

바르다김선생도 마찬가지다. 1년 전보다 다점포가 3개 늘어난 반면 가맹점은 10개나 줄었다. 프리미엄 김밥 브랜드 중 유일하게 소폭 증가했지만 전체 가맹점이 감소했다는 점에서 역시 긍정적으로 평가하기 어렵다. 프랜차이즈는 가맹점과 다점포가 함께 늘어나는 게 가장 바람직하다. 그래야 신규 점주(외부 이해관계자)와 기존 점주(내부 이해관계자) 모두 그 브랜드를 높이 평가했다고 볼 수 있기 때문이다.

다점포율 착시 현상은 그 역도 성립한다. 즉 가맹점수와 다점포수 모두 늘었는데 다점포율이 줄어든 경우다. 신규 점포가 다점포보다 상대적으로 많이 증가한 때문이다. 다이소, 하남돼지집, 본도시락, 이바돔감자탕이 그런 예다. 하남돼지집 관계자는 "가맹점의 월평균 매출은 7,300만 원으로 프랜차이즈 브랜드 중 최상위권에 해당한다. 순수익도 월 매출의 최대 20%에 달한다"며 "가맹점의 안정적인 매장 운영을 위해 교육, 마케팅, 홍보 등 여러 분야에서 투자를 계속 늘려가고 있다"고 말했다.

치킨·떡볶이·김밥·햄버거 주춤
업종·브랜드 간 경쟁 심화 방증

치킨·떡볶이·김밥 등 한국인의 전통 요깃거리 업종은 불안한 줄타기를 이어가고 있다. 업종 내 1등 브랜드도 다점포율이 거의 늘지 않아 성장 정체 우려를 낳는다. 다점포율 하락폭이 크지 않다고 안심하긴 이르다. 기존 점주의 이탈(폐점)이 줄었다기보단 가맹점수 자체가 감소해 다점포율 하락을 상쇄했기 때문이다. 예비창업자나 기존 점주 모두 시장 진입을 주저하는 분위기가 읽힌다.

치킨 시장에선 BBQ(10.2% → 7.6%)와 교촌치킨(7.7% → 1.6%) 모두 다점포율이 크게 줄었다. 교촌치킨은 신규 가맹점이 15개 늘었지만 다점포수는 61개나 감소해 상대적으로 하락폭이 컸다. 페리카나의 다점포는 22개 그대로였지만 가맹점이 22개 줄었다. 1인 가구 증가와 배달앱 영향으로 전체 치킨전문점 시장은 계속 성장하고 있지만, 브랜드 간 경쟁이 치열해지면서 식상한 느낌의 고전(古典) 브랜드들이 고전(苦戰)중인 것으로 분석된다. 업계 관계자는 "치킨 시장 포화 상태에 대한 우려의 목소리가 나온 지는 꽤 오래됐다. 무리하게 신규 출점을 권하기보단 폐점률을 낮게 관리하는 방식으로 전략을 선회하는 브랜드들이 늘고 있다"고 분위기를 전했다.

단 BHC는 군계일학이다. 2015년보다 가맹점이 170개 늘어난 가운데 다점포도 48개 증가해 2016년 다점포율(6.5%)이 전년 대비 3.1%포인트 상승했다. 이는 신제품 히트 효과 덕분으로 풀이된다. BHC 관계자는 "2015년에 나온 뿌링클, 맛초킹에 이어 맵스터, 커리퀸도 좋은 반응을 얻으면서 가맹점 매출이 늘고 있다"고 자랑했다.

│ 2년 연속 다점포율 증가한 브랜드

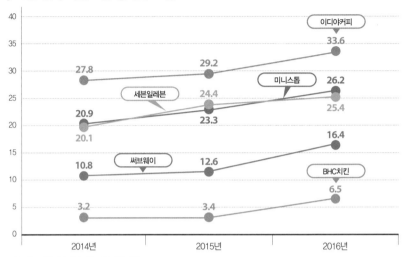

이디야커피
33.6

29.2

27.8

미니스톱
26.2

세븐일레븐
24.4

20.9
20.1
23.3
25.4

16.4

써브웨이
12.6
10.8

BHC치킨
6.5

3.2
3.4

2014년   2015년   2016년

점포수는 직영점과 가맹점을 모두 더한 기준

떡볶이 시장도 웃지 못했다. 업계 1·2위인 아딸과 죠스떡볶이의 가맹점과 다점포가 모두 줄었다. 2015년 말 다점포율이 '제로(0)'였던 국대떡볶이는 2016년 말에도 기존 점주의 추가 출점이 없었다. 단 아딸 관계자는 "창업 후 10년이 지나면서 자연스럽게 업종을 변경하거나 매니저에게 매장을 양도한 점주가 많다. 기존 점주가 대형마트나 복합쇼핑몰 등 특수상권에 입점하는 비율은 오히려 늘고 있어 시장이 침체에 빠졌다고 판단하기엔 아직 이르다"고 분석했다.

김밥 시장도 분위기가 그저 그렇다. 2015년과 2016년 말 다점포율이 대동소이하거나 소폭 줄었다. 2014년 하반기 '프리미엄 김밥'이란 새로운 이미지로 주목을 받았지만 2년이 지나면서 화제성이 떨어졌다는 분석이다.

패스트푸드도 브랜드 간 차이가 뚜렷했다. 롯데리아와 파파이스는 다점포율이 각각 1.9%포인트, 1.4%포인트 줄어든 반면, 써브웨이는 3.8%포인트 증가했다. 2016년에 이어 2년 연속 증가다. 웰빙 트렌드로 패스트푸드 업종이 침체된 가운데, 상대적으로 건강식을 추구하는 써브웨이가 선방한 것으로 보인다. 써브웨이 관계자는 "써브웨이는 햄버거나 베이커리와 업종이 다소 겹치지만 완전히 같은 콘셉트의 경쟁 브랜드가 없다. 2013년부터 가맹사업을 본격화해 급성장하는 비결"이라며 "경영 노하우가 있는 점주가 추가 출점하는 게 더 승산이 있다고 보고 점주를 위한 세미나를 따로 열 만큼 다점포를 장려하고 있다. 2017년엔 다점포율이 더 증가할 것으로 본다"고 자랑했다.

2015년에 뜨거웠던 프리미엄 독서실 창업 열풍도 점주들 사이에선 차츰 잦아드는 분위기다. 업계 1위 토즈스터디센터 기존 점주의 추가 출점은 지난 1년간 단 한 건에 불과했다. 다점포율도 2015년 24.2%에서 2016년 말 16.6%로 떨어졌다. 온더데스크, 아카데미라운지 등 유사 브랜드가 급증하면서 시장이 포화기에 접어든 때문으로 풀이된다.

주목할 점은 그린램프라이브러리의 높은 다점포율이다. 47.6%로 모든 업종을 통틀어 가장 높은 수치다. 단 이 회사는 기존 프랜차이즈와 운영 방식이 퍽 다르다. 점주는 투자만 하고 운영은 본사가 대신한다. 즉 소유와 경영을 분리한 것이다. 이동준 그린램프라이브러리 대표는 "프리미엄 독서실의 경쟁 요소를 더 이상 공간에 국한하지 않는다. 단순 공간 임대가 아닌 '서비스'에 눈을 돌려야 한다. 우리는 학생의 공부 시간을 집계하며 업계 최초로 '관리형 독서실'을 표방했다. 운영은 본사가 매니저를 파견해 직영으로 하면서 점주에게 일정한 확정 수익을 제공하는 수익 모델도 점주 부담이 적어 인기가 높다"고 자평했다.

PART
2

핵심 콕! 귀에 쏙!
업종별 트렌드

같은 업종 안에서도 브랜드별 부침은 있다.
브랜드별·가맹점별로 최신 트렌드에 맞는
최적의 대응전략을 제시한다.

01

세탁

◇◇◇◇◇

인건비 부담 적고 소자본 창업 가능
생계형에 적합

66

세탁기·건조기 놔두면 고객이 알아서 빨래
점주가 1~2일에 한 번 들러 수금하고 정리
세탁편의점에 셀프빨래방 더한 '멀티숍'도 인기

99

　서울 합정동에 사는 워킹맘 이수연 씨(37)는 주말이면 가까운 셀프빨래방에서 밀린 빨래를 해결한다. 아이들 옷이나 수건은 물론, 이불이나 카펫도 뽀송뽀송 세탁할 수 있어 즐겨 찾는다. 특히 셀프빨래방의 건조기를 이용하면 여름철 빨래를 널어놓아 방이 눅눅해지는 걸 방지할 수 있어 좋다. 이 씨는 "확장형 베란다여서 빨래를 널면 실내 습도가 높아져 불편해 셀프빨래방을 자주 이용한다. 아이들 빨래를 남의 손에 맡기는 것도 신경 쓰였는데 셀프라서 안심이 된다. 세탁과 건조를 다 해도 1만 원도 안 들어 가성비도 만족스럽다"며 흐뭇해했다.

셀프빨래방 멀티숍 창업하려면

인기 요인	빨래·건조까지 1시간 안에 편리하게 해결
주 고객층	20~30대 1인 가구, 워킹맘, 맞벌이 부부
매장 면적	10~20평
창업비용	세탁기 3대, 건조기 3대 구입비 포함 8,000만~1억 원(점포비용 제외 기준)
이용 요금	빨래 용량에 따라 3,000~5,000원대
순이익률	셀프빨래방은 매출의 50~60%
기타 특징	인건비 부담 적고 24시간 영업 가능

　창업 시장에서 셀프(무인·코인)빨래방이 유망 아이템으로 떠올랐다. 1인 가구와 맞벌이 부부, 워킹맘이 증가하면서 일상복이나 속옷 같은 생활 빨래도 빨래방에 맡기는 트렌드 때문이다. 특별한 기술이나 장비 없이도 빨래방을 차릴 수 있고 인건비도 거의 안 들어 창업 또는 투잡 아이템으로 각광받고 있다. 세탁소는 그간 미용실처럼 대표적인 기술 창업 업종이었다. 그러나 1990년대 후반부터 본사=세탁, 점주=수거로 이원화한 '세탁편의점'이 대중화되면서 이 공식이 깨졌다. 세탁소 진입장벽이 확 낮아지면서 세탁편의점은 우후죽순 생겨나고 있다. 업계에 따르면 현재 세탁편의점은 전국에 약 1만 개에 달하는 것으로 알려진다. 업계 관계자는 "최근 세탁 시장은 점주가 직접 세탁하는 독립 세탁소가 지고 세탁편의점이 급증하는 추세다. 신도시 등 지역 개발로 인해 새로 생기는 세탁소의 대부분은 세탁편의점 형태"라고 분위기를 전했다.

　문제는 세탁편의점의 진입장벽이 너무 낮다는 것. 점포비용을 제외하면 1,500만 원 안팎에 창업할 수 있다 보니 동네 곳곳에 생겨났다. 또 본사가 세탁을 대행하는 대신 매출의 60% 이상을 수수료로 떼 가다 보니 높은 수익을 기대

셀프빨래방과 세탁편의점이 합쳐진 크린토피아 멀티숍 매장. 셀프빨래방은 인건비 부담이 적지만 물빨래만 가능해 고객층이 한정적이다.

하기도 어렵다. 이런 상황에서 최근 각광받는 게 셀프빨래방이다. 세탁기와 건조기 각 3대씩 총 6개 장비만 설치하면 점주나 관리 직원이 상주하지 않아도 24시간 운영이 가능하다. 세탁이 매장에서 직접 이뤄지는 만큼 본사에 내는 수수료는 0원. 수수료를 안 내니 점주는 매출(빨래 요금)의 100%를 다 가진다. 덕분에 마진율이 상당히 높은 편이다. 업계에 따르면 셀프빨래방의 매출 대비 순이익률은 50~60%에 이른다. 매출에서 임대료와 공과금, 관리비 정도만 제외한 금액이다.

무엇보다 셀프빨래방 창업의 장점은 인건비가 거의 안 든다는 것. 현재 최저임금인 6,030원으로 하루 10시간씩만 직원을 써도 한 달(30일) 인건비가 180만 원 넘게 든다. 반면 셀프빨래방은 직원 없이 운영하는 곳이 대부분이다. 100% 셀프로 운영되는 워시타임의 유동구 대표는 "동전을 넣고 매뉴얼대로 따라가다 보면 기계에 서툰 사람도 쉽게 이용할 수 있다. 점포 상황은 CCTV를 이용해 수시로 확인이 가능하다. 평균적으로 점주는 1~2일에 한 번씩 점포를 방문해 동전을 수거하고 점포 정리나 매장 주변 청소를 한다"고 설명했다.

셀프빨래방의 주 고객층은 빨래 양이 많지 않은 1인 가구나 맞벌이 부부, 워킹맘, 그리고 속옷 빨래를 타인에게 맡기기 꺼려 하는 젊은 여성이다. 한 셀프빨래방 점주는 "외국 생활을 해봤거나 트렌드에 민감한 20~30대 여성이 주 고객층"이라며 "단 한 번이라도 이용해본 고객은 편리하다고 느껴 다시 찾는 경우가 많다. 셀프 문화가 확산될수록 고객도 늘어날 것 같다"고 기대했다.

셀프빨래방도 단점은 있다. 일단 창업비용이 일반 세탁편의점보다 더 비싸다. 일단 세탁기 3대, 건조기 3대 등 장비 6대 구입비만 5,500만~6,000만 원 정도 든다. 세탁기와 건조기 용량은 브랜드에 따라 13~27킬로그램으로 다양하다. 여기에 인테리어나 설비 등 추가 비용을 더하면 점포비용을 제외하고도 8,000만 원 정도가 필요하다. 매장 크기도 세탁편의점보다 더 커진다. 보통 장비 6대가 들어가려면 최소 12평 이상은 돼야 한다. 또 일부 브랜드는 쾌적한 공간으로 차별화하기 위해 최소 매장 크기를 20평 이상으로 제한하기도 한다.

이런 점포비용이나 인테리어비 같은 추가 비용을 다 더하면, 셀프빨래방의 창업비용은 최소 1억~1억 5,000만 원 이상이다. 물빨래만 가능한 것도 고객층을 제한하는 요소다. 셀프빨래방은 드라이클리닝 빨래를 위주로 하는 일반 세탁소와 달리 물세탁 전용이다. 때문에 일반 세탁소와 붙어 있어도 고객층이 겹치지 않지만, 그만큼 수요가 제한적이다. 웬만한 물빨래는 가정 내 세탁기로도 가능하기 때문이다.

셀프 익숙한 젊은 층 타깃
무인 세탁편의점·멀티숍도 인기

이런 단점을 보완하기 위해 최근에는 '무인 세탁편의점'과 '멀티숍'이 주목받고 있다. 무인 세탁편의점은 기존 세탁편의점과 셀프빨래방의 장점을 합친 방식이다. 세탁물을 맡기면 본사가 수거해서 세탁을 한 뒤 돌려주는 방식은 세탁편의점과 비슷하다. 덕분에 물빨래는 물론 드라이클리닝, 수선까지 가능하다. 또 캐비닛만 설치해놓고 무인으로 운영되는 건 셀프빨래방과 닮았다. 덕분에 24시간 운영이 가능하고, 점주는 캐비닛 외에 세탁기를 직접 구비할 필요가 없기 때문에 창업비용이 낮아지는 것도 장점이다. 최근 펭귄하우스, 세탁프리 등 관련 프랜차이즈가 속속 생겨나고 있다. 단 아직 규모의 경제를 이룬 대형 브랜드가 없다는 점에서 창업 안정성은 좀 더 지켜봐야 할 것 같다.

멀티숍은 세탁편의점과 셀프빨래방을 합친 '2 in 1' 모델이다. 셀프 물빨래를 원하는 고객과 드라이클리닝을 원하는 고객을 같이 받을 수 있어 매출이 배로 늘어날 수 있다. 또 낮에는 점주가 같이 관리하다가 밤이나 공휴일에는 셀프빨래방만 계속 운영해 24시간 수익을 올릴 수 있다는 것도 장점이다. 특히 멀티숍은 비수기가 따로 없는 업종으로 꼽힌다. 보통 세탁편의점은 두터운 겨울옷이나 이불을 정리하는 3~5월이, 셀프빨래방은 물빨래 수요가 많은 여름철이 최성수기로 꼽힌다. 멀티숍은 두 빨래를 동시에 받을 수 있어 비수기 매출을 서로 보완해주는 효과가 있다. 강남의 한 멀티숍 점주는 "현재 등록된 고객만 3,000여 명이다. 수요는 세탁편의점과 셀프빨래방 둘 다 비슷하다. 하루 100명 이상 다녀가는데 월평균 매출은 1,500만 원, 순이익은 400만~500만 원 정도"라고 귀띔했다.

크린토피아 관계자는 "2017년 1월 현재 전체 2,500여 개 매장 중 약 374개를 멀티숍으로 운영하고 있다. 멀티숍은 일반 고객 외에도 기업·관공서 등 기업 고객을 대상으로 단체세탁 유치도 가능하다. 이 경우 안정적인 고정 매출을 확보할 수 있다"며 "드라이클리닝 위주였던 세탁 시장은 현재 물세탁(이불, 운동화 등) 위주로 재편되고 있다. 이처럼 물세탁 수요가 늘어나면서 기존 세탁소가 아닌, 코인세탁소 또는 두 모델이 결합된 멀티숍 창업이 앞으로는 보편화될 것"이라고 전망했다. 멀티숍 창업비용은 15평 매장 기준 약 9,000만 원이 든다(점포비용 제외). 멀티숍에서 셀프빨래를 대행해주거나 양말이나 표백제 등 세탁 관련 제품을 비치·판매할 경우 짭짤한 부수입도 올릴 수 있다고.

빨래방 창업할 때 주의할 점. 우선 세탁력 점검은 기본이다. 또 셀프빨래방은 본사와 지속적 거래 관계가 없는 '기계 판매' 사업이므로 유사 시 기계에 대한 AS 역량이 중요하다. 유동구 대표는 "기계에 작은 결함이라도 발생하면 매출에 영향을 줄 수밖에 없다. 지속적이고 체계적인 관리와 기술력이 뒷받침된 업체를 고르는 것이 현명하다"고 조언했다.

입지 선택도 중요하다. 세탁편의점의 경우 배후인구가 많은 아파트 단지나 주택 단지가 최적의 입지로 꼽힌다. 반면 셀프빨래방은 셀프 서비스에 익숙한 젊은 층이 타깃이므로 오피스 상권이나 원룸촌, 대학가 주변이 더 유리하다. 또 매장이 너무 외진 곳에 있으면 오고 가기 불편하니까 출퇴근길 동선을 고려해서 동네 주민들이 자주 다니는 길목에 세탁소를 차리고, 홍보도 많이 해야 한다. 코인세탁소는 아직 건조기를 한 번도 이용해보지 않아 편의성을 잘 모르는 사람들이 많기 때문이다.

전문가들은 앞으로 빨래방에 대한 수요가 더욱 늘어날 것으로 전망한다. 갈수록 청결에 대한 소비자 관심이 높아지고 셀프 문화도 확산되고 있기 때문이다. 단 너무 번화가에 입지하면 임대료가 높아져 객단가가 낮은 세탁소가 견디기 힘들다. 골목 어귀 등 유동인구가 적당이 많은 곳에서 홍보에 적극 나서는 게 중요하다.

02

치킨

◇◇◇◇◇

10곳 중 3곳 하루 30마리 못 팔아
'완전경쟁시장'

전 세계 맥도날드 매장보다 많은 국내 치킨집
진입장벽 낮아 경쟁 치열… 폐점률도 단연 최고
수요 계속 늘겠지만 차별화 못 하면 생존 힘들어

"전 세계 맥도날드 매장보다 많다."

국내 치킨전문점(이하 치킨집)을 두고 하는 얘기다. KB경영연구소에 따르면, 국내 치킨집은 약 3만 6,000개로 전 세계 맥도날드 매장보다도 1,000여 개 더 많다. 단 이는 2013년 2월에 발표한 자료다. 4년이 더 지난 현재, 업계에선 국내 치킨집이 약 4만 개에 달할 것으로 추산한다. 골목마다 들어선 편의점도 3만 4,000여 개 정도로 추산되니 포화도가 상당한 셈이다.

치킨집이 이렇게 많은 이유는 뭘까. 공급과 수요 양쪽에서 원인을 찾을 수 있다. 우선 공급 측면에선 진입장벽이 낮다. 치킨집은 점포비용(보증금, 권리금)을

배달앱 활성화로 성장하는 치킨 시장

〈단위: %〉

카테고리	증가율
치킨	110
분식	54
족발·보쌈	46
피자·양식	39
한식	37
일식·돈까스	36
야식	31
중식	20

2015년 상반기 대비 2016년 상반기 주문 증가율

포함한 총 창업비용이 1억 원도 안 들어 소자본 창업이 가능하다. 또 특별한 기술도 필요치 않아 편의점과 함께 '창업하기 가장 만만한' 생계형 업종으로 꼽힌다. 우리 국민의 치킨 소비가 꾸준히 증가하고 있다는 점은 수요적 원인이다. 특히 최근에는 1인 가구 증가와 배달앱 활성화 영향으로 치킨 주문 건수가 급증하고 있다. 배달앱 요기요에 따르면, 2015년 상반기 대비 2016년 상반기 치킨 주문 건수 증가율은 110%로 8개 업종 카테고리 중 가장 높았다. 같은 기간 분식은 54%, 족발·보쌈 46%, 피자·양식 39%, 한식 37%, 중식은 20% 증가하는 데 그쳤다.

치킨 시장 성장세는 상위 치킨 프랜차이즈들의 매출 증가에서도 확인된다. 금융감독원 전자공시에 따르면 교촌치킨, BBQ, 굽네치킨 등은 2015년 매출이 전년 대비 10~13% 늘었다. 특히 뿌링클, 맛초킹 등 신메뉴가 히트한 BHC는 같은 기간 매출이 70.9%나 증가했다. 문제는 이런 치킨 시장 성장이나 수요 증가보다 더 빠른 속도로 경쟁 점포가 늘어나고 있다는 점이다. 이제 치킨집의 경쟁 상대는 크게 3가지로 봐야 한다.

첫째는 당연히 전국 4만 개 정도로 추산되는 같은 업종의 치킨집이다. 그동안은 이들이 사실상 치킨집의 유일한 경쟁 상대로 여겨졌다. 그러나 이제는 이

BBQ 직원이 닭을 튀기는 모습. 이제 치킨의 경쟁 상대는 같은 치킨집은 물론, 치킨을 주메뉴로 파는 패스트푸드나 편의점, 또 모든 배달 음식 업종으로 확대됐다.

▌치킨집 창업하려면

인기요인	남녀노소 좋아하는 국민 간식, 1인 가구 확산으로 배달 음식 수요 증가
매장 면적	배달형은 8~10평, 카페형은 20~50평
창업비용	배달형은 2,000만~5,500만 원, 카페형은 6,000만~1억 7,000만 원
순 이익률	브랜드별로 15~25%
기타 특징	외식업 대비 수익률 낮은 노동집약형 업종
	브랜드 치킨집 위주로 카페형 매장 증가 추세

창업비용은 점포비용(보증금, 권리금) 제외 기준

렇게 생각하면 오산이다. 치킨집의 둘째, 셋째 경쟁 상대가 등장했기 때문이다.

둘째는 치킨집은 아니지만, 치킨을 주메뉴로 파는 가게들이다. 맘스터치, 토니버거, 파파이스, KFC 등의 패스트푸드업체가 대표적인 예다. 파파이스, KFC는 다 합쳐도 전국에 매장이 500여 개에 불과하지만 맘스터치는 1,000개가 넘는다. 또 요즘은 미니스톱에서도 즉석 패스트푸드로 치킨을 팔기 시작했다. 미니스톱은 전국에 2,500여 개나 된다. 주머니가 가볍고 양이 적은 1인 가구는 맘스터치나 미니스톱이 치킨집의 좋은 대체재가 될 것이다.

셋째는 배달 가능한 모든 외식 업종의 가게들이다. 불과 2~3년 전만 해도 '배달 음식'이라고 하면 치킨, 피자, 짜장면(중식), 족발·보쌈 정도에 그쳤다. 그런데 요즘은 배달앱과 배달대행업체 등 이른바 '푸드테크(Food-Tech)'의 발달로 배달의 진입장벽이 사라지다시피 했다. 한식, 일식, 분식은 물론 노량진 수산시장의 모 횟집이나 백화점 내 유명 맛집의 음식도 각종 심부름 앱을 통해 어디서나 배달받을 수 있다. 치킨집이 이제 바로 옆집의 식당과도 경쟁해야 하는 판이다.

이처럼 경쟁이 치열해진 탓에 전체 치킨 시장 규모는 커졌어도 점포당 수익성은 낮아졌을 것으로 우려된다. 높은 폐업률이 이를 증명한다. 서울시가 영세 골목상권 43개 업종을 분석한 결과 치킨집은 3년 이내 폐업률이 38%로 가장 높았다(2014년 기준). 10곳 중 4곳은 창업 후 3년 안에 간판을 내린다는 얘기다(나머지 6곳도 수익성이 낮은데 생계를 위해 울며 겨자 먹기로 버티는 경우가 적잖을 것이다). 업계 관계자는 "치킨집은 창업 진입장벽이 낮아 완전경쟁 시장이라고 보면 된다. 창업과 폐업이 동시에 많은 '다산다사' 구조"라고 귀띔했다.

배달 음식 시장 경쟁이 치열해진 만큼 요즘 치킨집은 홀 영업을 중시하는 분위기다. 치킨집은 영업방식에 따라 크게 3가지 유형으로 나뉜다. 배달만 하는 매장, 홀 영업만 하는 매장, 그리고 배달과 홀 영업을 같이하는 카페형 매장이다. 각각 장단점이 있다.

우선 배달형 매장은 유동인구와 상관없이 주택가에 입점하므로 창업비용이 적게 든다. 단 배달 직원 인건비가 들고 치킨 외 추가 메뉴 판매가 어려워 객단가가 낮은 편이다. 홀 매장은 정확히 그 반대다. 또 배달 인건비가 안 드는 덕분에 가격 경쟁력이 높다는 게 장점이다. 기본 메뉴이자 매출의 가장 큰 비중을 차지하는 후라이드치킨이 약 1만 원대 초반이다. 또 홀 매장에선 치킨 외에도 맥주나 골뱅이 같은 사이드 메뉴 수요도 있어 객단가가 높아진다. 단 배달 주문을 못 받아 고객층이 한정되는 건 아쉽다. 홀 영업 위주로 하는 오븐마루치킨 관계자는 "배달을 하면 직원 관리도 까다롭고 사고 위험도 있어 홀 영업만 하기로 했다. 대신 미리 전화로 주문한 뒤 매장을 방문해서 포장해가는 손님은 치킨 메뉴를 2,000원 할인해준다"고 전했다.

카페형 매장은 배달형과 홀 영업 매장의 중간 형태다. 홀 영업과 배달을 같이한다. 최근 유명 브랜드 치킨 프랜차이즈들이 카페형 매장을 늘리고 있다. BHC의 경우 카페형 매장인 'BHC비어존'이 2015년 11월 430개에서 2016년 7월 521개로 8개월 만에 20% 이상 늘었다. 홀에선 치킨 외에도 생맥주나 골뱅이 등 각종 사이드메뉴를 추가 주문하기 때문에 객단가가 높다는 게 최대 장점이다. BHC 관계자는 "카페형 매장은 치맥(치킨+맥주)을 즐기는 공간으로 배달형 매장보다 평균 15~20% 정도 매출이 높다. 전체 매장 중 카페형 매장 비중을 현재 40%에서 50%까지 늘리려 한다"고 말했다.

BBQ와 교촌치킨도 카페형 매장이 각각 50%, 25%에 달한다. 단 굽네치킨, 네네치킨 등 거의 대부분 배달형 매장으로 운영하는 브랜드도 있다. 굽네치킨 관계자는 "카페형 매장은 유동인구가 많은 A급 상권에 입점해야 돼 창업비용이 많이 든다. 때문에 점주에게 특별히 권장하지는 않고 있다. 일부 있는 카페형 매장도 지방에서 주로 창업하는 편"이라고 말했다.

치킨집 수익률 15~25%
외식업(30%)보다 박리다매

치킨집의 수익률은 얼마나 될까. 브랜드별로 차이가 있지만 15~25% 수준이란 게 업계 중론이다. 점주가 가맹본사로부터 염지·가공된 닭을 4,000~5,000원대에 납품받고, 여기에 배달 인건비(최소 3,000원 이상), 기름·양념·포장 등 식자재비와 매장 임대료 등을 감안해서 계산한 결과다. 일반 외식업 순이익률이 30% 정도니까 상대적으로 이익률이 낮은 노동집약적 업종이다.

상황이 이렇다 보니 업계에선 하루에 최소 30마리 이상은 팔아야 그나마 매장을 유지할 수 있다고 말한다. 한 마리 1만 7,000원 기준으로 30마리를 팔면 일 매출 51만 원, 순이익은 10만 2,000원이란 계산이 나온다(순이익률 20% 기준). 일반적으로 인력이 주방 2명, 배달 1명이 필요함을 감안하면 하루 30마리를 팔았을 때 점주가 벌 수 있는 돈이 그 정도란 얘기다.

업계에 따르면 전체 매장의 약 30%는 하루에 30마리도 못 파는 것으로 알려진다. 업계 관계자는 "서울·경기 지역에선 하루 100마리 파는 점주도 가끔 있지만 이는 전체의 5%도 안 된다. 보통은 하루 40~50마리 정도 판다. 창업 후 5년 이상 생존한 매장은 전체의 50% 정도다. 다시 말해 5년 안에 절반은 문을 닫는다는 얘기"라며 "상대적으로 브랜드 매장보다는 비(非) 브랜드 매장이 더 어렵다. 신메뉴 개발이나 홍보가 부족하기 때문"이라고 말했다.

또 다른 업계 관계자는 "올림픽이나 월드컵, 또는 한일전 같은 스포츠 이벤트가 있을 때는 평소보다 매출이 20~30% 이상 뛰기도 한다. 그러나 그 다음날은 매출이 그만큼 줄어 결국 평소와 비슷해진다. 치킨을 매일 먹기는 힘들기 때문"이라며 "특정 이벤트와 상관없이 배후세대나 유동인구가 충분한지 살펴보고 하루에 최소 30마리 이상 팔 수 있는지 점검해야 한다"고 말했다.

2016년부터 치킨업계는 '치밥(치킨+밥)', '치도락(치킨+도시락)' 같은 신제품 개발이 한창이다. 그럴 만한 이유가 있다. 우선 다양한 형태 변화로 치킨이란 음식의 외연을 확장해 치킨 시장의 신규 수요를 창출하려는 의도가 강하다. 또 후라이드 기준 1만 7,000원 안팎으로 수년째 고정돼 있는 치킨 가격 상승을 유도하려는 전략으로도 풀이된다. 업계 관계자는 "치킨 수요가 갑자기 급증하지 않는 상황에서 점주 수익성을 높이려면 가격을 올려야 한다. 그러나 치킨은 2만 원이 가격 마지노선으로 굳어져 가격 인상이 쉽지 않다. 닭백숙이나 닭볶음탕 같은 닭요리는 가격이 최소 2만 원이 넘는데도 치킨에 대해서는 아직 가격 저항이 센 편이다. '치킨은 식사가 아닌 간식'이란 소비자 인식 때문"이라며 "최근 치밥, 치도락 같은 신메뉴 개발 열풍에는 치킨을 간식에서 식사 메뉴로 격상시키기 위한 의도가 숨어있다"고 귀띔했다.

2016년 말 최악의 조류독감(AI)이 전국을 강타했지만 치킨업계는 생각보다 잠잠한 편이다. 물론 타격은 어느 정도 있지만, 치킨집이 아예 문을 닫아야 할 만큼 매출이 뚝 떨어지던 과거에 비하면 나름 선방하고 있다는 평가다. 업계 관계자는 "그간 수차례의 AI 사태를 통해 AI의 인체 전염 가능성이 희박하고, 치킨은 고온의 기름에 튀기는 요리여서 AI 바이러스가 살아남지 못한다는 사실을 알게 된 학습효과 때문으로 보인다"고 말했다. 그러면서도 그는 "단 AI가 조기에 수습되지 않으면 생닭 수급에 차질이 생겨 원가율이 높아지지 않을까 예의 주시하고 있다"고 덧붙였다.

전문가들은 치킨 시장 경쟁이 워낙 치열한 만큼 차별화가 중요하다고 강조한다. 오세조 연세대 경영학과 교수(전 한국프랜차이즈협회 고문)는 "치킨은 국민들이 모두 즐기는 대중 음식인 만큼 앞으로도 수요는 계속 늘어날 것으로 본다. 단 소비자 취향이 다변화되고 브랜드도 갈수록 늘어나는 만큼 확실한 차별화 포인트를 확보해야 한다"며 "단지 저렴한 가격으로 승부하기보다는 치킨과 함께 제공하는 음료나 소스 등을 다양하게 개발해 소비자에게 새로운 맛과 경험을 제공하는 것이 중요하다"고 조언했다.

치킨업계의 2017년 화두는 유행하는 맛 찾기다. 그간 허니버터, 매운맛 등이 유행해 관련 신메뉴가 쏟아졌고 판매 측면에서도 재미를 본 게 사실이다. 하지만 2016년 하반기부터 치킨업계는 신메뉴 가뭄이 시작됐다. 업계 관계자는 "크게 보면 결국 매운맛, 단맛, 짠맛 세 가지 중 하나로 귀결되긴 할 것이다. 그러나 구체적으로 어떤 맛이 유행할지 감을 잡지 못해 신메뉴 개발팀이 방향을 잡지 못하고 있다. 다시 기본으로 돌아가 후라이드가 사랑받을 가능성도 있다"고 말했다.

 권세영 BHC 다점포 점주

"배달과 홀 영업 '두 마리 토끼' 잡으세요"

권세영 BHC 점주는 현재 서울 신촌과 돈암동에서 BHC 매장 2개, 가족 명의 점포(중계동, 묵동)까지 포함하면 총 4개를 운영하고 있다. 2015년 3월 돈암점을 연 뒤 한 달 만에 월 매출이 4,000만 원가량 나오자 '이거다' 싶어 가족과 함께 BHC 다점포 점주가 됐다.

Q 수많은 프랜차이즈 중 치킨 업종, 그중에서도 BHC 브랜드를 선택한 이유는 무엇인가요?

A 원래 배달대행업체를 운영하고 있었어요. 거래처가 100여 개 되는데 그중 유독 치킨 배달 수요가 기복 없이 꾸준히 증가하는 게 인상적이었습니다. 당시 신메뉴였던 뿌링클이 히트한 데 비해 매장수가 현저히 적었어요. 브랜드 명성에 비해 창업비용도 저렴하고 상대적으로 저평가된 것 같아 창업을 결심했습니다.

Q 매출을 높이기 위한 노하우를 알려주세요.

A 경영은 점장에게 일임하는 편이고, 저는 마케팅만 신경 씁니다. 배달

업종은 광고를 잘해야 해요. 특히 온라인 마케팅이 중요한데 배달앱은 '배달의 민족(배민)', '요기요'를 둘 다 쓰고 있습니다. 배달 전문 매장인 돈암점은 배민 프리미엄 광고를 하고 배달과 홀 영업을 병행하는 신촌 점은 안 하고 있어요. 배민 프리미엄 광고는 가격 대비 효율을 잘 판단해야 해요. 매출이 너무 안 나올 때는 이용해볼 만하죠. 단 데이터를 분석할 때 계절적 요인, 지역적 요인도 고려해야 합니다. 배달은 방학이 있는 여름과 겨울이 성수기입니다. 급식을 안 하니까 치킨 외식 수요가 증가하고 이때는 평수기 대비 매출이 20% 정도 더 나옵니다.

Q 배달대행업체를 효과적으로 사용하는 방법이 궁금합니다.

A 요즘은 배달대행 서비스가 산업화돼서 주방만 운영해도 될 정도입니다. 배달대행업체를 잘만 활용하면 비용을 절감할 수 있어요. 가령 배달 건수가 적은 낮 시간대에는 상근 직원보다는 배달대행업체를 이용하는 게 더 경제적이죠. 홀 영업 위주 매장은 특히 배달대행을 적극 활용하길 권장합니다.

Q 현재 2개 점포에서 나오는 월 매출과 순이익은 어느 정도입니까?

A 비수기에는 8,000만 원, 성수기에는 1억 원 정도입니다. 세금, 인건비 등을 제외한 순이익은 매출의 5~10% 정도예요. 점주인 내가 일하지 않고 점장을 고용해 풀오토로 돌리고 있는 점을 감안하면 만족스러운 수준입니다.

Q 향후 경영 계획에 대해 말씀해주세요.

A 기회가 되면 대형 매장으로 확장하거나, 홀 영업 위주 매장으로 바꾸려 합니다. 배달만 하는 것보다는 홀 영업이 더 수익률이 높기 때문이에

요. 홀에선 맥주나 사이드 메뉴를 추가 주문해 객단가가 높고, 포장재나 콜라 서비스도 없어 비용이 절감됩니다. 냉정하게 말하면 배달 시장은 이제 무한경쟁 시대에 접어들었습니다. 배달대행 서비스가 활성화되면서 찜닭, 샌드위치 등 과거에는 배달 안 하던 업종들도 배달을 하고 있죠. 치킨 창업을 준비 중이라면 홀 매출이 전체의 50% 이상 확보되는 형태로 창업하길 추천합니다.

Q 다른 치킨 브랜드들에 대해 어떻게 평가하십니까?

A 교촌치킨, 네네치킨, 굽네치킨은 배달에 강점이 있어 홀 매장은 비교적 약합니다. BBQ는 홀 매장을 선도하긴 했지만 메뉴가 좀 약한 것 같고, BHC가 홀과 배달 양쪽에서 모두 강점을 가진 브랜드라고 생각합니다.

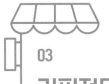

03

커피전문점

◇◇◇◇◇
콘텐츠와 결합해 틈새시장 공략
'커피는 거들 뿐'

고가→중가→저가, 가성비 따라 희비
아메리카노 2,000원대 초중반이 '황금비율'
한쪽선 지방 이전, 서비스 경쟁으로 진화

커피전문점은 2000년대 후반부터 우리 국민들에게 '창업 1순위'였다. 요즘도 마찬가지다. 국세청이 2016년 12월에 발표한 '국세 통계로 알아보는 생활 밀접 업종 현황'에 따르면, 2016년 8월 기준 커피음료점 사업자는 3만 6,106명으로 전년 동기 대비 20.1% 증가, 모든 업종 중 가장 높은 증가율을 기록했다. 특히 경남 양산시(70.5%)와 전북 전주시 덕진구(51.9%) 등에서 커피음료점이 많이 늘었다고 한다. 수도권의 커피전문점 시장이 포화되면서 지방으로 출점세가 옮겨 가고 있음을 보여준다.

실제 이디야는 지방 출점 확대를 통해 2020년까지 전국 3,000개 점을 돌파

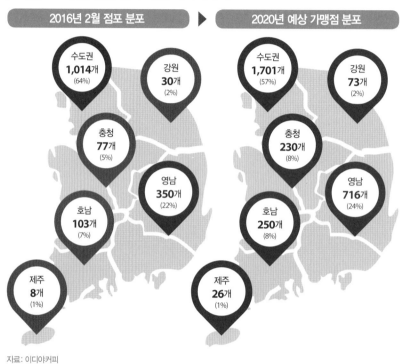

지방으로 출점 분산 전략 세운 이디야커피

| 2016년 2월 점포 분포 | ▶ | 2020년 예상 가맹점 분포 |

2016년 2월 점포 분포

수도권
1,014개
(64%)

강원
30개
(2%)

충청
77개
(5%)

영남
350개
(22%)

호남
103개
(7%)

제주
8개
(1%)

2020년 예상 가맹점 분포

수도권
1,701개
(57%)

강원
73개
(2%)

충청
230개
(8%)

영남
716개
(24%)

호남
250개
(8%)

제주
26개
(1%)

자료: 이디야커피

한다는 목표를 세웠다. 2016년 2월 기준 전국 이디야의 64%(1,014개)가 수도권에 몰려 있는데, 2020년에는 57%(1,701개) 정도로 비중을 줄이고, 나머지 43%를 충청, 영남, 호남 등 지방으로 돌리겠다는 계획이다. 그중에서도 인구가 많고 공공기관 이전이 잦은 충청, 영남 지역에 신규 출점을 집중할 것으로 보인다.

커피와 커피전문점에 대한 수요는 앞으로도 계속 증가할 것이다. 문제는 수요가 증가하는 것보다 공급(커피전문점 창업)이 증가하는 속도가 더 빨라서 커피전문점당 수익성은 계속 떨어지고 있다는 점이다. 그런 점에서 아직 커피전문점 인프라가 부족한 지방이라면 지금 창업해도 늦지 않다고 판단된다.

2017년 커피전문점 시장의 키워드는 '스타벅스'가 될 것으로 보인다. 현재 스타벅스는 무

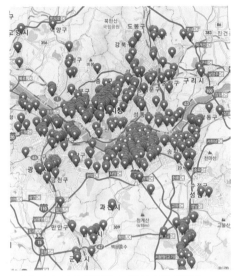

스타벅스의 수도권 내 매장 현황. 스타벅스는 무료 와이파이, 사이렌오더 등 차별화된 서비스로 커피전문점 시장을 압도하고 있다.

서운 속도로 점포를 늘리고 있다. 2012년부터 해마다 110~140개씩 꾸준히 매장을 늘렸다. 특이한 건 매장이 많아졌는데도 출점 속도가 거의 변하지 않는다는 사실이다. 일반적으로 점포수는 시장 초기 공격적인 출점 전략에 따라 급증하다가 시장이 포화되는 성숙기에 들어서면 증가세가 둔화되기 마련이다. 경쟁 브랜드가 많아져 점포당 수익성이 떨어지고 더 들어갈 만한 빈 상권도 찾기 힘들어지기 때문이다.

그런데 스타벅스는 한 달에 평균 8~9개씩 꾸준히 증가해 2016년 12월 1,000호점을 돌파했다. 이디야가 1,500개 이상 있긴 하지만 매장 면적이 스타벅스의 절반도 안 된다. 이를 감안하면 스타벅스의 출점 속도는 놀라울 정도다.

비결이 뭘까. 업계에선 2010년대 초반 대형 커피전문점의 창업붐 때문이란

| 대형 & 중저가 커피 브랜드의 엇갈린 성장곡선

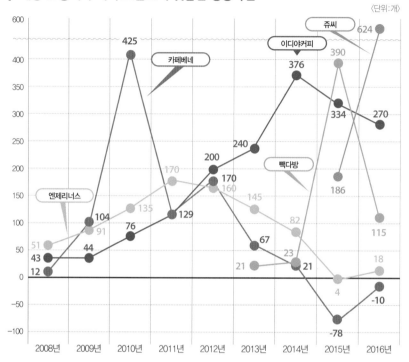

〈단위:개〉

연도별 점포 증감(당해 개점수−폐점수)   자료: 각 사
2016년의 경우 카페베네는 9월, 이디아·파스쿠찌·투썸플레이스는 11월, 엔제리너스는 12월 기준

분석이 나온다. 2010~2013년은 대형 커피전문점이 창업 1순위로 꼽히며 가맹점이 급증하던 시기다. 카페베네, 할리스, 엔제리너스, 탐앤탐스 등 대부분의 브랜드가 이때 집중적으로 점포를 늘렸다. 가령 카페베네는 2010~2012년 3년간 무려 724개 점포가 순증했다. 이후 2013년 들어 이디야, 빽다방 등 중저가 커피전문점이 인기를 끌면서 대형 커피전문점의 전성기는 막을 내린다.

하지만 대형 커피전문점이 본격적으로 문을 닫기 시작한 건 전성기가 지나고도 2~3년 후부터인 것으로 파악된다. 점포 임대차 계약 기간이 보통 5년이므로, 2010년에 창업한 점포는 2015년에야 비로소 문을 닫게 되기 때문이다. 이에 따라 2015~2016년에 대형 커피전문점 폐업이 잇따랐고, 2017~2018년에도 2012~2013년에 창업했던 점포들이 폐점 행진을 이어갈 것으로 보인다.[1] 실제 카페베네, 엔제리너스, 탐앤탐스 등 대부분의 대형 커피전문점 브랜드는 2016년에 신규 출점이 계속됐음에도 불구하고 전체 점포수가 정체되거나 최대 60여 개 순감했다.

대형 커피전문점 중 유일하게 승승장구하고 있는 스타벅스는 이런 상황이 호재일 수밖에 없다. 다른 대형 커피전문점 폐점이 잇따르면 스타벅스는 이들이 짐싸고 나간 빈 점포나 빈 상권을 노리고 신규 출점을 할 수 있기 때문이다. 100% 직영점 체제인 스타벅스는 가맹점주의 영업권 보호를 위한 거리 제한 규제 대상이 아니어서 전국 어디든 마음대로 출점할 수 있다. 건물주도 브랜드 파워가 강한 스타벅스가 입점하면 건물 가치가 상승하기 때문에 임대료를 깎아주며 스타벅스 유치에 열을 올리는 분위기다. 업계 관계자는 "다른 대형 커피전문점에 매출의 23% 안팎을 임대료로 요구하던 건물주가 스타벅스에는 17% 안팎까지 낮춰줄 만큼 스타벅스 유치 경쟁이 치열하다"고 말했다.

이런 흐름이 지속된다면 2017년 이후 대형 커피전문점 시장은 스타벅스 중심의 독과점 체제로 재편될 가능성이 높다. 벌써 서울 주요 상권 사거리의 모퉁이마다 스타벅스가 들어찬 곳이 적잖다. 주요 상권을 스타벅스가 완전히 장악

---

1   2015~2016년 프랜차이즈 다점포율 조사 결과도 대형 커피전문점 다점포율이 꾸준히 감소한 것으로 나타났다. 2010~2011년 커피전문점 창업붐 시기에 커피전문점을 잇따라 창업했던 다점포 점주들의 계약 기간이 만료되고 업황이 안 좋아짐에 따라 재계약을 하지 않고 하나둘 점포를 정리한 것으로 보인다.

해 다른 브랜드가 들어설 엄두를 내지 못하게 하려는 전략으로 풀이된다. 중저가 커피전문점 예비창업자라면 이 상황을 십분 활용해봄직하다. 2012~2013년쯤 창업한 대형 커피전문점이 폐업하거나 곧 폐업할 것으로 보인다면 그 바로 옆자리로 들어가보자. 내 가게를 창업하고 얼마 안 돼 대형 커피전문점이 폐업하면 좋고, 그 자리에 스타벅스가 새로 들어와도 큰 문제없다. 어차피 대형 커피전문점과 중저가 커피전문점은 수요층이 조금 달라서 붙어 있어도 공존할 수 있다.

마노핀도 이런 계산으로 2017년부터 가맹사업을 재정비한다는 방침을 정했다. 그동안 지하철 상권에 테이크아웃 매장 위주로 출점하고 아메리카노 가격도 1,500원으로 낮췄지만, 2017년부터는 새로운 BI(Brand Identity)와 콘셉트로 지상 출점을 확대해나간다는 전략이다. 그동안 지하철 상권에서 묵묵히 쌓아온 브랜드 인지도와 저렴한 가격을 앞세워 대형 커피전문점의 빈 자리를 공략한다면 승산이 있을 것으로 본다.

지금까지 대형 커피전문점에서 중저가 커피전문점으로 중심축이 이동하고 있다는 얘기를 했다. 이제부터는 중저가 커피전문점 중에서도 '중가'와 '저가' 시장을 나눠서 보려 한다.

먼저 저가커피 시장. 저가커피는 아메리카노 가격이 1,000~1,500원, 매장은 5~10평 이하 정도의 테이크아웃 전용 매장이다. 주요 브랜드는 빽다방, 커피식스미니, 쥬씨, 커피에 반하다 등이 있다. 순수 창업비용은 5,000만 원 안팎, 점포비용을 포함하면 1억 원 안팎의 전체 창업비용이 든다. 최근 새로 가맹사업을 시작하는 신규 브랜드의 대부분은 저가커피다. 그만큼 트렌디하고 인기도 많다. 특히 빽다방 같은 원조 저가커피 브랜드가 주춤하고, 다양한 콘셉트의 신규 저가커피 브랜드가 백가쟁명을 벌이는 모습이다.

저가커피 가맹점의 손익계산서는 대략 다음과 같다. 재료비 등 제품 원가, 임대료·인건비·기타 잡비, 순이익이 각각 매출의 30~40% 정도를 차지한다. 저가 프랜차이즈의 로열티는 한 달에 일정 금액만 내면 되는 정액제가 대부분이다. 적게는 월 10만 원에서 많게는 25만 원 선이다. 적정 임대료는 상권이나 매장 크기에 따라 다르지만, 전문가들은 8평 기준 120만~170만 원 정도를 추천한다. 매장 규모가 8평 이하라면 직원 없이 점주 혼자서도 운영이 가능하다. 그 이상 규모라면 점주 외에 직원이 1~2명은 있어야 한다. 매장에 점주가 상주하지 않는 '반(半)오토(Auto)' 형태로 운영한다면 2~3명의 직원이 필요하다. 한 창업 컨설팅 매니저는 "매출이 월 1,000만 원 나오는 매장이면 적정 인건비는 150만 원, 매출이 그 이하면 80만~100만 원 정도가 적당하다"고 말했다.

하지만 저가커피도 마냥 유망하지만은 않다. 소비자에겐 1,000원대가 '착한 가격'이지만 점주 입장에선 수익성이 너무 낮아 '나쁜 가격'이기 때문이다. 마진이 적어도 손님이 많으니 아직은 박리다매 전략으로 버틴다지만, 앞으로도 계속 저가커피 매장이 늘어나면 경쟁 과열로 하나둘 문을 닫는 매장이 생겨날 것으로 우려된다. 이디야만 해도 마진이 그리 높지 않은 편이다. 문창기 이디야 대표는 기자와의 통화에서 "이디야는 지난 2014년 10월 아메리카노 가격을 2,500원에서 2,800원으로 300원 올렸다. '마진이 너무 적어 힘들다'는 점주들의 불만이 끊이지 않아 고민 끝에 4년 8개월 만에 가격을 인상한 것이다. 점주의 수익성을 감안했을 때 1,000원대 초중반 가격은 현실성이 떨어진다. 장기적으로 지속 가능하기 힘들 것으로 본다"고 말했다. 저가커피로 창업을 하려거든 정말 박리다매를 감당할 수 있는 강한 체력과 적극적인 마케팅 전략이 요구된다.

중가커피는 아메리카노 가격이 2,000원대 중후반, 매장은 15~25평 정도의 실속형 창업 모델이다. 이디야, 요거프레소, 커피베이, 커피식스, 디초콜릿커피앤드 등이 대표적인 브랜드다. 순수 창업비용은 1억 원 안팎, 점포비용을 포함하면 2억 원대 중반 정도 전체 창업비용이 든다. 요즘 중가커피 브랜드는 저가커피와 차별화하기 위해 매장 크기를 점점 키우는 분위기다. 이디야 등 일부 중가커피 브랜드는 매장이 최소 15평 이상이 아니면 가맹점 개설을 진행하지 않기로 내부 방침을 정했다. 15평이면 좌석이 보통 28~30석 들어간다. 이는 이디야가 이제 고가커피보다는 저가커피를 '주적'으로 삼았음을 시사한다. 매장 크기를 키우는 건 편안한 매장에서 장시간 앉아서 담소를 나누며 커피를 마실 수 있다는 장점을 강화하려는 전략인데, 이는 100% 테이크아웃이어서 담소를 나눌 공간이 없는 저가커피의 약점을 정조준하는 것이기 때문이다.

매장 확대 전략의 또 다른 노림수는 겨울 매출 증가다. 커피전문점은 대체로 여름 매출이 겨울 매출보다 잘 나온다. 보통 6(여름):4(겨울), 많게는 7:3까지 차이가 난다. 매장 크기를 키우면 겨울에 따뜻한 실내에서 커피를 마시려는 고객을 더 많이 받을 수 있다. 한데서 마셔야 하는 저가커피의 약점을 공략하고, 넓고 쾌적한 대형 커피전문점을 선호하는 고객들도 일부 끌어올 수 있어 '일타쌍피' 전략이라 할 수 있다.

구매력이 어느 정도 있는 오피스 상권에선 중가커피가 괜찮을 듯하다. 가성비 트렌드와 점주 수익성 '두 마리 토끼'를 모두 잡을 수 있는 모델이란 판단에서

다. 그러나 구매력이 비교적 낮은 동네 상권에선 중가 커피도 이제 쉽지 않을 것 같다. 2017년은 불황이 더 심해져 가성비에 대한 소비자 니즈가 더 높아질 것으로 보이기 때문이다. 이에 대한 대안으로 아메리카노 가격이 2,000원대 초반인 '진짜 중저가' 커피 전략을 추천한다. 소비자가 간단한 대화를 나눌 수 있는 테이블을 구비하고도 가격은 상대적으로 저렴한 매장이다.

마노핀도 현재 지하철 상권 내 점포는 아메리카노 가격이 1,500원이다. 그러나 2017년부터 가맹사업을 시작하는 지상점에선 BI를 '마노핀커피'로 바꾸고 아메리카노 가격도 2,000원으로 높일 예정이다. 아메리카노가 2,800원인 이디야에 비해 가성비가 높아 후발주자로서 경쟁력이 있다고 본다. 물론 점주 수익성은 다소 줄어든 측면이 있지만, 이디야에 비해 창업비용이 저렴하고 저가커피보다는 낫다는 점에서 상쇄될 것으로 기대된다.

커피전문점의 세 번째 진화
만화·안마·독서실 등 이색 서비스와 결합

국내 커피전문점 시장은 그간 진화를 거듭해왔다. 2000년대에 스타벅스, 탐앤탐스, 투썸플레이스, 엔제리너스, 카페베네 등이 대형 커피전문점 전성기를 이끌었고, 2010년대 초중반에는 이디야, 빽다방 등의 중저가 커피전문점이 한 시대를 풍미했다. 진화의 열쇠는 가격과 매장 크기였다. 불경기와 가성비 트렌드는 아메리카노 가격을 4,000원대에서 1,000원대로 끌어내리고 테이크아웃 전용 매장을 도처에 늘렸다. 그러나 가격 경쟁도 한계에 도달했다. 1,000원 이하로 가격을 내렸다간 점주도 남는 게 없는 상황이다. 그렇다고 경쟁을 멈출 수는 없는 노릇. 이제 커피전문점 시장에 세 번째 진화가 일어나고 있다. 바로 가격이 아닌, 색다른 서비스와의 결합을 통해서다. 이들은 '○○카페'란 이름을 달고 커피나 음료를 무료 또는 1,000~2,000원대 저가로 제공하지만, 커피보다는 독특한 콘텐츠를 경쟁력으로 내세운다. 한마디로 '커피와 콘텐츠의 융합'이다.

프리미엄 독서실 열풍으로 생겨난 '스터디카페'가 대표적인 예다. 영국형 도서관을 표방한 '커피랑도서관'은 카페형, 개인형, 파티션형, 스터디룸 등 다양한 목적에 맞는 공간을 갖추고 있다. 서비스 이용 시 커피나 기타 음료는 무제한 공짜. 가격은 기본 2시간에 3,600원, 1시간 추가 때마다 1,800원이 붙는다. 대형 커피전문점에서 마시는 커피 한 잔 가격으로 3시간 동안 마음 놓고 공부할 수 있다.

만화카페, 수면·힐링카페, 낚시카페 등도 마찬가지다. 커피는 패키지 요금에 묶여 기본 제공될 뿐, 주요 서비스가 아니다. 색다른 체험을 제공하면서도 저렴한 비용으로 시간을 때울 수 있어 주머니가 가벼운 젊은 데이트족이나 직장인들에게 각광받는다. 이외에도 다양한 분야에서 콘텐츠와 연계된 커피전문점이 활성화될 것으로 본다. 이 경우 주된 서비스는 만화, 도서관 등 콘텐츠가 되고 커피는 콘텐츠를 소비하고 난 뒤 담소를 나눌 수 있는 보완재로 기능할 것이다. 커피전문점이 너무 흔해진 탓에 이제 커피는 거들 뿐, 차별화된 콘텐츠로 경쟁하는 시대가 온 것이다. 물론 이는 커피전문점 시장의 전반적인 변화라기보다는 틈새시장에서의 변화에 가깝다. 단 커피에 접목시킬 만한 특별한 콘텐츠가 있다면 시도해볼 만한 모델이라고 본다.

04

저가주스

겨울 매출 보완할
서브 메뉴 절실

2016년 여름 돌풍 일으킨 저가주스
겨울 들어 일매출 30만 원 '급감'
객단가 높일 주스 외 히트 메뉴 필요

그간 생과일주스 시장은 커피전문점 등에서 보조 메뉴로 팔거나 '망고
식스', '잠바주스', '스무디킹' 등 전문 프랜차이즈로 양분돼 있었다. 가격은
4,000~5,000원대 이상으로 커피보다 1,000~2,000원 정도 더 비쌌다. 20~40
평대 넓은 매장과 인테리어를 갖춰 점포비용(보증금·권리금·임대료) 등 고정비가
높았던 데다 커피 원두보다 더 비싼 과일 재료비(변동비)도 가격을 높이는 요인
이었다. 저가주스는 이런 공식을 깼다. 5~10평짜리 소형 매장으로 출점해 점포
비용과 인테리어비를 최소화했다. 과일도 가맹본사가 전문도매상에서 대량으
로 구입해 공급단가를 낮췄다. 덕분에 기존 과일주스전문점보다 3분의 1 이상

저렴한 1,500~2,000원에 팔아도 식재료비, 월세 등을 제외한 순이익률이 매출의 30~50%에 달한다.

이렇게 가성비 트렌드에 부합하면서 저가주스는 2016년 가장 핫한 프랜차이즈로 떠올랐다. 업계에선 2016년 생과일주스 시장 규모가 약 2,000억~2,500억 원을 형성할 것으로 본다. 윤석제 쥬씨 대표는 "2015년 커피전문점 시장이 3조 5,000억 원 규모였다는 점을 감안하면, 생과일주스 시장도 보다 확대될 가능성이 충분하다"고 말했다.

저가주스의 단점은 객단가가 낮다는 점이다. 성수기에 진입하던 2016년 5월 초 저가주스의 객단가는 2,000원 정도에 불과했다. 그런데 라지 사이즈와 사이드 메뉴 판매가 증가하면서 2016년 5월 말 2,300~2,400원, 9~10월에는 2,600원까지 높아졌다. 이런 객단가 증가세를 이어가려면 본사의 사이드 메뉴 상품 개발력이 뒷받침돼야 한다. 쥬스식스 관계자는 "곡물라떼 등 3,000원 안팎 온(溫)음료가 많이 팔리고 있고, 한 명이 2잔 이상 구매하는 경우가 많아 객단가가 꾸준히 높아지고 있다"고 말했다.

그럼에도 무려 20~30여 개나 난립한 '미투(Me-Too)' 브랜드는 저가주스가 넘어야 할 산이다. 경쟁이 치열해지면서 브랜드들은 저마다 생존을 위한 차별화에 분주하다. 쥬씨는 청과회사를 인수해 과일을 직접 판매하고 마약핫도그, 쥬씨락, 군고구마 등 사이드 메뉴 강화에 나섰다. 쥬스식스는 커피식스와 하이브리드(복합) 매장 전략이 강점이다. 여름에는 주스가, 겨울에는 커피가 매출을 견인해 상호보완적이다. 쥬스식스는 또 비수기인 겨울을 나기 위해 날씨 영향이 거의 없는 지하철 상권에 출점하는 전략을 취했다. 쥬스식스 관계자는 "지난번 역세권 공략 사업설명회에는 평소보다 3배가량 많은 예비창업자들이 참석해 많은 관심을 확인할 수 있었다"고 전했다.

업계에선 올겨울이 지나면 과열된 시장이 어느 정도 정리될 것으로 본다. 2014~2015년에 팥빙수전문점이 그랬듯, 그저 저가주스 열풍에 편승해 무분별하게 가맹점을 늘린 브랜드가 망하며 옥석 가리기가 진행될 것이란 기대다.

저가주스는 2016년 여름 한때 일매출이 100만 원을 넘는 가맹점이 많았지만, 2017년 1월 기준 평균 30만 원 안팎으로 급감했다고 한다. 2017~2018년까지 생존한 브랜드는 향후 지속적인 성장 또는 생존이 가능할 것으로 전망된다. 커피전문점에서 파는 생과일주스보다 3분의 1 이상 저렴한 데다 식후땡으로 커피 대신 주스를 찾는 직장인도 많기 때문이다.

저가주스 창업비용은 브랜드나 점포 크기에 따라 제각각이지만 대략 4,000만~6,000만 원 안팎이다. 여기에 점포비용을 더하면 8,000만~1억 원대 초반 정도로 비교적 소자본 창업이 가능하다.

저가주스전문점을 창업할 때 주의사항은 다음과 같다.

첫째, 아직 겨울 비수기 매출이 어느 정도로 떨어지는지 확인되지 않았다. 현재 시장 흐름을 보면 여름 성수기의 50% 가까이 떨어지는 것 같다. 팥빙수전문점도 겨울 매출이 급감해 2014~2015년에 줄폐점이 일어난 점을 감안하면 신중한 접근이 요구된다. 단 너무 재기만 하면 또 기회를 놓치는 게 창업이다. 저가주스 창업에 관심 있다면 규모의 경제가 있는 상위 브랜드 위주로 접근하는 게 창업 안정성 면에서 바람직하다.

둘째, 주스는 커피보다 원가율이 높아 저가커피보다 더 박리다매를 해야 한다. 저가커피의 경우 보통 원두의 원가가 100~150원 정도에 그친다. 저가커피가 한 잔에 1,000원이라면 원가율은 매출의 10% 안팎에 불과하다. 반면 생과일을 쓰는 저가주스는 유통·보관 상태에 따라 일정 수준 로스(Loss)가 불가피하고 가격도 높아 식재료 원가율이 매출 대비 35~50%에 육박한다. 같은 박리다매 전략이지만 저가커피보다 수익성이 낮아 더 많이 팔아야 한다는 계산이 나온다. 점주가 직접 운영한다면 강한 체력과 열정이 절대적으로 필요하다.

셋째, 높은 원가율은 수익성 외에도 심각한 문제를 야기한다. 바로 점주들의 '편법 운영(Cheating)'이다. 원가가 비싼 과일을 조금 덜 넣으면 점주 수익이 높아지므로 점주들은 이런 유혹에 빠질 가능성이 높다. 이는 마치 건축 공사에서 현장 직원들이 철근 등 자재를 빼돌리는 것과 진배없다. 원가가 높고 비싼 자재일수록 현장 직원은 이를 팔고 대신 저렴한 자재로 대체하려는 유혹에 빠지기 쉽다. 그 결과는 부실공사, 그리고 맛없는 주스일 뿐이다. 부실공사는 외장재로 가리면 확인이 어렵지만, 저가주스는 소비자가 단번에 눈치챌 수 있다. 맛에 실망한 소비자가 늘어날수록 브랜드 선호도는 떨어지고, 결국 선량한 점주들도 도매금으로 피해를 입게 된다. 기본적으로 점주의 도덕성과 성실성에 관한 문제지만, 슈퍼바이저를 비롯한 본사가 얼마나 품질 관리에 신경 쓰는지도 살펴볼 일이다.

윤석제 쥬씨 대표

청과회사 인수해
'한국의 델몬트' 될 것

쥬씨는 저가주스업계 1위로 2017년 1월 기준 810여 개 점포를 운영하고 있다. 2016년 여름에 수많은 '미투 브랜드'를 양산해낼 만큼 인기를 끌었다. 호사다마일까. 1리터 용량과 당 함량, 위생 관련 구설에 오르며 성장통을 겪기도 했다. 쥬씨는 현재 가맹사업을 한시적으로 중단하고 있다. 저가주스는 겨울 비수기를 어떻게 넘길 것인가에 시장의 관심이 쏠린다.

Q 2016년 저가주스 돌풍을 선도한 쥬씨를 창업한 계기가 무엇인가요?

A 쥬씨 창업 전 동대문에서 의류 사업을 했고, 이후 고깃집을 운영하기도 했습니다. 그때의 경험이 지금의 사업에 많은 도움을 줬다고 생각해요. 음료 시장에 발을 들이면서 포화된 커피전문점 사이의 틈새시장으로 생과일주스전문점을 생각하게 됐고, 2010년 쥬씨 건국대점이 폭발적인 인기를 끌면서 가맹 문의가 빗발쳤습니다. 그러나 가맹사업을 시작한 건 2015년 4월 들어서예요. 5여 년의 시간은 합리적인 가격에 과일을 제공하는 시장을 확보하고, 물류 시스템을 구축해 '종합청과회사'라는 꿈을 이루기 위한 준비 기간이었습니다.

Q 가맹사업 중단 이유와 재개 시점이 궁금합니다.

A 쥬씨는 가맹사업을 시작한 후 1년 6개월 만에 가맹점을 800여 개나 열었습니다. 외형적인 성장에 걸맞은 쥬씨 본사의 역량을 강화해야 한다는 판단이 섰어요. 현재 본사 조직 강화, 가맹점 관리 등 내실 다지기에 집중하고 있고 가맹사업은 2017년 상반기 중 재개할 계획입니다.

Q 유사 브랜드가 정말 많은데, 쥬씨만의 차별화된 강점을 알려주세요.

A 쥬씨의 특별함은 과일에 있습니다. 어떤 차별성보다 중요한 핵심은 과일이죠. 쥬씨는 과일사업부가 매일 새벽 경매 시장에 참여하고 있고, 과일 수입도 직접 하고 있습니다. 담당 직원들이 철저한 선별 작업을 실시, 여타 유사 브랜드와 비교할 수 없는 품질의 과일을 사용하고 있다고 자부합니다. 현재까지 확보한 농장, 유통 시스템에 청과회사 인수까지 성공한다면, 유사 브랜드들이 절대 따라올 수 없는 격차를 벌릴 것이라고 확신합니다.

Q 저가주스가 겨울에는 매출이 급감할 것이란 우려가 많습니다.

A 겨울 매출을 집계하기엔 아직 이릅니다. 단 비수기 매출 보완을 위해 마약핫도그, 쥬씨락 등 사이드 메뉴를 선보였어요. 이와 관련된 프로모션도 지속적으로 진행하고 있고, 현재(2016년 12월 15일)까지 신메뉴에 대한 소비자 반응도 좋은 편입니다. 쥬씨락은 '신선한 과일을 직접 눈으로 확인하고 맛볼 수 있어 좋다'는 반응이 가장 많고, 마약핫도그는 음료와 함께 주문하는 고객이 늘고 있습니다.

Q 쥬씨도 커피를 팔지만 주스전문점 이미지가 강해 커피 판매는 저조한 듯한데요.

🅐 쥬씨는 생과일 전문 브랜드입니다. 단 커피 판매가 저조하다거나, 커피 맛이 떨어진다는 건 오해에요. 우선 아메리카노는 계절과 상관없이 항상 매출 순위 상위권을 기록하고 있습니다. 또 쥬씨의 커피는 마이크로 랏(Micro-Lot)의 최고급 커피를 블렌딩해, 풍부한 보디감과 산미가 여운으로 남는 최고의 맛을 선사합니다. 당연히 소비자도 이런 커피맛에 대해 좋은 평가를 해주고 있어요.

🅠 2016년에 1리터 용량 미준수, 당도 과다 등으로 논란이 됐습니다.

🅐 2016년 9월 사과문을 통해 밝혔던 바와 같이 쥬씨는 고속 성장으로 인한 문제점을 수정하고 건강한 먹거리를 제공하겠다는 입장입니다. 철저한 매장 관리와 투명한 원재료 공급의 원칙을 지켜 프랜차이즈 본사의 본분을 지켜나가겠다는 것 역시 변함없어요. 그동안 사실과 맞지 않은 부분에 대해선 충분히 소명했으며, 앞으로도 소비자 신뢰를 잃지 않기 위해 최선을 다하겠습니다.

🅠 일각에선 쥬씨 매각설이 나오는데요.

🅐 결론부터 말하면 전혀 사실이 아닙니다. 쥬씨는 2016년 해외 진출을 시작, 2017년 상반기 중 사업설명회 재개를 통해 또 한 번의 성장을 기대하고 있습니다. 또 필리핀 다바오 농장 지분 확보, 쥬씨인터내셔널 설립, 청과회사 인수 추진 등으로 생산부터 유통, 판매까지 아우를 수 있는 과일전문기업으로 순조롭게 성장하고 있어요. 경영권 매각을 할 이유가 전혀 없죠. 더군다나 쥬씨는 투자사로부터 지분 일부를 투자받으면서, 이들 역시 경영권에 대한 책임을 가지고 있어 매각이 불가능합니다. 근거 없는 소문으로 점주들이 걱정하는 일이 없기를 바랍니다.

Q 향후 쥬씨의 사업 계획과 비전은 무엇인가요?

A 먼저 2016년을 중국을 비롯한 동남아시아 등 해외 진출 원년으로 삼고, 2017년부터 해외사업을 본격화할 예정입니다. 나아가 다양한 판매 채널을 가진 종합청과유통회사로서 '한국의 델몬트'가 되고자 합니다. 다만 현재는 가맹점주분들이 만족할 수 있는 '쥬씨'가 되는 것이 우선이라고 생각합니다. 2016년 겨울을 내실 강화 기간으로 설정한 이유도 여기에 있습니다. 가맹점주들이 '쥬씨 창업을 하기 잘했다'는 생각이 들 수 있도록 최선을 다하겠습니다.

임채영·한송이 커피식스 쥬스식스 점주

"매출 높이려면 배달 꼭 하세요!"

임채영·한송이 부부는 원래 남편은 택배업을, 부인은 현재 커피식스 쥬스식스 여의도 KBS별관점 건너편에서 낮 시간에만 매장을 빌려 한식뷔페 영업을 했다. 그러던 중 저가주스가 인기를 끌 것으로 예상하고 2016년 1월 함께 커피식스 쥬스식스를 창업했다.

Q 저가주스는 겨울 매출이 급감할 것이란 우려가 많습니다. 여름과 겨울의 매출 차이가 무엇인가요?

A 여름 성수기에는 하루 1,000잔씩 팔려 일 매출이 150만~200만 원 정도 나옵니다. 여름에는 커피와 주스 비율이 4:6 정도로 주스가 더 잘 팔리죠. 평수기에는 일 매출이 120만~150만 원 정도고, 겨울 비수기에는 60만~70만 원 정도로 떨어집니다. 오피스 상권 특성상 주말에는 쉬기 때문에 평소 월 매출은 2,500만~3,000만 원 정도에요. 겨울에는 6:4 정도로 커피가 더 잘 팔리죠. 주스와 커피가 여름과 겨울에 각각 매출을 보완해줍니다.[2]

---

2   인터뷰는 2016년 11월 22일에 이뤄졌다. 초겨울이어서 겨울 비수기 매출을 온전히 대변한다고 보긴 어려운 점을 감안해서 읽어주길 바란다.

Q 순이익은 어느 정도인가요?

A 원가율은 과일마다 다른데 대략 35% 정도고, 월세와 관리비 등을 제외하면 월 매출의 50% 정도가 순이익으로 남습니다. 인건비는 우리 부부 둘이 거의 다 하는 편이어서 따로 안 들어요. 성수기 때만 아르바이트생 1명을 쓰는데 필요할 때만 써서 인건비는 200만 원 이하로 나왔습니다. 마진율은 같은 가격이면 커피가 더 높아요. 그러나 단가는 주스가 더 높아 이익에 유리하죠. 주스 손님 중 라지 사이즈 주문 비중이 40% 정도로 생각보다 많더라고요. 여의도라는 상권 특성상 구매력이 높기 때문인 것 같습니다. 과거에는 법인카드로 무조건 라지 사이즈를 주문했는데 김영란법 이후로 비율이 좀 줄었어요.

Q 저가주스 영업하면서 힘든 점은 어떤 게 있나요?

A 단가가 낮다 보니 박리다매를 해야 합니다. 점심시간에 손님이 몰아닥치면 엄청 바쁜데, 계산해보면 생각보다 매출이 적더라고요. 그럴 땐 참 허탈하고 몸도 힘들어요. 물론 성수기 때는 돈이 되니까 그런 것도 모르고 하지만요.

Q 매출을 높이는 나만의 노하우를 알려주세요.

A 창업하고 '어떻게 하면 빨리 자리 잡을까' 싶어 다양한 시도를 해봤습니다. '꽝' 있는 뽑기도 해보고. 그중 가장 주효한 건 배달이었어요. 저는 택배를 6년간 한 경력이 있어 배달의 중요성을 잘 알았습니다. 배달은 무조건 해야 해요. 배달 매출이 많으면 하루 50만 원 정도 나옵니다. 일매출 4~5분의 1이죠. 우리 매장이 쥬스식스 중 거의 최초로 배달을 시작했을 거예요. 레귤러 4잔 이상이면 배달해주는데, 성수기에는 하루에 배달 주문이 20건 가까이 들어옵니다.

대부분 주변 사무실에서 주문하기 때문에 평소에는 걸어서 배달하고, 가끔 40잔 이상 주문이 들어오면 차를 타고 배달하기도 합니다. 매주 금요일에는 인근 병원에서 정기회의가 있어 라지 10잔씩 배달하는데 6구짜리 배달용 캐리어도 처음에는 스스로 구해서 썼어요. 요즘은 본사에 알려져서 납품해줍니다. 배달은 직원 대신 제가 직접 갔어요. 배달도 된다고 계속 홍보해야 하는데 직원을 보내면 계산만 하고 오니까요. 배달할 때는 주스 뚜껑에 '하리보(Haribo)' 젤리나 쿠키 같은 작은 간식을 붙여주면, 고객들도 좋아해서 재구매를 해줍니다. 반응이 아주 좋아요.

Q 과일 관리와 인력 운용은 어떻게 하나요?

A 부인이 요리사여서 과일을 잘 알아요. 과일이 들어오면 색깔이 안 좋아 보이는 건 과감하게 버립니다. 그래도 여름을 제외하면 로스(Loss)는 거의 없는 편이에요. 인력은 4~5명이 일하면 인건비만 600만~800만 원씩 나오는데 그럴 필요 없습니다. 3명이면 충분하고 2명도 부지런히만 하면 가능합니다. 과일은 저녁에 장사하면서 다음 날 쓸 분량을 미리 조금씩 다듬어 놓으면 돼요. 비수기에는 아침에 일찍 와서 다듬어도 충분합니다.

Q 영업 시간과 피크 타임은 언제인가요?

A 오전 7시부터 저녁 9시까지 합니다. 오피스 상권이어서 오전 7시 30분부터 출근하는 고객들이 몰려요. 9~11시는 비교적 한산해서 쉬는 시간이죠. 단 성수기에는 오전 10시부터 오후 5시까지 계속 바쁩니다. 퇴근 시간에는 뜸한 편이에요.

Q 주스는 메뉴가 많고 매장마다 파는 게 다르던데, 메뉴 선택 기준은 무엇인가요?

A 본사가 고마운 게, 무조건 신메뉴 나왔다며 팔라고 안 하고 점주에게 선택권을 줍니다. 신메뉴가 나와도 우리 상권에 맞는지 확인해야 해요. 슈퍼바이저랑 친하게 지내면서 보완할 점을 요구하는 게 좋아요. 가령 커피맛이 이상할 때는 그 날짜에 로스팅된 원두 말고 다른 원두를 달라고 합니다.

Q 끝으로 하고 싶은 말을 들려주세요.

A 여름 성수기처럼만 늘 장사가 되면 매장을 10개도 하고 싶지만, 겨울을 나봐야 합니다. 그래도 저가주스 시장 전망을 어둡게 보지는 않아요. 여름에는 주스를 많이 먹게 되는데, 이렇게 저렴한 주스를 찾기 힘들기 때문이죠. 단 가맹점마다 맛의 차이가 나는 건 아쉽습니다. 물론 과일이란 게 민감하고 조금씩 상태가 다르기 때문에 매뉴얼대로 만들어도 맛의 차이가 생기긴 합니다. 본사의 품질 관리(Quality Control)도 한계가 있어요. 점주가 애정을 갖고 잘 만드는 게 무엇보다 중요합니다.

05
편의점

출점 경쟁 포화
이젠 점포 확장 경쟁!

20평 이하 소형점 위주로 출점했지만
상품 구색 다양해져 대형점이 유리
대형점 출점 어려운 생계형 점주는 위기

3만 3,129개.

CU, GS25, 세븐일레븐, 미니스톱, 위드미 등 편의점 5사의 2016년 3분기 기준 총 점포수다. 편의점이 3만 개를 넘어섰다. 지금도 전국에서 매일 10여 개씩 꾸준히 늘어나고 있음을 감안하면 2016년 말 기준 3만 4,000개가 넘었을 것으로 관측된다.

프랜차이즈 시장이 성장할 때 방식은 크게 두 가지다. 판매 접점인 점포를 늘려 최대한 많은(Quantity) 고객에게 도달하거나, 점포당 객단가(Average Sales Price)가 높아져서다. 전자가 '수평적 확장'이라면 후자는 '수직적 성장'이다.

〈단위: 개〉

	2014년	2015년	2016년
CU	8,451	9,409	1만 509
GS25	8,290	9,285	1만 362
세븐일레븐	7,250	8,000	8,405
미니스톱	2,000	2,200	2,317
위드미	500	1,020	1,536
총합	2만 6,491	2만 9,914	3만 3,129

2016년은 9월 말 기준   자료: 각 사

2016년까지 편의점 시장은 이 두 가지가 모두 일어났다. 우선 매장이 급증한 건 보시다시피. 객단가(고객 1인당 1회 구매액)도 높아지고 있다. 편의점 객단가는 2013년 4,182원에서 2014년 4,282원, 2015년에는 5,008원으로 급등했다. 2015년 1월 담뱃값 2,000원 인상과 도시락 등 PB상품의 매출 증가 덕분이다.

그러나 시장이 성장한다고 점주 수익성도 무조건 높아지는 건 아니다. 시장 성장 속도보다 경쟁 브랜드와 점포수가 더 빠른 속도로 증가하면 점포당(점주당) 수익성은 떨어질 수 있다. 현재 편의점이 대표적인 예이고 치킨, 커피전문점, 저가주스 등 경쟁이 치열한 시장이라면 대부분 그렇다.

국내 편의점은 '점포수'만 놓고 보면 분명 포화 상태에 다다랐다고 판단된다.[3]

---

3   물론 상권의 변화에 따른 신규 수요나 틈새 수요는 언제든지 발생할 수 있다. 일례로 종각에 위치한 한 편의점은 평소 토요일 일 매출이 400만 원 정도였는데 2016년 11월 광화문 촛불집회 당시 일 매출이 1,600만 원으로 4배나 급증했다고 한다. 물론 촛불집회는 일시적인 이벤트에 불과하지만 상시적 변수도 얼마든지 있다. 대규모 아파트 단지가 들어서거나, 혹은 지하철역이 신설되거나, 지하철역의 출구가 새로 생기거나, 랜드마크 명소가 들어서 소비자 동선이 확 바뀌면 인근에 편의점 수요가 생길 수 있다. 그러나 이런 변화를 정확히 포착해 창업한다는 건 정말 쉬운 일이 아니다.

곳곳에서 포화를 알리는 신호가 포착되고 있다. 2016년 편의점 시장으로 시계를 잠시 되돌려 보자. 당시 편의점업계 이슈는 '총 3만 개 점포 돌파', 그리고 '1만 개 점포를 누가 먼저 달성하느냐'였다. 업계 1·2위인 CU와 GS25가 각축을 벌였고, CU가 근소한 차이로 먼저 1만 개를 돌파했다. 그런데 축하할 만한 일은 아니었다. 2016년 9월 말 기준으로 실시한 프랜차이즈 다점포율 조사 결과 CU와 GS25만 다점포율이 감소했다. 1만 개 점포 선점을 위해 무리한 출점 경쟁을 한 것 아니냐는 우려가 나왔다.

CU와 GS25뿐 아니다. 편의점 전체 시장 포화도는 갈수록 심해지고 있다. 한국편의점산업협회에 따르면 편의점 1곳당 배후인구는 1995년 2만 8,380명에서 2005년 5,420명, 2015년 1,777명으로 급감했다. 이런 추세라면 2016년에는 1,520명 안팎으로 떨어졌을 것으로 추산된다. '편의점 선진국'인 일본과 비교하면 포화 여부는 더 분명해진다. 한국과 일본의 편의점수는 3만 3,000개, 5만 7,000개 정도(2016년 9월 말 기준). 한국의 2.5배인 일본 인구를 감안하면 한국이 일본보다 편의점이 약 45% 더 많다는 계산이 나온다. 한국의 편의점 포화도가 훨씬 심각한 셈이다. 미니스톱도 본국인 일본(2,242개, 2016년 8월 기준)보다 한국(2,303개)에서 더 많은 점포를 운영하고 있다.

물론 점포수가 아닌 '총 점포 면적'으로 비교하면 얘기는 달라진다. 일본은 편의점이 보통 40~50평인 반면 우리나라는 절반 이상이 20평 이하 소형 매장이다. 인구와 편의점 총 면적을 감안해 계산하면 국내 편의점 포화도는 아직 일본의 60% 수준에 불과한 것으로 나온다. 그러나 점포수와 면적의 관계를 1:1로 치환하기 어렵다는 점에서 이를 근거로 일본보다 편의점 포화도가 낮다고 잘라

▌ 20평 이하 소형 점포가 절반 이상인 국내 편의점

〈단위: %〉

	2013년	2014년	2015년
20평 이하	54	54.2	55
21~30평	28.8	28.8	28.7
31~40평	12.8	12.4	12
41평 이상	4.4	4.6	4.3

국내 편의점의 면적별 구성비 변화   자료: 한국편의점산업협회

말하긴 어렵다. 문제는 최근 신규 출점하는 편의점들도 자꾸만 20평 이하 소형 매장 위주로 늘어나고 있다는 점이다. 한국편의점산업협회의 '편의점 면적별 구성비 변화' 자료에 따르면 2013년 '20평 이하' 비중은 54%에서 2014년 54.2%, 2015년 55%로 2년 연속 증가했다.[4] 반면 '31~40평' 비중은 2013년 12.8%에서 2014년 12.4%, 2015년 12%로 감소했다.

소형 매장 위주로 늘어나면 다양한 상품을 진열하기 힘들고, 이는 객단가 상승을 제한하는 요인으로 작용하게 된다. 즉 편의점이 쇼핑 공간이 아닌, 구멍가게 수준에 머물게 된다. 편의점 산업의 질적 발전을 위해서도, 또 점주 수익성을 위해서도 결코 바람직한 현상이 아니다. 실제 최근 편의점업계에선 점주 수익성이 갈수록 낮아지고 있다는 하소연이 많다. 한 점포 개발 담당자는 "과거에는 편의점이 '돈을 모을 수 있는' 아이템이었다. 그러나 요즘은 생계형이 대부분"이라며 "가맹본사도 점주 순이익이 250만 원만 넘을 것으로 보이면 점포 개설을 진행하는 편이다"라고 귀띔했다. 점주 순이익 250만 원은 점주가 매일 8시

---

4   이 중 15평 이하는 30.2%, 16~20평은 24.8%다.

간 근무하고 나머지는 아르바이트생을 쓴다고 가정했을 때를 기준으로 한 것이다. 주말 없이 일해도 웬만한 중소기업의 사원이나 대리급 보수를 버는 수준이라 볼 수 있다.

점주 근무 시간(하루 8시간×30일)을 아르바이트생으로 대체해 풀오토(점주는 전혀 근무하지 않는 운영 형태)로 돌리면 수익성은 더 떨어진다. 최저임금(6,470원)을 적용해도 4대 보험과 주휴수당 등을 모두 챙겨주면 최소 170만 원 이상의 인건비가 추가로 소요되기 때문이다. 이 경우 점주 순이익은 100만 원 이하로 낮아진다. 편의점 창업비용이 점포 보증금과 권리금을 포함해 총 1억 5,000만 원이고, 점주 순이익이 80만 원이라면 연간 투자 대비 수익률은 6%(960만 원/1억 5,000만 원×100) 남짓. 최근 은행 이자율이 2%대인 저금리 상황을 감안하면 투자처로는 나쁘지 않지만 생계 수단으로는 결코 충분치 않다. 2017년에 미국발 금리 인상이 본격화될 것이란 예측이 나오고 있음을 고려하면 대출을 받아 투자하기에도 리스크가 상당하다.

또 점주 수익 월 250만 원은 본사 측이 창업설명회에서 얘기한 '희망적인' 상황이다. 본사가 창업을 유도하기 위해 다소 과장을 섞어 설명하는 경향이 있음을 감안하면 실질수익률은 훨씬 낮아질 수 있다. 업계 관계자는 "편의점이 10개라면 1~2개는 잘되고, 6~7개는 그저 먹고사는 정도며, 1~2개는 점주 인건비도 안 나온다고 보면 된다. 상황이 이렇다 보니 편의점을 하나만 운영해서는 생계형을 못 벗어나기 때문에 2개 이상 다점포를 경영하는 점주가 늘고 있는 추세"라고 말했다.

게다가 알고 보면 편의점 운영에 드는 숨은 비용도 적잖다. 익명을 요구한 편의점 점주는 "분기별로 정산해보면 상품 로스(분실)가 최소 10만~20만 원씩 발생한다. 이 정도면 그나마도 점주가 매장 관리를 잘한 경우다. 상품 로스는 모두 점주 책임이어서 보상받을 길이 없다. 또 도시락 등 일일배송 상품의 마진이 높긴 하지만 발주를 잘해야 한다. 과다하게 발주했다가 유통기한까지 안 팔리고 남으면 브랜드에 따라 점주가 모두 떠안거나 50%만 보전받는다. 10~15% 통신사 할인 비용도 점주가 일부 부담해야 한다. 이를 다 감안하면 실질수익률은 기대치에 훨씬 못 미칠 수 있음을 각오해야 한다"고 전했다.

이종 산업과 제휴, 점포 대형화, 상품 개발력으로 '진검승부'

이런 상황에서 미니스톱은 2016년 말 '30평 표준 매장' 전략을 들고나왔다. 앞으로 신규 출점 매장은 모두 30평, 안 되도 최소 25평 이상으로 창업하겠다는 '점포 대형화' 전략이다.[5] 넓은 매장을 바탕으로 상품 구색을 다양화해 기존 소형 편의점은 물론, 다른 업태의 고객까지 뺏어오겠다는 의도로 풀이된다. 이대로 된다면 인근 상가에는 재앙이 되겠지만, 해당 점주에겐 포화된 시장에서 살아남는 기회가 될 수 있다는 점에서 무시무시한 전략이라고 본다. 실제 편의점을 10개 이상 운영하는 한 다점포 점주도 최근 기존 점포를 확장해 매장 대형화 트렌드를 좇기 시작했다. 매장 대형화는 속도의 문제일 뿐, 중장기적으로 국내 편의점도 뒤따라야 하는 '글로벌 트렌드'가 아닌가 싶다.

단 미니스톱도 약점은 있다. 상위 3사(CU, GS25, 세븐일레븐)에 비해 상대적으

---

5   자세한 내용은 심관섭 미니스톱 대표 인터뷰 참조.

로 제휴 전략이 아쉽다. 상위 3사는 모텔, 소셜커머스, 카셰어링 등 다양한 온·오프라인업체들과의 제휴를 통해 서비스 영역을 확장하는 추세다. 물론 해당 제휴 서비스가 1만여 개 전점에 동시에 적용되지는 않지만, '테스트베드'인 일부 매장에서 성과가 확인될 경우 급속도로 확산될 수 있다. 이렇게 매장 대형화와 제휴 전략 두 가지를 동시에 추구해 상품과 서비스 경쟁력을 누가 먼저 향상시키느냐가 향후 국내 편의점 경쟁에서 관전 포인트가 될 것으로 본다.

심관섭 미니스톱 대표

'구멍가게'로는
생존 불가…
대형 매장으로 승부!

이제부터 '빅스톱(Big Stop)'이라고 불러야 되지 않을까. 편의점 '미니스톱 (MINISTOP)' 얘기다. 대개 15~20평 규모로 출점하는 다른 편의점과 달리 기본 30평, 최소 25평 이상 점포만 출점하기로 했단다. 이른바 '표준화 매장' 전략이다. 어쩌면 초심(初心)으로의 회귀일 수도 있다. 미니스톱은 1992년 국내에 처음 진출했을 때부터 20평 이상 위주로 출점했다. 일반 공산품과 패스트푸드를 함께 파는 복합(Combination) 매장이 미니스톱의 기본 모델이었기 때문. 그러나 1인 가구가 적고 편의점이란 업태도 생소하던 시절이어서 반응이 썩 좋지 않았다. 그래서 한때는 10평 안팎 작은 점포도 냈는데, 이제 편의점 전성시대가 되자 다시 매장 대형화 카드를 꺼내든 것이다.

이 카드를 뽑은 주인공이 심관섭 미니스톱 대표다. 그는 박재구 CU 대표와 함께 업계 최고 경력을 자랑하는 편의점 1세대다. 1992년 미니스톱을 운영하던 미원(현 대상)에 신입사원으로 입사해 2012년 3월 대표이사까지 오른 '샐러리맨의 신화'이기도 하다.

"5년 전만 해도 '크든 작든 매출만 나오면 OK'였습니다. 국내 상가 특성상 25평 점포를 얻기 쉽지 않고, 점포가 크면 임차료, 인테리어, 관리비 등 고정비가 많이 들어 점주 부담도 만만찮거든요. 그런데 편의점 출점 경쟁이 계속 격화되자 슬슬 걱정이 되더군요. '이것으로 과연 미래에도 살아남을 수 있을까?' 인건비는 계속 오르고 포화된 시장에서 편의점이 살아남으려면 다른 업태의 고객을 유치하는 수밖에 없습니다. 도시락으로 식당 고객을, 원두커피와 디저트로 커피전문점 고객을 끌어와야 하죠. 여기에 미니스톱은 패스트푸드로 치킨집 고객도 유치하고 있죠. 이렇게 다양한 상품 구색을 갖추려면 다양한 상품을 진열할 수 있는 점포 크기가 먼저 확보돼야 했습니다. 점포가 최소 25평, 가능하면 30평은 돼야 합니다. 현재 20평 이하 소형 편의점은 구멍가게나 다름없어요. 매출의 절반이 담배일 만큼 상품 경쟁력이 없죠. 이런 곳은 바로 옆에 경쟁 편의점이 생기면 금방 도태됩니다. 결국 다른 편의점도 생존을 위해 미니스톱 전략을 따라할 수밖에 없을 겁니다. 대만도 편의점이 30평, 일본은 40~50평이나 됩니다."

출점은 느리지만 착실히 '우보천리'
품질 좋은 PB 2019년 선보일 것

대형 매장 전략 외에도 미니스톱은 여러 면에서 국내 편의점업계의 이단아로 통한다. 우선 일본 미니스톱이 최대 주주(지분 약 80%)인 유일한 외국계 회사다. 편의점 시장 초기였던 1990년대에는 세븐일레븐(당시 제록스코리아가 운영), 훼미리마트, 써클K, 로손, 바이더웨이, LG, 한화, 오리온 등 국내외 10여 개 기업들이 뛰어들었다. 그러나 더딘 시장 성장을 못 참고 하나둘 철수했다. 미니스톱도 미원이 일본 본사와 브랜드 제휴만 맺고 100% 출자했지만 적자가 거듭되자 2003년 지분 약 80%를 본사에 넘기고 2대 주주(지분 20%)로 물러난다. 결국 한국 편의점 성장 전망을 밝게 보고 묵묵히 투자한 글로벌 기업은 미니스톱뿐이었던 셈이다. 그러면서도 한국미니스톱의 경영에 대해선 일체 한국 경영진에 일임한다. "최대 주주가 바뀐 후에도 한국미니스톱 대표는 줄곧 한국인이 맡았습니다. 중요한 의사 결정은 한 달에 1번 정도 화상통화로 이사회를 열어 하지만 대부분 한국 경영진 뜻에 찬성해주는 편입니다. '이렇게 하면 어떨까' 의견만 제시할 뿐, 최종 결정은 제가 합니다. 제 생각이 곧 본사 생각이라고 봐도 무방합니다."

미니스톱은 출점 속도도 업계에서 가장 느리기로 유명하다. 2016년 3분기까지 CU, GS25가 1,000개 안팎, 세븐일레븐, 위드미가 500개 안팎 점포를 늘릴 동안 미니스톱은 겨우 125개 늘렸다. 1인 가구 증가로 편의점 시장이 급성장하고 있음을 감안하면 답답해 보일 정도. 이런 추세라면 2년 내 위드미에 추월당할 게 뻔한데도 절대로 서두르는 법이 없다.

"빠른 게 꼭 좋은 건 아닙니다. 국내 편의점이 3만 3,000개가 넘는다지만 그중 20평 이하 '구멍가게' 같은 점포를 제외한 '진짜 편의점'은 9,000여 개에 불과해요. 이들이 우리의 진짜 경쟁 상대라고 본다면 미니스톱 점유율이 결코 낮은게 아니죠. 질적 성장이 동반되지 않는 단순한 양적 성장은 의미가 없습니다. 머지않아 대형 편의점 위주로 시장이 재편되면 1여 만 개나 되는 소형 점포는 오히려 브랜드의 짐이 될 겁니다. 그때를 대비해 내실 있는 점포 위주로 착실히 출점하는 '우보천리(牛步千里)' 경영이 저희의 전략입니다."

소걸음이 멀리서 보면 멈춰 보이는 걸까. 업계에선 잊을 만하면 미니스톱 인수설이 돈다. 세븐일레븐이나 위드미가 미니스톱을 인수해 업계 상위권으로 도약하려 한다는 식이다. 명백한 헛소문이지만 심 대표는 기분이 썩 나쁘지 않다고.

"한국미니스톱에 정식으로 인수 제의를 해온 업체는 여태 단 한 곳도 없습니다. 일본 본사도 마찬가지고, 제의하더라도 일언지하에 거절당할 겁니다. 그런데도 인수설이 끊이지 않는 건 그만큼 시장에서 미니스톱을 탐내고 있다는 방증이겠죠. 그러나 저희는 매각은 생각도 않고 있습니다. 그보다는 신사업 계획이 정해지는대로 기업공개(IPO)를 검토할 예정입니다."

우보천리 경영은 출점 전략에만 해당하지 않는다. 미니스톱은 그 흔한 도시락 스타 마케팅도 안 하고 PB상품도 많지 않다. 그런데도 점포당 평균 매출 1위를 3년째 유지하고 있다(2013~2015년 공정위 정보공개서 기준).

"PB상품은 일반 상품보다 품질과 가격 경쟁력이 더 뛰어나다는 확신이 있을 때 만들어야 합니다. 단순히 유통점으로서 이점을 활용하기 위해 질 나쁜 상품을 파는 건 고객 우롱일 뿐 아니라 회사에도 도움이 안돼요. 처음에는 싼맛에 사다가도 '싼 게 비지떡'이란 인식이 생기면 다른 PB상품까지 도매금으로 안 사게 되거든요. 국내 PB 브랜드의 제조사를 보세요. 이름 없는 중소 OEM업체들이 대부분입니다. 반면 일본은 라면이나 과자업계 1위 제조사가 편의점 PB상품을 만들어요. 품질이 다를 수밖에 없습니다. 미니스톱은 2019년까지 품질 경쟁력을 높여 제대로 된 PB상품을 선보일 계획입니다."

심 대표는 1년에 5~6차례 일본을 다녀온다. 본사 정책발표회나 상품전시회, 국내 우수점주 포상여행 등에 참석하기 위해서다. 그가 볼 때 한국 편의점은 일본보다 10~15년 정도 시차를 두고 닮아가고 있단다. 단카이 세대가 한국 베이비붐 세대보다 딱 그 정도 앞서 태어난 점, 1인 가구 증가 속도 등을 감안한 분석이다.

"편의점은 핵가족 고령화 시대에 최적화된 근거리 쇼핑 플랫폼입니다. 일본과의 시차를 감안할 때 국내에서도 이제 편의점의 질적 성장이 본격화될 거예요. 생필품은 물론, 외식, 택배, 복사, 공공요금 수납 등 점점 더 다양한 서비스가 편의점 안에서 제공되고 있죠. 언젠가는 보험 상품도 편의점에서 팔게 될 겁니다. 고객이 백화점보다 편의점에서 쇼핑할 때 더 만족감을 느낄 수 있는 프리미엄 편의점으로서 2019년까지 3,000개 점포를 돌파하는 게 목표입니다. 한 발 한 발 견실하게 내딛겠습니다."

06

패스트푸드

◇◇◇◇◇

수제버거의 화려한 귀환
메뉴 차별화가 관건

2010년대 초반 고급 햄버거로 반짝 인기몰이
불황기에 비싼 가격 전략으로 한동안 침체기
단품 5,000원대, 세트 6,000원대가 가격 저항선

그간 국내 패스트푸드 시장은 롯데리아, 맥도날드, 버거킹이 시장을 3등분하는 '삼국지' 양상을 보여왔다. 파파이스와 KFC가 치킨을 차별화 포인트로 내세우며 틈새시장을 공략했지만 파괴력은 부족했다. 국내 소비자들은 치킨을 먹고 싶으면 치킨집에서 배달시켜 먹지, 치킨 전문 패스트푸드점을 찾지 않는다. 파파이스와 KFC도 이를 깨닫고 최근 햄버거 메뉴를 강화하는 전략으로 선회하는 중이다. 패스트푸드는 결국 치킨이 아닌, 햄버거로 승부해야 함을 깨달은 것이다.

그런데 요즘은 기존 패스트푸드업체들 모두 고전하고 있다. 업계 1위인 롯데리아는 2015년 국내 매출과 영업이익이 9,061억 원, 134억 원을 기록해 전년 대비 각각 2.7%, 67.8% 줄었다. 웰빙 열풍으로 패스트푸드업계가 힘들었던 2006년 이후 9년 만의 첫 실적 감소다. 맥도날드와 버거킹도 요즘 성장세가 둔화되면서 M&A 시장에 매물로 나왔지만 매수자를 못 찾아 애물단지로 전락했다. 특히 맥도날드는 매일유업, CJ그룹, NHN엔터테인먼트-KG그룹 컨소시엄 3곳이 인수 의지를 밝혔지만 이내 포기했다. 맥도날드 인수전에 뛰어든 업체의 한 관계자는 기자를 만나 이렇게 토로했다.

"맥도날드는 미국 본사는 물론, 세계 각국의 지사들도 매출과 수익성이 줄고 있다. 세계적으로 소득 수준이 높아지면서 정크푸드(Junk Food)로 알려진 패스트푸드의 인기가 떨어지고 있기 때문이다. 한국맥도날드가 매물로 나온 것도 글로벌 본사 차원에서 각 지사를 구조조정하는 움직임 때문이다. 해외에 진출할 때 글로벌 본사는 운영 방식에 따라 직영점→가맹점→마스터 프랜차이즈[6] 순으로 수익성이 높아진다. 이렇게 운영 방식을 바꿔도 수익성이 안 나오면 최종 선택지는 매각이다. 맥도날드가 한국맥도날드를 아예 매각하기로 한 건 수익성과 사업 전망이 그만큼 안 좋아졌다는 얘기다. 우리 회사는 외식업을 확장하던 중 QSR(Quick Service Restaurant)[7] 운영 노하우를 습득하기 위해 맥도날드 인수전에 뛰어들었지만 매각가에 대한 의견 차이가 좁혀지지 않아 인수를 포기했다"고 말했다.

---

6   프랜차이즈가 해외에 진출할 때 특정 현지 업체와 계약을 맺고 일정 금액의 로열티를 제공받는 대신 현지에서의 가맹사업권을 포괄적으로 양도하는 것이다.
7   패스트푸드와 비슷한 개념이다.

이렇게 기존 패스트푸드업체들이 고전하는 틈을 비집고 새롭게 떠오르는 다크호스가 있다. 바로 수제버거다. 수제버거는 수년 전 고급스러운 맛과 품질에도 비싼 가격 탓에 침체기를 겪었지만 최근 중저가 전략으로 선회하면서 인기가 되살아나는 분위기다. 수제버거의 제1전성기는 2010년대 초반이었다. 당시 크라제버거는 '국내 첫 토종 수제 고급 햄버거'임을 강조하며 매장을 100개 가까이 늘렸다. 일본에선 모스버거가 상륙했고, 신세계푸드도 미국 수제버거 브랜드 '자니로켓'을 들여왔다. 공장식으로 생산되는 패스트푸드 햄버거와 달리 매장에서 직접 다듬은 식재료로 만든 수제버거는 소비자에게 신선한 충격을 줬다.

문제는 일반 햄버거보다 2배가량 비싼 가격. 저성장과 불황이 맞물리며 소비자의 가격 저항이 커졌고, 때마침 패스트푸드업계가 '착한 점심'으로 저가 공세를 벌이자 수제버거는 수세에 몰렸다. 크라제버거는 매장이 10여 개로 축소되는 경영난 끝에 법정관리에 들어갔다. 모스버거와 자니로켓도 5여 년간 매장을 20개도 못 늘리며 성장이 둔화됐다.

절치부심 끝에 수제버거업계가 선택한 건 '가성비(가격 대비 성능)' 전략이다. 햄버거 가격을 이전보다 대폭 낮추거나 증량함으로써, 비슷한 가격대의 일반 햄버거보다 더 가성비를 높였다. 맘스터치, 토니버거, 모스버거 등이 대표적인 예다. 세 회사의 대표 메뉴인 싸이버거, 투빅버거, 모스버거는 단품 기준 각각 3,200원, 3,400원, 3,900원이고 세트 기준 5,400원, 5,600원, 6,500원이다. 일반 햄버거의 런치 메뉴 할인 가격과 비슷하거나 1,000원 정도 비쌀 뿐이다. 할인하지 않은 정가와 비교하면 오히려 수제버거가 더 저렴하다.

덕분에 수제버거전문점은 최근 가파른 성장세를 자랑한다. 맘스터치는 2006년 80개였던 가맹점이 2013년 300개를 돌파하더니 이듬해 500개, 2016년 12월에는 1,000개를 돌파할 만큼 급성장했다. 모스버거도 2016년 상반기 매출이 전년 동기 대비 10% 정도 늘었다. 프리미엄 수제버거를 표방한 크라제버거는 2015년 5월부터 햄버거 가격을 최저 3,900원(데리베이직버거)으로 절반 이상 내린 대중 브랜드 '크라제멕스버거'를 선보이고 다시 가맹사업에 박차를 가하고 있다. 업계 관계자는 "수년 전 수제버거가 비싼 가격 탓에 소비자에게 외면받은 점을 감안할 때 햄버거 가격은 단품 5,000원대, 세트 6,000원대가 가격 저항선으로 보인다"고 귀띔했다.

'수제버거'라고 통칭하지만 사실 "엄밀한 의미에서 진짜 수제버거는 거의 없다"는 게 업계 중론이다. 현재 수제버거 브랜드의 대부분은 고기 패티를 매장에

맘스터치 매장. 맘스터치는 2016년 말 1,000호점을 돌파하며 패스트푸드 시장의 새로운 강자로 떠오르고 있다.

크라제멕스버거 매장. 크라제멕스버거는 기존 크라제버거의 고급화 전략을 버리고 가성비를 높였다.

서 손수 만들지 않고, 가맹본사에서 식재료를 납품받아 사용하기 때문이다. 일부 브랜드가 수제버거 대신 '수제 타입 버거'라고 부르는 이유다. 이들이 일반 햄버거와 차별화되는 점은 크게 두 가지다.

첫째, 수제버거는 신선한 고기맛을 위해 손님이 주문한 직후에 패티를 굽는 '애프터 오더 쿠킹(AOC, After Order-Cooking)' 방식이다. 일반 패스트푸드도 평소에는 이렇게 하는 곳이 일부 있긴 하다. 그러나 손님이 몰리는 점심시간에는 빠른 서비스를 위해 대개 미리 햄버거를 만들어놓는 경우가 많다. 업계 관계자는 "일반 햄버거는 '패스트푸드'답게 보통 주문 뒤 1~2분 내에 제공된다. 반면 수제버거는 빨라도 5분, 늦으면 10분 이상 걸린다. 때문에 모스버거 등 일부 브랜드는 손님이 주문 뒤 자리에 앉아 있으면 직접 서빙을 해주기도 한다.

둘째, 수제버거는 채소를 원물로 납품받은 뒤 매장에서 직접 전처리(세척·손질)해 사용한다. 전처리된 채소를 진공팩에 담아 납품받는 일반 패스트푸드보다 맛이 신선한 이유다. 일례로 맘스터치는 재료의 신선도 유지를 위해 주 3회 진천공장을 비롯한 물류센터에서 각 가맹점으로 원재료를 직접 배송하고 있다.

▌ 수제버거전문점 창업하려면

인기 요인	일반 햄버거보다 맛있고 저렴
주 고객층	20~30대 초반 젊은 여성
매장 면적	20~40평대
창업비용	1억~2억 원대 중반(점포비용 제외)
예상 순이익률	18~23% 안팎
기타 특징	채소 전처리 직접 해 조리과정 복잡
	차별화된 메뉴가 경쟁력 핵심

수제버거의 수익률은 어떨까. 가성비가 높다고 하면 그만큼 점주 마진이 낮은 것으로 생각하기 쉽다. 수제버거의 평균 영업이익률은 18~23%대다. 외식업 평균인 약 30%보다는 낮은 편이지만 일반 패스트푸드(영업이익률 15% 안팎)보다는 상대적으로 높다. 이유가 있다. 패스트푸드는 A급 상권 위주에 60평 이상 대형 매장으로 출점하는데다 런치 메뉴 할인 등 각종 프로모션을 많이 한다. 업계 관계자는 "매출을 올리는 방법은 크게 두 가지다. 가격을 올리거나 손님이 늘거나다. 패스트푸드는 경쟁이 치열해 가격을 올리는 건 자살행위나 다름없다. 그럼 손님을 더 모아야 하는데, 이를 위해선 할인쿠폰 등 프로모션이 필수적이다. 프로모션이 워낙 상시적으로 이뤄져 '햄버거를 제값 주고 사 먹으면 바보'라는 말이 나올 정도다"라고 토로한다.

반면 수제버거는 임대료가 낮은 B·C급 상권에 주로 입점하는 편이다. 맘스터치는 대학가·주택가·학원가 등 골목상권을, 크라제멕스버거는 백화점·대형마트 등 수수료를 내는 특수 상권이나 대학가를 전략 상권으로 삼는다. 번화가 로드숍은 최근 임대료 부담이 너무 높아져 가성비를 추구하기가 쉽지 않다는 설명이다.

크라제멕스버거 관계자는 "구체적인 비용 구조는 원부자재 38%, 임대료 15%, 인건비 18%, 관리비 5%, 로열티 3% 등이다. 매출에서 이를 빼면 영업이익률이 21% 정도 나온다. 상권에 따라 조금씩 차이는 있지만 최소 20% 이상을 목표로 한다"고 말했다. 맘스터치 측은 2015년 가맹점당 평균 월 매출은 3,083만 원, 순이익은 725만 원(순이익률 23.5%)이었다고 밝혔다.

창업비용은 점포 크기에 따라 1억 원대 초중반(20~25평)에서 2억 원대 초중반(약 40평) 정도. 점포비용(보증금, 권리금)을 더하면 서울 기준으로 총 2억 원대 초중반~4억 원 안팎이 소요된다. 주요 상권에서 대형 매장으로 내는 일반 패스트푸드에 비하면 창업비용이 절반 정도에 그친다. 단 최근 매장 대형화 트렌드에 걸맞게 수제버거도 최소 30평 이상으로 매장을 키우는 편이다.

수제버거전문점을 창업할 때 주의할 점은 다음과 같다.

첫째, 일반 패스트푸드보다 준비 과정이 더 복잡하다. 채소 전처리 과정이 대표적인 예다. 업계 관계자는 "오픈하기 1~2시간 전부터나 낮의 휴식 시간에도 새로 들어온 채소를 다듬어야 한다. 패스트푸드에는 없는 작업 과정이어서 직원 인건비가 더 들고 복잡한 측면이 있다"고 귀띔했다.

둘째, 차별화된 메뉴는 필수다. 수제버거와 기존 패스트푸드의 중요한 차이점 중 하나는 바로 접근성이다. 기존 패스트푸드가 주로 A급 번화가 상권 1층에 대형 매장을 내는 반면, 수제버거는 B·C급 상권의 2층 이상에 중소 매장으로 입점하는 편이다. 접근성이 상대적으로 떨어지는 만큼, 손님이 일부러 발품을 팔아 찾아올 수 있도록 매장만의 특색 있는 메뉴가 반드시 있어야 한다.

또 수제버거는 일반 패스트푸드에 비해 여성 손님이 남성 손님보다 더 많은 편이다. 수제버거는 '양보다는 질(맛과 영양)'이라는 웰빙 이미지가 강하기 때문이다. 여성 손님은 자신만의 확고한 소비 성향을 갖고 있는데, 이 역시도 뚜렷한 특색의 브랜드나 메뉴를 가진 매장에 유리한 요소다. 모스버거 관계자는 "모스버거는 일본에서 온 브랜드인데, 2개월에 한 번씩 신메뉴를 내보이면 확실히 서양식 버거보다는 일본식 특색을 드러낸 버거가 잘 팔린다. 가령 '로스카츠버거'의 경우 초기 반응이 저조해 단종했다. 이후 '돈카츠버거'로 이름을 바꾸고 일본

정통 소스를 넣어서 다시 내놓으니 잘 팔리더라. 파일럿 제품으로 선보였다가 반응이 좋아 정규 메뉴로 안착했다"고 말했다.

셋째, 아직 수제버거는 업력이 짧은 만큼 가맹본부의 유통 인프라와 조리·교육·관리 시스템 등을 두루 점검하고 브랜드를 선택하는 것이 바람직하다.

바쁜 현대인들이 간단히 한 끼를 때우려는 수요는 계속 될 테니 패스트푸드 또는 퀵서비스 레스토랑(QSR, Quick Service Restaurant) 시장은 지속 성장할 것이다. 단 그 안에서 보다 가성비 높고 건강에 유익하면서도 맛이 좋은 패스트푸드가 소비자의 선택을 받을 것이다. 수제버거는 대체로 이런 변화에 부응한다는 점에서 향후 전망도 긍정적이다. 롯데리아, 맥도날드, 버거킹 3대 브랜드가 패스트푸드 시장을 너무 오랫동안 지배해온 데 대한 반작용도 없지 않다고 본다. 토니버거, 쉐이크쉑버거 등 해외 유명 수제버거 브랜드가 계속 도입되고 있는 것도 이런 배경에서일 것이다.

수제버거와는 조금 결이 다르지만 써브웨이도 패스트푸드의 다크호스로서 주목받는다. 써브웨이는 샌드위치를 주문 후 즉시 조리하는 AOC와 저지방 저칼로리 식재료를 써서 웰빙 트렌드에 들어맞았다. 덕분에 2015~2017년 다점포율 조사에서도 2년 연속 다점포율이 증가했다. 패스트푸드 업종에서 창업하려 한다면 맛, 건강(웰빙), 가성비 이 세 가지를 꼭 기억하길 바란다.

07

도시락전문점

◇◇◇◇◇

'편도족' 비켜~
이제는 '프도족' 시대!

편의점 도시락으로는 만족 못하는
입맛 높고 구매력 있는 고객층 타깃
'프리미엄 도시락'으로 차별화 성공

　　1인 가구 증가 트렌드는 2017년은 물론, 향후 수십 년간 이어질 메가트렌드
다. 1인 가구와 맞벌이 부부 증가로 파생된 트렌드는 아침 대용식과 도시락 시
장 성장이다. 간편하면서도 내실있게 한 끼를 때우려는 직장인과 1인 가구가 증
가하면서 도시락전문점 창업이 각광받고 있다. 간단히 끼니를 해결할 때, 주머
니가 가벼운 학생이나 저소득 근로자들은 만만한 게 편의점 도시락이다.

　　그러나 편의점 도시락은 아무리 메뉴 구성이 예전보다 고급스러워졌다 해도
자주 먹기엔 품질이 떨어지는 게 사실이다. 때문에 조금 여유있는 직장인들은
공장에서 대량 생산해 유통되는 편의점 도시락 대신 도시락전문점에서 즉석으

명품 한정식 도시락   19,90
특선 갈비구이 도시락   15,9
장흥식 삼합불고기 도시락   13,
명이오리구이쌈 도시락   13
일품불고기 도시락

본도시락 매장. 1인 가구 증가로 외식이 홀 영업 대신 배달·포장 형태로 바뀌면서 도시락전문점이 각광받고 있다.

로 만들어 배달해주는 프리미엄 도시락을 선호한다. 최근 기업이나 각종 민간 단체에서 행사용 대량 주문이 늘고 있는 것도 도시락전문점 창업에 호재다.

업계에 따르면 국내 연간 도시락 시장 규모는 2조 원으로 추정된다. 이 중 편의점(7,000억 원)을 제외한 일반 도시락은 1조 3,000억 원 규모다. 도시락 시장 성장은 최근 가구 형태 변화의 영향이 크다. 1995년 전체 가구의 50%를 차지했던 4인 가구는 2015년 20%로 급감했다. 반면 같은 기간 1인 가구는 12.7%에서 27%로 2배 이상 늘었다. 여기에 최근 먹방의 인기로 소비자 입맛이 높아지면서 고급 식재료를 사용한 프리미엄 도시락이 각광받고 있다. 편의점도 '장어덮밥', '우삼겹' 등 메뉴를 고급화해 4,000원 이상, 최고 1만 원에 달하는 프리미엄 도시락을 속속 내놓는 추세다.

국내 도시락 전문 프랜차이즈는 한솥도시락(이하 한솥)과 본도시락이 '투톱'이다. 업계 1위인 한솥은 가맹점이 668개(2016년 10월 기준)로, 웬만한 피자나 커피 전문점 브랜드보다 많은 매장수를 자랑한다. 본도시락은 가맹점이 233개로 업계 2위다. 단 가맹사업 시작 시점이 한솥(1993년)보다 20여 년 늦은 2012년임을

▌도시락전문점 창업하려면

	한솥	본도시락
인기 요인	가성비 좋고 간편한 식사	
주 고객층	20~30대 남성	기업, 단체
매장 면적	12~15평 이상	
창업비용	6,000만~7,000만 원대(점포 비용 제외)	
예상 순이익률	25~30%	20~25%
배달 여부	30건 이상만 배달	배달 위주

감안하면 성장세가 돋보인다.

두 회사의 전략은 상이하다. 우선 본도시락은 '프리미엄 한식 도시락'을 표방한다. 기존 업계 강자인 한솥이 '튀김 요리 위주의 가성비 좋은 도시락'으로 입지를 굳힌 데 따른 차별화 전략이다. 실제 본도시락의 평균 객단가는 8,000원대로 한솥(평균 3,000원대)의 2배가 넘는다. 전 메뉴에 흑미밥을 제공하고 제철 식재료를 사용하기 때문이다. 배달 위주로 영업을 하는 것도 가격 인상 요인이 됐다. 한상훈 본도시락 선릉점주는 "과거에 고깃집, 호프집 등에서 일해봤는데, 내점 손님 외에는 거의 받을 수 없어 매출에 한계가 있더라. 도시락은 매장에서 반경 약 500미터까지 배달 가능해 영업권이 넓다는 게 장점"이라고 말했다.

배달 주문은 적게는 3~5개에서 많게는 각종 단체 행사용으로 수백 개씩 들어온다. 특히 기업 고객이 많아 법인카드 결제율이 65%에 달할 정도다. 본도시락이 전략 상권으로 직장인이 많은 오피스 상권이나 대학가, 학원가, 병원 등 인구 밀도가 높은 곳을 꼽는 이유다. 한상훈 점주는 "최근에도 정부 행사가 있어 주문이 400개나 들어왔다. 이렇게 단체 주문 예약이 있으면 일 매출이 300만~400만 원도 찍지만 예약이 없는 날은 100만~150만 원 정도로 편차가 크다. 월 매출은 평균 5,000만~6,000만 원 정도"라며 "직장인이 일찍 퇴근하는 금요일이나 주말에는 매출이 좀 적은 편인데, 그래도 아파트나 교회 등에서 행사 관련 단체 주문이 들어오면 일 매출 100만 원은 곧잘 넘긴다"고 귀띔했다.

단체 주문이 많다고 해서 지레 겁먹을 필요는 없다. 김치, 젓갈 등 밑반찬은 완전 조리된 상태로, 고기나 튀김 등 메인 메뉴는 가맹본사에서 매일 납품되기 때문에 매장에선 짧은 시간 안에 대량 생산과 포장이 가능하다. "제육·불고

한솥 매장. 한솥은 본도시락과 달리 배달 대신 포장 판매를 고수한다. 또 대학가 상권에선 홀 영업도 병행하는 대형 매장을 출점 중이다.

기 등 간단한 메뉴는 주문이 30~40개 들어와도 주방 직원 3~4명이 10분 안에 완성할 수 있다. 특산 갈비 등 고급 메뉴도 40분이면 충분하다. 인기있는 메뉴는 피크 타임에 어느 정도 준비해놓기 때문에 조리 시간은 크게 걱정 안 해도 된다." 한상훈 점주의 설명이다. 한솥은 본도시락과 달리 배달 대신 포장 판매를 고수한다. 특히 낱개 주문에 대한 배달은 지양하고, 최소 30개 이상 주문이 들어오면 점주가 판단해서 배달 여부를 결정한다는 게 본사 방침이다. 한솥 관계자는 "배달을 하면 점주 입장에서 인건비 증가, 사고 위험 등의 리스크가 생긴다. 고객 입장에서도 매장에 방문해서 주문할 때보다 다양한 메뉴를 접하지 못해 안 좋다"며 "배달을 안 하는 대신 배달비가 가격에서 빠져 가성비가 더 높다는 게 한솥의 장점"이라고 말했다.

한솥도 최근 프리미엄 메뉴를 새로 선보이며 고객층 확대에 나섰다. 한솥의 프리미엄 메뉴는 점보새우프리미엄(1만 2,000원)과 진달래·개나리·매화 도시락(7,000~1만 원) 등 4가지. 여기에 고등어조림(5,800원) 등 준프리미엄 메뉴도 강화했다. 한솥이 보통 3,000~4,000원대 메뉴에 집중해온 점을 감안하면 이례적이다. 한솥 관계자는 "과거에는 저렴하면서도 맛있고 푸짐한 게 가성비의 기준이었다면, 요즘은 가격이 조금 높아도 가치는 그보다 훨씬 더 높은 '프리미엄 가성비'를 찾는 고객이 늘었다"며 "실제 2016년 1~7월 평균 객단가가 전년 동기 대비 7.2% 증가했다. 전체 가맹점 매출도 11% 늘었다"고 전했다. 한솥의 프리미엄 메뉴는 가짓수로 보면 전체(약 50개)의 8% 정도에 불과하다. 그러나 매출 비중은 전체의 15% 안팎에 달한다. 가격대가 높고 30개 이상 단체 주문이 많기 때문이다. 역시 일반 기업이나 교회, 학교, 학원 등이 주요 단체 고객이다.

순이익률 25% 안팎 박리다매 업종
점심시간에 매출의 최대 70% 몰려

도시락전문점 창업비용은 양 사가 비슷하다. 12~15평 기준으로 6,000만 ~7,000만 원대다. 점포비용(보증금, 권리금)을 포함하면 총 1억 3,000만 원 안팎(서울 기준)으로 비교적 소자본 창업이 가능하다. 순이익률은 본도시락은 20~25%, 한솥은 25~30% 안팎이다. 본도시락은 배달 위주여서 매출 규모가 높은 대신 인건비 비중이 높고, 한솥은 그 반대다. 본도시락과 한솥의 매장당 적정 직원수는 각각 6~7명, 3~4명, 가맹점당 월평균 매출은 2,800만 원, 2,400 만 원 정도다. 여기에 순이익률을 대입하면 월평균 500만 원 이상의 순이익이 발생한다는 게 각 업체의 설명이다.

한편 불고기브라더스도 도시락전문점 가맹사업을 준비 중이다. 불고기브라 더스 관계자는 "현재 일반 매장에서도 9,900~2만 8,900원짜리 프리미엄 불고 기 도시락을 판매 중인데, 전체 매출의 약 10%를 차지할 만큼 반응이 좋다"며 "서울역 등 유동인구가 많은 지역 중심으로 도시락전문점을 내려고 검토 중이 다"라고 전했다.

도시락전문점을 창업할 때 주의사항. 점심시간(오전 11시~오후 2시)에 하루 매 출의 50~70% 이상이 몰리는 만큼, 이때 얼마나 많은 주문을 소화할 수 있는지 가 가장 중요하다. 따라서 정확한 수요 예측을 통해 적정 인력을 미리 충원해놓 아야 한다. 인력이 모자라면 주문을 다 소화할 수 없고, 넘치면 인건비 부담이 커진다. 또 본도시락은 법인카드 결제율이 높아 카드 수수료와 세원 노출도가 높은 편이다.

한솥 관계자는 "가맹점 운영의 5대 원칙 중 하나가 바로 스피드다. 피크 타임에는 도시락 하나가 주문 후 3분 이내에 나가야 한다. 그래야 고객 만족도가 높아져 단골이 생긴다"고 조언했다. 한상훈 점주는 "주문이 몰리는 시간에 배달 시간 안배를 잘 해야 한다. 머릿속에서 상권 지도와 배달 동선을 그려놓고 최대한 효율적으로 배달할 수 있도록 주문을 조율하는 것이 중요하다. 잘만 하면 배달 건수를 10분에 1건에서 2~3건으로 끌어올릴 수 있다"며 "그러려면 주문을 접수하는 이가 조리 예상 시간이나 상권 특성 등을 숙지하고 있어야 한다"고 말했다.

도시락전문점 시장 전망은 앞으로도 밝아 보인다. 1인 가구 증가와 기업 및 각종 행사 등의 단체 주문 증가의 수혜 업종이기 때문이다. 단 소형 점포 창업은 일정 상권 안에서만 장사를 해야 돼 편의점 등 저가 도시락과 경쟁하게 될 수 있다. 때문에 해당 상권에서 프리미엄 도시락 수요가 얼마나 많을지 사전 조사가 반드시 선행돼야 한다.

 한상훈 본도시락 점주

단체 주문 건당
최대 400개…
수요예측 잘해
인력 낭비 줄여야

한상훈 점주는 2014년 6월 선릉역 인근에 '본도시락'을 창업했다. 도시락전문점을 선택한 건 '배달'의 장점에 주목한 때문이다. 그는 고깃집, 호프 등 여러 외식업에서 일해봤지만, 내점 고객만으로는 매출에 한계가 있어 보였다. 반면 배달 업종은 영업권이 넓고, 대량 주문도 소화 가능하며, 창업비용도 저렴하다고 판단했다. 1인 가구 증가로 도시락의 인기가 높아지는 점도 긍정적이었다고.

Q 도시락의 주 고객층은 누구인가요?

A 시간대별로 다릅니다. 11시 이전에는 회의를 앞둔 직장인들이 "11시 30분~12시에 갖다 달라"고 단체 예약 주문을 합니다. 11시에는 일반 직장인이 "12시까지 갖다 달라"고 주문하고, 12시 30분~1시에는 병원이나 학원(대치동은 학원이 많다)에서, 또는 늦은 점심을 먹으려는 로드숍 상인들에게서 주문이 많이 들어옵니다. 매출 비중은 점심이 70~80% 정도, 저녁과 야식이 20~30% 차지해요. 야근이 많은 월말에는 저녁 매출이 올라가는 편입니다.

Q 평균 월 매출은 어느 정도입니까?

A 5,000만~6,000만 원 정도에요. 요일마다 매출 변동폭이 커서 일 매출은 큰 의미가 없습니다. 가령 단체 주문 예약이 별로 없는 날은 일 매출이 150만 원, 예약이 있으면 300만~400만 원까지 나온다.
하루에 100개를 배달하는 걸 목표로 하는데, 요즘은 그 정도 되는 것 같습니다. 금요일은 야근을 잘 안 해서 저녁 매출이 거의 없어요. 주말에도 저녁 영업은 안 하고 2시에 문을 닫죠. 주말에는 아무 예약 없이 평균 100만 원 팔면 장사 잘한 거예요. 단 인근에 코엑스, 교회, 아파트 등에서 주말 행사가 있는 날이면 단체 주문이 들어와서 매출이 잘 나옵니다.

Q 순이익은 얼마나 됩니까?

A 순이익률은 매출의 20%대 초중반입니다. 장사가 잘되면 25%도 나오는데, 요즘은 경기가 안 좋아서 20%만 넘어도 괜찮은 편이에요. 직원이 저를 포함해 7명(주방 3명, 배달 3~4명) 정도여서 인건비가 좀 나가요. 단 바쁜 점심시간에만 아르바이트를 고용하면 평소에는 5~6명만 있어도 됩니다. 매월 21~22일 정도 되면 손익분기점을 넘깁니다. 이때부터는 버는 족족 순이익이 돼서 마음이 편해요.

Q 단체 주문이 자주 들어오나요?

A 평균적으로 한 번에 5인분씩 주문이 들어옵니다. 1인분만 배달은 잘 안 해요. 공공기관 행사가 있는 날은 한 번에 400개까지 주문이 들어올 때도 있어요. 가장 잘나가는 메뉴가 6,500~7,000원대인데, 정부 행사 때 1만 9,900원짜리 192개가 주문이 들어온 적도 있습니다.

Q 단체 주문이 들어오면 대량 조리하는 데 시간이 오래 걸릴 텐데요.

A 불고기, 제육볶음이 전체 주문의 40~50%를 차지할 만큼 인기 메뉴인데, 주방 인원 4명이 달려들면 30~40개도 10분 정도 걸립니다. 다른 메뉴도 30개 만드는 데 최대 40분이면 됩니다. 그만큼 시스템이 잘 돼 있어요.

Q 조리 시스템이 어떻길래요?

A 밑반찬은 본사에서 완제품으로 만들어서 보내줍니다. 매일 발주하는 만큼 일일배송으로 들어와요. 고기 반찬은 재료가 들어오면 매뉴얼대로 양념해서 재놓고 쓰면 돼요.

Q 영업 시간과 근무 패턴은 어떻게 되나요?

A 오전 7시에 직원이 출근해서 물건 정리, 야채 손질, 고기 해동 등 전처리 작업을 해놓습니다. 8시 30분쯤 전단지를 돌리고 9시부터 주문이 들어오면 본격적인 조리에 들어갑니다. 마감은 저녁 8시까지 주문받는 걸 원칙으로 하는데, 그 전에 밥이 떨어지면 마칩니다.

Q 도시락전문점을 창업하기에 좋은 상권이나 입지를 추천해주세요.

A 인구 밀도가 높은 오피스 상권을 추천합니다. 점주별 영업상권은 본도시락 본사가 지정해주는데 보통 점포에서 반경 500미터 정도에요. 지하철 한 정거장 거리라고 보면 됩니다.

Q 도시락전문점을 운영하면서 어려운 점은 무엇인가요?

A 일단 창업하고 자리 잡을 때까지 인내가 필요합니다. 저는 이 시간이 1년 걸렸어요. 자리가 안 잡힌 상태에서 50만 원어치 대량 주문이 들어

오면 주방과 배달 인력에 더 투자해야 하나 고민됩니다. 수요 예측을 잘해서 수요에 맞게 적정 인력을 투입하는 게 중요합니다. 또 비나 눈이 오는 날은 주문량은 많아지는데 길이 미끄러워 기동력이 떨어집니다.

Q 도시락전문점 창업 시 주의할 점을 알려주세요.

A 무엇보다 주문을 받는 카운터의 역할이 가장 중요합니다. 보통 오토바이로 한 번 배달하고 오는 데 10분 정도 걸려요. 그럼 점심 피크 타임 1시간 동안 배달 인력 1명당 6건의 주문만 소화할 수 있는데 이것만으로는 부족하죠. 같은 시간에 더 많은 주문을 소화하려면 한 번 배달 나갈 때 여러 곳을 한꺼번에 돌도록 동선을 짜야 합니다. 그러려면 카운터가 머릿속에서 상권 지도와 배달 동선, 메뉴별 조리 예상 시간을 모두 고려해서 최대한 효율적으로 배달할 수 있도록 주문을 조율해야 합니다. 이것만 잘해도 배달 건수를 10분에 1건에서 3건으로 최고 3배가량 끌어올릴 수 있어요.

가령 점심 12시에 아파트에서 주문이 들어오면 배달 순서를 뒤로 미루는 게 좋습니다. 아파트는 입구에서 오토바이를 세워서 경비원에게 신분 확인을 하느라 시간이 지체되기 때문이죠. 고객이 늦게 배달된다는 걸 못 받아들이고 주문을 취소해도 어쩔 수 없습니다.

피크 타임 때는 주문 금액 1만 5,000원 이상만 배달해요. 단 지나가다가 잠깐 들를 수 있는 곳이면 1만 5,000원 이하 주문도 받습니다. 또 대부분 카드로 계산하기 때문에 세원이 다 노출되는 점도 감수해야 합니다.[8] 현금 결제는 거의 없다고 보면 돼요. '유리지갑'이나 마찬가지에요.

---

8 본도시락은 전체 결제 건수 중 법인카드 결제율이 65%나 된다.

08
생활용품

1인 가구,
'자가(家)도취'에 빠지다

4인 가구서 1인 가구로 분화되면
가위, 향초 등 생활용품 수요 4배↑
집꾸미기 트렌드 맞물려 '순풍에 돛'

생활용품 시장은 1인 가구 증가와 집꾸미기(Home Furnishing) 열풍을 동력으로 꾸준히 성장하는 시장이다. 통계청에 따르면 국내 생활용품 시장은 2008년 7조 원에서 2015년 12조 5,000억 원으로 7년 새 두 배 가까이 성장했다.

업계는 2023년까지 국내 생활용품 시장 규모가 18조 원에 달할 것으로 본다. 이 중 국내 중저가 생활용품 시장은 약 2조 원대, 2019년쯤에는 4조 원대로 성장할 것이란 게 업계의 관측이다. 생활용품 시장의 주요 프랜차이즈 브랜드는 다이소와 양키캔들이다. 두 브랜드가 각 시장에서 1강 다약(多弱) 체제를 이루고 있기 때문에 이번 장에선 두 브랜드를 중심으로 전체 시장을 조망해보려 한다.

저가 생활용품 시장의 맹주
다이소

다이소는 2017년 기준 점포 1,150여 개로 압도적인 1위다. 그 뒤를 일본 미니소코리아, 마리아(세리아), 버터, 아트박스, 플라잉타이거코펜하겐, 캔두 등 국내외 브랜드가 뒤따른다. 다이소를 제외한 다른 점포를 다 합쳐도 아직 100개가 채 안 돼 점포가 1,150개 넘는 다이소의 상대로 보기 어렵다. 현재로선 다이소의 경쟁 상대로 다른 저가 생활용품 매장보다는 전국 곳곳에서 대형화되고 있는 편의점으로 보는 게 더 타당할 듯하다. 편의점은 식품, 생필품, 미용용품 등 여러 상품 분야에서 다이소와의 교집합을 넓히고 있다.

다이소는 1990년대 인기를 끌었던 1,000냥 백화점이 브랜드화된 것이나 다름없다. 매출의 70%가 2,000원 이하 제품에서 발생한다. 1,000원짜리 상품이 전체의 50% 이상, 국산 제품 50% 이상, 가장 비싸도 5,000원을 넘지 않는 5·5·5 전략을 고수하고 있다. 물가 인상에도 1,000원이란 상징적인 가격을 유

다이소 매장. 다이소는 집꾸미기(홈퍼니싱) 열풍 및 가성비 트렌드와 부합해 최근 인기가 높다.

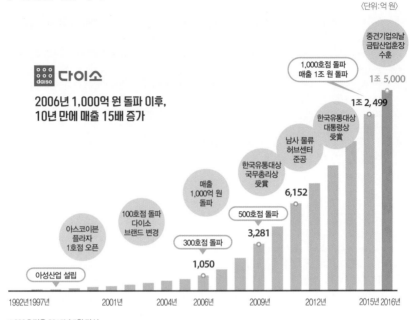

| 급성장하는 다이소

〈단위:억 원〉

⚬⚬⚬ 다이소
daiso

**2006년 1,000억 원 돌파 이후,
10년 만에 매출 15배 증가**

중견기업의날
금탑산업훈장
수훈

1,000호점 돌파
매출 1조 원 돌파

1조 5,000

1조 2,499

한국유통대상
대통령상
受賞

남사 물류
허브센터
준공

6,152

한국유통대상
국무총리상
受賞

매출
1,000억 원
돌파

500호점 돌파

3,281

100호점 돌파
다이소
브랜드 변경

300호점 돌파

1,050

아스코이븐
플라자
1호점 오픈

아성산업 설립

1992년 1997년　　2001년　　2004년　2006년　　2009년　　2012년　　2015년 2016년

1,000호점은 2015년 5월 달성

지할 수 있는 비결은 단연 대량 구매를 통해 확보한 원가 경쟁력이다. 다이소에
납품하는 한 사장은 "납품업체에 인건비만 겨우 남겨주는 수준으로 가격을 깎
더라"라며 혀를 내둘렀다.

　다이소의 1,100여 개 점포 중 직영점은 약 700개, 가맹점은 약 400개다. 쉽
게 눈에 띄는 큰 매장은 대부분 직영점이라고 보면 된다. 직영점 중 200여 개는
롯데마트 등에 입점한 유통점이다. 또 가맹점 중 일부는 과거에 지방에서 슈퍼
마켓의 숍인숍 형태로 작게 출점한 곳들이다. 이런 소형 숍인숍을 포함해 계산

한 다이소 가맹점의 평균 면적은 약 70평. 2012년 약 50평에서 4년 만에 40%나 커졌다.

다이소는 점점 다양한 상품을 취급하기 위해 매장을 계속 키우고 있다. 가맹점은 2016년부터 신규 매장을 최소 80평 이상, 보통 100평 안팎으로 출점하고 있다. 직영점의 경우 종각, 아차산점 등 다층(多層)으로 이뤄진 대형 매장은 점포 안에 엘리베이터도 있을 정도다. 3층 매장을 오픈할 때만 해도 상당히 대형화됐다는 인상을 줬지만, 요즘은 5~6층 매장도 적잖아 3층 매장이 오히려 작게 느껴질 정도다. 이미 출점한 가맹점과 직영점도 리모델링과 확장 공사를 통해 점포 면적을 계속 키우는 추세다.

다이소 가맹점 중 월세를 가장 많이 내는 곳은 160평짜리 지층 매장으로 월세가 1,000만 원 정도라고 한다. 원래는 40평 규모였지만 옆 건물의 지층 매장이 매물로 나와 확장 이전했다. 이 가맹점은 확장 이전 후 현재 가맹점 매출 1위를 지키고 있다. 매장 면적이 넓어지면 임대료가 상승하지만 수익 증가치가 더 높아 확장을 할 만하다는 게 본사의 설명이다.

다이소 영업 방식은 본사에서 납품받은 상품을 점주가 매장에서 파는 구조다. 본사의 납품 가격이 낮거나 판매 가격이 높을수록 점주 이익은 높아진다. 매월 매출의 2%를 로열티로 본사에 내는 점을 감안한 가맹점의 매출총이익률(매출에서 상품원가를 뺀 이익의 비중)은 27%가 조금 안 된다고 한다. 가령 1,000원짜리 상품을 팔면 상품원가 710원, 로열티 20원 정도를 떼고 270원 정도가 점주한테 남는 셈이다. 여기서 인건비와 임차료, 기타 관리비를 제외하면 점주의 순이익이 된다.

다이소는 점점 다양한 상품을 취급하기 위해 매장을 계속 키우고 있다.

다이소 측은 현재 가맹점을 많게는 매월 10개 안팎, 적게는 2~3개씩 오픈하는 추세다. 2016년에만 70여 개를 신규 출점했다. 편의점처럼 무작정 많이 늘리기보다는 수익이 나는 매장 위주로 천천히, 내실있게 오픈한다는 게 본사 방침이다. 때문에 다이소를 창업하고 싶어도 적정 상권의 매물이 나올 때까지 기다려야 되는 상황이다. 임대료가 비싼 대형 상권은 가맹점보다는 직영점을 내는 경우가 많아 가맹점 창업이 더 쉽지 않다. 다이소 창업에 관심이 있다면 일단 본사에 창업 상담을 신청해서 창업 대기자 등록을 해두는 편이 낫다.

다이소에 따르면 2016년 말 기준 가맹점 일평균 매출은 약 250만 원 정도. 일 매출이 20만~30만 원에 불과한 지방의 소형 숍인숍 매장을 포함해 평균을 낸 것이어서 실제로는 이보다 더 높다는 설명이다. 편의점과 다른 점은 식품의 폐기율이 매우 낮다는 것. 편의점은 가맹점에 따라 도시락 등의 식품 폐기율이 10~15%인 반면, 다이소는 신선식품이 많지 않고 유통기간이 지난 상품은 반품도 가능해 점주의 폐기 부담은 거의 없는 편이라고 한다. 단 단순 분실 등 상품 로스율은 매월 0.5% 정도 발생하는 편이라고.

창업비용은 80평 매장 기준 약 3억 원, 100평은 3억 5,000만 원 정도다. 보증금, 권리금 등 점포비용은 상권과 입지에 따라 다르지만, 대략 100평 매장을 내는 데 총 5억 원 정도가 든다(창업비용+점포비용). 인테리어 시공은 본사의 지정 업체가 있지만 본사의 시방서대로만 공사한다면 점주가 아는 곳에서 시공하거나 직접 해도 된다. 거래는 본사 지정 업체가 점주에게 직접 영수증을 발행하고, 다이소가 중개하지 않는 만큼 중간 마진을 노린 가격 거품 요소는 없는 것이다. 상권 포화도가 높은 수도권보다는 지방에서 가맹사업이 더 활발하게 이뤄지는 편이다. 이석원 다이소 가맹기획부장은 "월세와 인건비는 매출의 각 7% 정도가 적정하다고 본다. 점포비용이 너무 높으면 점주 수익률이 낮아져 출점을 재고한다. 이렇게 비용 대비 수익성이 좋은 적정 매장을 찾다 보니 출점 속도가 빠르지 않다"고 말했다.

2016년 9월 기준으로 기자가 조사한 다이소의 다점포율은 12.4%. 2014년 6.3%→2015년 14.1%로 늘었다가 소폭 감소했다. 2015년 말 대비 9개월간 가맹점은 40개 늘어난 반면, 다점포는 52개에서 51개로 한 개 줄어든 영향이다. 다점포율이 줄었다고 다이소의 창업 전망을 어둡게 볼 필요는 없을 것 같다. 다점포율 감소가 '본사의 다점포 제한 정책'이란 외부 요인에 의한 것이기 때문이다. 본사 측은 "최근 가맹점 창업 수요가 많아 점주당 다점포 출점을 2개까지만 허용하기로 제한했다"고 밝혔다.

다이소는 다점포 출점에 대한 혜택이 전혀 없다. 다이소와 창업비용이 비슷한 패스트푸드 중 일부 브랜드가 두 번째 점포를 추가 출점할 때 최대 1억 원 가까이 창업비용을 할인해주는 데 비하면 냉정하게 느껴질 정도다. 그런데도 다점포 출점이 적잖다는 건 다이소에 대한 점주들의 만족도가 상당함을 시사한다. 저가 생활용품 시장 전망이 밝은 가운데 다이소 점주의 수익성 증가 여부는 본사와 점주에게 달렸다. 본사는 가성비 좋은 상품을 부지런히 개발하고, 점주는 매장 내 상품 연출, 고객 응대, 인기 상품 수요 예측을 통한 공급 관리 등을 잘해서 상생하는 한 해가 되기를 바란다.

사치재에서 일상재로
향기 레이어링 시대

한때 고상하고 우아한 취미 정도로 치부됐던 향초도 요즘은 일상적 소비재로 자리매김하는 분위기다. 방향, 탈취, 제습의 다양한 효과가 있는 향초와 편리하게 지속적으로 발향이 가능한 디퓨저도 보편화되고 있다. 집꾸미기 열풍과 향기를 통한 힐링 트렌드를 성장동력으로 향기 시장도 꾸준히 성장할 것으로 본다. 업계에 따르면 국내 향초 수입 브랜드는 약 200여 종에 달한다. 2013년 600억 원 정도였던 향초 시장은 2016년 2,000억 원 정도로 3년 만에 3배 이상 커진 것으로 추산된다. 산업통상자원부는 2016년 향기 관련 시장이 3조 원에 달할 것으로 추산한다.

향초 관련 상품의 주 고객층은 단연 20~50대 여성이다. 이들이 전체 고객의 70%를 차지하고, 나머지는 20~40대 남성으로 파악된다. 상권마다 고객층 차이는 있다. 오피스나 역세권, 대학가 등은 젊은 여성 위주, 주택가 상권은 30~50대 주부 고객이 다수다. 대표 브랜드인 양키캔들은 2016년 매출이 2015년 대비 약 10% 성장한 280억 원 정도일 것으로 예상된다. 가맹점당 평균 매출은 월 2,000만 원 수준으로 전년 대비 10%가량 증가할 것이란 게 양키캔들 설명이다. 순이익률은 지역, 상권에 따라 차이가 있지만 매출의 25~35% 정도다.

양키캔들 매출 중 향초가 차지하는 비중은 40%, 디퓨저는 16% 정도다. 향초 비중은 매년 40% 내외로 거의 동일한 반면, 디퓨저는 2016년에 전년 대비 6%가량 성장했다. 최근 트렌드는 향초 구입 목적이 선물용에서 직접 사용으로 바뀌고 있다는 것. 향초가 일상재로 자리매김하는 과정이어서 긍정적이다. 김

양키캔들 매장. 양키캔들도 집꾸미기 열풍의 최대 수혜 브랜드 중 하나다.

희철 양키캔들 마케팅팀장은 "가맹사업 초창기인 2014년에는 선물용 구매가 60~70%가량이었으나, 최근에는 직접 사용하기 위한 구매가 60%로 역전됐다. 특히 거실, 침실, 욕실, 서재 등 공간별, 기능별 향을 선택하는 경향이 뚜렷해지고 있다"고 말했다.

생활용품의 아쉬운 점은 외식업만큼 일상적인 반복 구매가 이뤄지지 않는다는 것이다. 그래도 아웃도어 등 특정 상황에서만 입는 기능성 의류보다는 반복 구매 빈도가 높은 편이다. 업계에 따르면 자캔들(Jar Candle)의 경우 매일 사용할 경우 1~1.5개월, 디퓨저는 1개월가량 쓸 수 있다. 김희철 팀장은 "가맹점 방문 고객의 재구매율이 40% 가까이 된다"고 전했다.

향초 시장의 또 다른 트렌드는 '향기 레이어링'이다. 한 가지 향을 전체 공간에 사용하기보다는 방, 거실, 주방, 욕실 등 각각의 공간에 어울리는 향초와 디퓨저를 골라 구매하는 편이다. 향기 상품은 인테리어로도 활용 가능하다. 덕분에 홈퍼니싱 관련 소품 판매가 늘고 있다. 할로겐 전구를 이용해 향초를 발향시키는 '캔들워머'와 '캔들워머 스탠드', 타이머 기능이 포함돼 왁스를 녹여 발향시키는 '센터피스', 그 외에 쉐이드&트레이, 일루마리드, 홀더 등 향초 액세서리가 좋은 반응을 얻고 있다.

2017년에도 향기 제품에 대한 수요는 지속적으로 증가할 전망이다. 향초, 디퓨저에 대한 관심이 높아졌을 뿐 아니라, 소비층도 여성 위주에서 남성으로 확장되고 있다는 판단에서다. 향초의 인기는 변함없고, 디퓨저의 성장세도 2016년에 이어 조금 더 늘어날 것으로 기대된다. 1인 가구들이 집에서 마음을 편안하게 해주는 향기로 힐링하는 '혼향' 소비 증가도 기대해봄직하다.

양키캔들 창업 시 주의할 점. 유동인구가 많다고 역세권만 염두에 두는 건 위험하다. 괜히 임대료만 비싸고 향초 수요는 적을 수 있기 때문이다. 유동인구와 함께 구매력 있는 소비층을 배후로 하려면 역세권, 주거지, 오피스가 혼합된 상권이 가장 좋다. 양키캔들 점포개설팀 관계자는 "다른 브랜드도 마찬가지겠지만, 개설팀에서 매장을 찾는 것이 가장 어려운 과제다. 그럼에도 다점포가 많은 건 한 번 경험을 해본 점주들이 매장 위치나 상권을 보는 안목이 생겨 2호점, 3호점을 추가 출점하는 덕분"이라고 말했다.

해외직구 등 온라인 쇼핑몰과의 경쟁도 염두에 둬야 한다. 쇼핑(구매) 패턴이 오프라인에서 온라인으로 넘어가는 추세는 모든 오프라인 매장들의 고민이다. 비싼 임대료가 없고 전국 단위로 대량 구매하니 오프라인 매장은 온라인 쇼핑몰의 가격 경쟁력을 당해낼 재간이 없다. 이럴 때일수록 중요한 게 바로 '접객', 즉 고객 서비스다. 가령 향초는 종류가 다양해서 어떤 향이 소비자 기호에 맞고 또 기능이 적합한지 소비자가 잘 모를 수 있다. 이를 경제학에선 소비자보다 판매자가 더 많은 지식과 정보를 갖고 있다는 점에서 '정보의 비대칭성' 문제라고 한다.

중고차나 와인도 정보의 비대칭성이 심한 대표적인 시장이다.

이런 상황에서 소비자는 판매자에 대한 의존도가 높을 수밖에 없다. 중고차에 대해 잘 모르는 구매자는 딜러의 설명에, 와인 초심자는 와인 소믈리에나 판매자의 추천에 따를 가능성이 높다. 이때 판매자가 소비자에게 바가지를 씌우는 대신, 친절하게 설명해주고 소비자가 원하는 상품을 정확히 찾아서 추천해준다면 소비자 만족도나 재구매 의사도 높아질 것이다. 중고차는 한 번 팔면 수년간 재구매가 안 이뤄지는 고가 상품이어서 판매자의 접객 유인이 낮다. 반면 와인이나 향초 같은 소모성 기호품은 재구매가 빈번하게 이뤄지니 접객이 매우 중요하다. 접객 효과는 기호가 뚜렷하고 예민한 소비자일수록 더 강하게 나타난다. 취향이 분명한 소비자는 자신의 취향과 조금이라도 맞지 않으면 오히려 불쾌함을 느껴 상품을 개봉하자마자 버릴 수 있다.

소비자가 이런 리스크를 피하는 방법은 해당 제품에 대해 전문적인 지식을 쌓거나 이미 잘 알고 있는 판매자에게 의존하는 방법뿐이다. 향초나 디퓨저도 후각에 민감한 소비자가 많으므로 접객 효과가 잘 나타나는 시장이라고 볼 수 있다. 물론 접객을 잘하려면 판매자인 점주나 직원부터 향초에 대해 깊이 있는 지식을 갖춰야 한다. 이래저래 열심히 공부하고 창업해야 하는 시대다.

송연주 양키캔들 다점포 점주

지하철·버스 광고
효과 톡톡…
"홍보는 투자입니다"

송연주 양키캔들 점주(43)는 슈퍼맘이다. 그는 중학생 아들과 초등학생 딸이 하나 있다. 매일 아침과 저녁 식사를 손수 차려줄 만큼 열성이다. 이것만 해도 벅찰 텐데 송 씨는 양키캔들 매장도 두 개나 '키우고' 있다. 정신없지 않을까. 웬걸. 돌아온 대답은 여유만만이다. "수요일과 주말엔 아예 가게에 나가지 않아요. 수요일엔 집에서 동네 학생들 대상으로 미술 교실 수업도 하죠. 직원 관리를 철저히 하고 신뢰를 쌓으면 충분히 가능합니다."

송 씨는 2014년 5월 서울대입구역 근처에 첫 매장을 열었다. 그로부터 7개월도 채 안 돼 12월에 두 번째 가게인 경기 부천역점을 냈다. 어지간한 확신 없이는 쉽지 않은 결정이었을 터. 그럴 만한 이유가 있었다. 송 씨는 2013년 경기 광명에서 1년간 양키캔들을 운영하며 '재미'를 본 경험이 있다. 서울로 이사 오며할 수 없이 매장을 넘겨야 했지만 아쉬움이 컸다. 본사로부터 서울에 새 점포 자리가 났다는 연락을 받자마자 5개월 만에 '컴백'한 이유다.

"2013년 미국 여행을 다녀온 지인한테 우연히 양키캔들 선물을 받고 관심을 갖게 됐어요. 당시 향기 산업이 국내에서도 한창 각광받으며 성장하던 때였죠. 처음에는 사람들이 향초를 잘 모를까봐 걱정도 됐는데, 생각보다 인지도가 높고 '힐링'이란 트렌드에도 맞아서 반응이 좋더라고요. 노인 냄새 없앤다고 요양병원 등에 병문안 갈 때도 선물로 많이 사가세요. 고령화 시대에도 잘 맞는 셈이죠."

이사한 후에도 양키캔들을 다시 해야겠단 생각엔 변함이 없었다. 예쁜 향초를 분위기에 맞게 놓는 일이 꾸미기 좋아하는 성격과 딱 맞았다.

"계절, 연령, 기념일, 성별로 다 어울리는 향이 따로 있어서 어떤 상황에서도 선물하기가 참 좋아요. 가령 여름에는 '파란색 비치워크', '미드섬머나이트', 화이트머스크 계열의 시원한 향이 잘 팔리고, 가을과 겨울엔 '블랙체리 소프트 블랭킷' 등 달콤하고 색감도 붉은 따뜻한 향이 잘나가죠. 각 계절에 맞는 향기 위주로 추천하고, 과일향, 꽃향, 시원한 향, 깔끔한 향 중 어떤 향을 좋아하는지 고객한테 물어봐서 맞춤형으로 골라주기도 해요. 기능성을 찾는 고객한테는 숙면, 스트레스 해소 등에 도움되는 향을 추천해줍니다."

송 씨가 지난해 두 매장에서 올린 연 매출은 약 7억 5,000만 원. 임대료, 인건비 등을 빼고 순이익률은 25~30% 정도. 계산하면 얼추 2억 원 안팎이다. 오랜 세월 몸담아왔던 유치원 교사는 물론, 대기업 임원 연봉도 부럽지 않은 수준. 물론 모든 양키캔들 매장이 이렇게 잘되는 건 아니다. 송 씨는 자신의 성공 비결로 '차별화된 고객 관리'를 첫손가락에 꼽았다.

"디테일이 단골을 만듭니다. 포장지와 리본은 매번 남대문이나 동대문 시장을 돌면서 직접 골라요. 향초 공병은 버리지 않고 모아놓고요. 손님이 실수로 병을 깨뜨렸을 때 향초를 녹여서 옮겨 담아줄 수 있게 말이죠. 이번 11월 11일엔 빼빼로데이에 맞춰 과자 사은품도 증정할 예정입니다."

송 씨는 다점포를 운영하는 점주일수록 대중 광고에 주목해야 한다고 강조한다. 매장마다 마케팅에 공을 들이기엔 시간과 체력이 모자라기 때문이란다.

"간단하면서도 많은 사람이 볼 수 있는 광고가 효과적이죠. 지하철 서울대입구역 게시판에 광고물을 올려놨어요. 또 성우를 직접 고용해서 매장 근처를 지날 때마다 시내버스에서 매장 홍보 방송이 흘러나오게 해놓은 지도 1년이 넘었네요. 광고비를 아까워하는 점주가 많은데 멀리 보면 효율적인 투자랍니다."

"국내 향기 사업은 이제 시작하는 단계"라는 게 송 씨의 시장 전망이다. 특히 향초는 고령화 시대 맞춤형 사업으로도 유망하다고.

"향초는 힘을 크게 쓸 필요가 없어 나이 많은 점주도 혼자 매장을 꾸려나갈 수 있어요. 어르신들 선물로 향초와 디퓨저를 사가는 손님이 늘고 있고요. 저도 좋은 자리가 나면 2017년에 또 추가 출점할 생각입니다. 주변에도 창업을 적극 권하고 있어요. 제 추천으로 양키캔들 사장이 된 지인도 3명이나 있답니다."

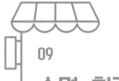

09

수면·힐링카페

◇◇◇◇◇

지친 직장인에게 '꿀잠'
"점심시간 비행기 일등석서 잠자요"

수면 부족·만성 피로 시달리는 직장인
휴식도 '양보다 질' 중요해져
커피 한 잔의 여유까지 '도심 속 오아시스'

지난밤 연이은 회식으로 새벽까지 '달린' 영업사원 정지수 씨(가명). 어김없이 아침 일찍 출근한 그는 오전 업무 시간 내내 눈꺼풀이 천근만근이다. 점심시간이 되자 그가 부리나케 찾아간 곳은 회사 근처 수면카페. 숙면을 돕는 은은한 조명과 잔잔한 클래식 음악, 그리고 안락한 안마의자나 침대가 있어 잠시나마 '꿀잠'을 잘 수 있다. 김 씨는 "회사에도 휴게실이 있지만 상사 눈치가 보여 편히 자기 힘들다. 침대에 편하게 누워 40분 정도 낮잠을 자고 나면 전날 쌓인 피로가 싹 가시고 오후 업무에 집중도 잘 된다"라며 "회식이나 야근을 한 다음 날이면 1주일에 1~2번은 수면카페를 찾는다"고 말했다.

수면카페가 새로운 창업 아이템으로 주목받고 있다. 눈치 보지 않고 마음 편히 쉴 수 있는 공간을 찾는 직장인 사이에서 인기다. 최근에는 잠 대신 안마를 받는 '힐링카페'도 생겨나며 커플이나 가족 단위 고객으로 수요가 확대되는 추세다. 포화 상태에 이른 커피숍과 차별화되는 틈새 시장으로 성장할 수 있을지 귀추가 주목된다.

침대·해먹·안마의자
골라 자는 재미가 있다

　　수면카페는 말 그대로 '잠을 잘 수 있는 카페'다. 고객이 편하게 잠을 자거나 쉴 수 있는 공간을 제공하고 요금을 받는 방식이다. 산소발생기가 만들어준 쾌적한 공기와 은은하게 흘러나오는 클래식 음악이 마음을 편안하게 해줘 스트레스가 금세 풀린다. 통상 50분 수면+음료 1잔 패키지로 제공되며 가격은

수면카페 이용 모습. 수면 부족으로 시달리는 직장인들에게 수면·힐링카페는 이색 편의 공간으로 주목받는다.

6,000~1만 3,000원 정도. 힐링카페도 수면카페와 비슷하지만, 잠보다는 안마의자 이용이 서비스의 주가 된다는 점이 특징이다. 안마의자는 거의 225도까지 뒤로 젖혀지며 목부터 팔, 다리, 발까지 골고루 마사지해준다. 끝나고 나오면 안마실과 별개로 된 카페 공간에서 음료를 한 잔 마시면서 같이온 연인 또는 친구와 대화를 하거나 만화책을 보면서 데이트를 즐길 수 있다.

개인적으로 마사지를 좋아하는 기자도 힐링카페를 가끔 이용한다. 그동안 마사지를 받으려면 소셜커머스에서 1시간짜리 마사지 쿠폰을 사는 게 가장 저렴했는데, 그래도 가격이 최소 3만 원이어서 자주 가기엔 부담스러운 게 사실이었다. 그런데 힐링카페는 1시간 안마는 물론, 음료수와 빵도 제공한다. 식음비용을 빼면 안마의자 이용 요금이 1만 원이 채 안 되는 꼴이니, 저렴하게 마사지받고 싶을 때 경제적으로 이용할 수 있다.

업계에 따르면 수면·힐링카페는 지난 2014년부터 강남, 명동, 홍대 등 주요 상권에 하나둘씩 생겨나기 시작해 2017년 1월 기준 수도권 내 약 30개 매장이 있다. 아직 시장이 형성되는 초기 단계라 매장수는 적은 편이지만 소비자들 사이에서 입소문을 타며 시장 규모가 커지고 있다.

주 이용객은 단연 스트레스와 수면 부족에 시달리는 직장인이다. 업계에 따르면 평일 점심시간대에 손님이 가장 많이 몰리는데, 방문객의 90% 이상이 직장인이다. 특히 평일 오전 11시 30분에서 2시 사이 침대석은 직장인으로 대부분 만석인 경우가 많다고. 침대석이 꽉 차면 보조 소파에서도 점심시간을 이용해 잠깐이라도 눈을 붙이려는 손님이 적잖다. 김소미 헤븐리29 대표는 "처음부터 직장인을 주 고객으로 상정하고 오픈했다"며 "주중엔 물론, 토요일 오전에도 직장인들이 많이 찾는다. 카페 주변의 일부 회사들은 직원 복지의 일환으로 회사가 미리 요금을 지불하고 직원들이 카페를 자유롭게 이용할 수 있도록 해주기도 한다"고 전했다. 단 주말에는 직장인 외 손님이 많은 편이다. 업계 관계자는 "블로그나 SNS, 소셜커머스 등을 통해 수면·힐링카페를 접한 20~30대 커플들이 데이트 코스로 활용하기도 한다. 상권에 따라 가족 단위 고객이나 대학생, 노부부, 관광객 손님들도 있다"고 말했다.

수면·힐링카페들은 각자 다른 특징을 내세우며 차별화에 힘쓰고 있다. '미스터힐링'과 '퍼스트클래스'는 대표적인 힐링카페 체인. 안마의자에서 30분~1시간 정도 안마를 즐기고 음료를 마실 수 있다. 2015년 4월 홍대에 1호점을 오픈한 미스터힐링은 가맹사업을 시작한 지 1년도 안 돼 점포수를 44개로 늘렸다. 주요 상권에 위치한 매장 이용객도 꾸준히 늘고 있다. 강남, 구로디지털단지 등 오피스 밀집 지역에 위치한 10개 매장의 총 방문객수는 2016년 4월 2만 2,745명에서 7월 2만 6,723명으로 3개월 만에 17% 이상 증가했다.

조성은 미스터힐링 홍보팀장은 "2017년 말까지 100호점 출점이 목표"라고 포부를 전했다. 2015년 2월 1호점이 문을 연 퍼스트클래스는 이름처럼 비행기 일등석처럼 꾸며놓은 게 특징이다. 일등석을 이용하는 기분을 살릴 수 있게 티켓도 비행기표 모양으로 디자인했다. 눈 마사지 기계를 제공하는 것도 눈에 띈다. 퍼스트클래스는 현재 서울 송파구, 마포구, 중구 등에 총 7개 지점이 있다. 은평구 추가 오픈 등 가맹사업을 지속 확대해 나간다는 계획이다.

서울 강남의 쉼스토리는 수면과 힐링을 함께할 수 있는 복합 공간이다. 일반 카페처럼 음료를 마시고 대화를 하거나 독서, 공부 등을 할 수 있는 '대화마루',

TV를 보며 쉴 수 있는 '쉼마루', 안마의자를 이용할 수 있는 '시원마루', 그리고 잠을 잘 수 있는 '꿈마루' 등 4가지 공간으로 구성했다. 꿈마루엔 '수면카페'란 이름에 걸맞게 침대가 배치돼 있다. "2016년 2월 오픈했는데 반응이 좋아 2호점과 3호점 출점을 위해 준비 중이다. 2·3호점이 자리를 잡은 후에 본격적인 가맹사업을 시작하는 것도 고려하고 있다." 정운모 쉼스토리 대표의 설명이다. 종로에 위치한 '낮잠'은 수면 공간과 담소 공간으로 나뉜 일반 수면카페들과 달리 오로지 '수면만을 위한 공간'으로 차별화했다. 특히 캠핑지와 바닷가에서나 볼 수 있는 해먹을 설치해 놓아 인기가 높다.

수면카페가 인기를 끌면서 대기업도 뛰어들었다. CJ CGV 여의도점은 지난 3월부터 '프리미엄 시에스타' 서비스를 시작했다. 월~목요일 오전 11시 30분부터 오후 1시까지 프리미엄 상영관에서 낮잠을 잘 수 있도록 한 것. 1만 원이란 영화표 못잖은 가격에도 하루 평균 15명 정도가 이용한다고. CJ CGV 관계자는 "손님이 많지는 않지만 수요가 꾸준하고 만족도가 높아 재방문율도 꽤 된다"고 귀띔했다.

고급 시설 유리한 장치산업
넓고 쾌적한 공간 확보 중요

수면·힐링카페 창업하는 데 필요한 예산은 얼마일까. 수면·힐링카페는 주로 지하나 2~3층에 입점한다. 일반적으로 2층은 1층에 비해 보증금이 3분의 2나 절반 정도 되고, 권리금은 거의 안 붙는 곳도 많다. 때문에 1층에서 같은 평수로 창업하는 것보다는 저렴한 편인데, 단 안마의자 구입비가 창업비용을 높이는

힐링카페에서 안마의자를 이용하는 모습. 힐링카페 프랜차이즈 1위 '미스터힐링'은 2017년까지 100개 지점 오픈을 목표로 하고 있다.

요인이다. 미스터힐링에 따르면 99제곱미터(30평) 규모 기준 초기 창업비로 약 1억 원이 필요하다(보증금, 권리금 등 점포비용 제외 기준). 가맹비(700만 원)와 인테리어, 장비(안마기계 13대, 커피머신 1대) 등이 포함된 금액이다. 단 안마기계와 커피머신은 구매가의 30%만 계산한 것으로, 창업 후 할부로 갚는 잔금 70%를 포함하면 최종 창업비용은 1억 5,000만 원 안팎으로 봐야 한다.

물론 장비 사양이나 가맹본사에 따라 창업비용은 달라질 수 있다. 장비 가격은 보통 안마의자 한 대 100만 원 이상, 간이 침대 20만 원 이상, 커피머신은 200만 원 이상부터 시작한다. 고사양의 안마의자나 프리미엄 침대, 고급 커피머신 등을 구비하면 창업비용은 서울 기준으로 2억 5,000만~3억 원 정도가 들 것으로 예상된다.

인건비는 거의 들지 않는다. 업계 관계자는 "상권이나 매장에 따라 손님은 일 평균 50~70명, 주말에는 많으면 100명 이상 온다. 하루에 최대 130명까지 온 적도 있다"고 전했다. 고객은 많지만 음료를 제외하면 셀프로 이용할 수 있는 시설이 많다 보니 보통 직원 1명이 운영할 수 있다. 점심시간 등 피크 타임에만 1명이 더 투입되면 충분하다고. 수익률은 15~30% 정도라는 게 업계 설명이다. 1시간 이용료를 평균 1만 원, 일평균 방문객 60명을 기준으로 놓고 보면 일 매출 60만 원, 월 매출 1,800만 원, 월 순이익이 270만~540만 원이란 계산이 나온다.

수면·힐링카페 창업 시 주의할 점. 우선 침대, 안마의자 등을 놓을 공간을 충분히 확보해야 한다. 전용면적이 최소 30평 정도는 돼야 한다는 게 업계 중론이다. 내부 디자인에 따라 더 넓은 장소가 필요할 수도 있다. 정운모 대표는 "쉼 스토리처럼 여러 가지 테마로 카페를 구성하기 위해선 전용면적이 165제곱미터(50평)는 돼야 한다"고 말했다. 주로 점심시간 1시간 정도 안에 매출이 집중적으로 발생하는 것도 고려해야 한다. 일반 커피숍과 달리 고객의 체류 시간이 짧아 음료 등의 추가 구매를 기대하긴 어렵다. 30평 매장 기준 동시 수용 인원은 15~20명 정도이므로, 이들의 재방문율을 높이기 위한 서비스 전략이 필요하다.

또 시설이 고급스러운 곳이 유리한 장치산업인 만큼 초기 투자비용을 많이 들여서라도 다른 매장보다 인테리어 우위를 점하는 게 중요하다. 아직 시장 초기여서 수면·힐링카페를 한 번도 체험해보지 않은 소비자도 많은 만큼 적극적인 홍보 전략도 필수다. 미스터힐링 관계자는 "힐링카페는 한국인의 최근 관심사인 힐링과 웰빙, 휴식, 건강 등을 우선시하기 때문에 트렌디한 업종이라고 볼 수 있다. 피트니스앱, 소셜커머스, 통신사 멤버십 등 다양한 B2B(기업 간 기업) 제휴를 통해 고객을 매장으로 유입시키는 게 중요하다"고 말했다.

일부 창업 전문가들은 수면·힐링카페의 수요가 제한적일 것으로 내다본다. 노래방, PC방, 스크린골프장처럼 수면·힐링카페가 하나의 문화로 자리 잡을 수 있을 것인가에 대한 회의적인 시각이다. 강병오 FC창업코리아 대표는 "틈새 수요를 노리고 광역 상권에서 1~2개 들어서는 정도면 충분해 보인다. 해당 상권에서 이미 수면·힐링카페가 운영 중이라면 상권을 나눠먹을 만한 파이가 부족하다고 보고 진입을 재고해볼 필요가 있다"고 조언했다.

기자도 강병오 대표의 의견에 동의한다. 현재 수면·힐링카페는 시설이나 서비스 면에서 아직 초보적인 단계에 지나지 않는다고 본다. 아늑한 실내 공간, 쾌적한 공기를 만들어 주는 산소발생기, 편안한 안마의자도 좋지만 이것만으로는 드라마틱한 힐링 효과를 제공하기 어렵지 않을까. 과연 1만 원 이상 적잖은 돈을 내고 소비자가 즐겨 찾을 만한 콘텐츠인가 생각해봐야 한다. 고객을 한 명이라도 더 받기 위해 같은 공간에 안마의자를 다닥다닥 설치해놓고 주변 고객의 대화나 직원의 안내 멘트, 부스럭거리는 소리 등 각종 소음에 노출된 형태는 결코 극적인 만족감을 주기 어렵다. 이대로는 심리적으로 가장 편안한 공간인 집에서 그냥 푹 쉬는 것만 못할 수도 있다. 물론 힐링에 대한 수요는 앞으로도 늘어나겠지만 수요 증가보다 공급 증가 속도가 더 빠르면 레드오션이 될 수밖에 없다.

소비자가 기꺼이 돈을 지불하려면 집이나 일상적인 공간에서는 체험할 수 없는 차별화된 서비스를 제공해야 한다. 업계 일각에선 VR(가상현실)이나 숙면 유도 음악 등 최신 기술을 활용한 수면카페를 준비 중이라고 한다. 차라리 이런 방식이 더 가능성 있지 않을까. 안마의자가 아날로그라면 VR은 디지털이다. 해당 업계 관계자는 "면접을 앞둔 수험생도 긴장을 가라앉히기 위해 잠깐 들를 정도로 힐링 효과가 뛰어난 기술을 준비 중"이라고 밝혔다. 수면·힐링카페가 더 활성화되려면 이처럼 힐링 효과를 계량화할 수 있을 만큼 기술지향적 공간으로 변모해야 된다고 본다.

10

모텔·여관

◇◇◇◇◇

뭐 먹지? 어디 가지? 그 다음은…
'어디서 잘까?'

국내외 여행객 급증하며 숙박업 활발
객실 상태·서비스 검증된 브랜드 모텔 유리
숙박앱과 연계한 O2O 마케팅도 필수

편의점, 치킨집, 커피전문점. 창업 아이템으로 가장 흔한 3인방이다. 그러나 이들 세 업종의 브랜드들은 이번 다점포율이 대부분 감소했다.[9] 너도나도 창업에 뛰어들다 보니 시장이 포화 상태에 이르렀다는 평가다. 이럴 때일수록 남들이 잘 하지 않는 틈새 창업 아이템을 주목해야 한다. 모텔이나 여관 등 숙박업 창업이 최근 각광받는 이유다.

모텔과 여관을 구분하는 법적인 기준은 없다. 대개 객실이 20개 이하이고 시설이 비교적 낙후된 숙소를 여관, 객실이 20개 이상인 곳은 모텔이라고 통칭한

---

9   본책 30페이지 '2017년 프랜차이즈 다점포율' 참조.

야놀자의 모텔 브랜드 '얌'과 '호텔야자' 객실의 다양한 인테리어. 야놀자는 숙박앱 인기를 발판으로 오프라인에서도 가맹사업을 활발히 하고 있다.

주요 국가의 중소형 숙박 프랜차이즈 점유율

〈단위: %〉

나라	점유율
미국	69
영국	60
인도	32
중국	22
한국	0.5

객실수 기준

자료: 2015 Homelnn Investor Relations, IHG investor presentation 2013, Goldman Sachs Research

다. 물론 과거에는 객실수나 부대시설에 따라 여관, 여인숙, 호텔 등급이 따로 매겨졌다. 그런데 1999년 공중위생법이 완화되면서 모든 숙박업소는 다 호텔이란 이름을 쓸 수 있게 됐다. 그래서 한동안 웬만한 모텔이나 여관도 호텔이란 이름을 갖다 붙였다. 그래야 고급스러워 보인다고 생각해서다. 그러나 최근에는 다시 모텔이라고 간판을 바꿔 다는 경우가 늘고 있다고 한다. 호텔은 왠지 비쌀 것 같아서 숙박객들이 꺼린다나 뭐라나.

요즘은 아예 모텔과 여관을 통틀어 '중소형 호텔'이라고 부르는 분위기다. 모텔이라고 하면 보통 러브호텔이나 '불륜의 온상'으로 생각해 이미지가 안 좋기 때문이다. '저가항공'도 업계에선 기사에 쓸 때 '저비용 항공사'라고 써달라고 늘 요구한다. 저가항공은 너무 싸구려 이미지로 비치기 때문이란다. 이름 하나가 이토록 중요하다.

국내 숙박업소는 몇 개나 될까. 업계에선 여관이 약 1만 개, 모텔은 약 2만 개 정도가 영업 중인 것으로 추산한다. 2016년 상반기에 3만 개를 넘긴 편의점과 비슷한 수준이니 사실 모텔도 포화도가 상당하긴 하다. 그런데 요즘 숙박업계에 새로운 트렌드가 나타나고 있다. 바로 모텔과 여관의 프랜차이즈화다. 야놀자가 2012년 처음 가맹사업을 시작해 2017년 1월 기준 120여 개 점포를 운영 중이다.

기자는 2016년 7월 출간한 《노기자의 창업 트렌드》에서 야놀자에 대해 이렇게 썼다.

그간 퀴퀴하고 음침한 공간이었던 모텔이 프랜차이즈화됨으로써 밝고 깔끔한 공간으로 탈바꿈하는 추세가 당분간 계속될 것으로 본다. 향후에는 모텔도 편의점이나 커피전문점처럼 브랜드를 따지는 시대가 오지 않을까 싶다.

이런 전망은 2016년 하반기에 나타난 몇 가지 사건에서 더욱 확실해졌다. 야놀자는 2016년 10월 최초로 프랜차이즈 박람회에 부스를 내고 가맹사업에 적극 나섰다. 여기어때도 비슷한 시기에 잠실에 1호점을 내고 모텔 프랜차이즈 사업에 뛰어들었다. 숙박앱 상위 2개사인 야놀자와 여기어때가 온라인에 이어 오프라인에서도 가맹점 늘리기 경쟁에 나섰다. 소비자들은 이제 모텔도 브랜드를 골라서 묵는 시대가 시작된 것이다.

그동안 거의 100% 독립 창업으로 운영돼온 모텔은 프랜차이즈 사업이 매우 유리한 업종이다. 숙박시설의 품질이나 서비스가 너무도 천차만별이어서 숙박객들의 불안감이 상당했기 때문이다. 프랜차이즈는 표준화, 단순화, 전문화 3요소를 통해 일정 수준 이상의 품질과 서비스를 만족을 제공하는 게 최대 장점이다. 따라서 기존 독립 모텔의 열악한 시설이나 불친절한 서비스에 지친 숙박객들은 밝고 깨끗하게 단장해놓은 프랜차이즈 모텔을 선호할 것으로 보인다.

해외에선 이미 모텔이 프랜차이즈로 자리 잡은 지 오래다. 업계에 따르면 미국과 중국에선 전체 모텔의 20% 이상이 프랜차이즈로 운영되고 있다고 한다.

여기어때 잠실점 내외부 모습. 야놀자의 숙박앱 맞수인 여기어때도 모텔 가맹사업에 뛰어들었다.

반면 우리나라는 전체 숙박업소(약 3만 개)의 1%도 안 되는 110여 개의 모텔과 여관 가맹점이 운영되고 있으니, 향후 성장 여지가 무궁무진하다.

숙박업 창업에 관심 있는 독자라면 창업비용이 궁금할 것이다. 모텔은 프랜차이즈로 창업할 수 있는 아이템 중 비용이 가장 비싸다. 보통 건물 한 채를 매입한 다음 리모델링해서 영업을 해야 하기 때문에, 창업비용이 수십억 원에 달한다. 담보대출을 건물 시세의 80%까지 받는다 해도 자기자본이 최소 15억 원 정도는 있어야 한다. 창업비용만 보면 사실상 '끝판왕'인 셈이다.

창업비용이 제한적이라면 여관으로 눈을 낮춰 보는 것도 괜찮다. 야놀자 프랜차이즈 여관인 '호텔야'은 객실 20개 기준 창업비용이 2억 5,000만 원이다. 이는 가맹비와 물류보증금, 가맹 종료 시 반환, 객실당 리모델링 비용, 비품·린넨 등 초도 물품 구입비용은 포함하고, 점포비용(보증금, 권리금)은 제외한 기준이다.

모텔들 앞에 내세워진 숙박앱 입간판들. 숙박앱은 O2O 기술을 이용해 다소 먼 거리의 고객도 끌어들이는 마케팅 효과가 뛰어나다.

점포비용을 포함한 총 창업비용은 서울 기준으로 4억~5억 원 정도가 예상된다. 이 정도면 대형 커피전문점 창업비용과 비슷한 수준이다.

자기 자본 최소 15억 있어야
창업 비용 비싼 만큼 고수익 기대

다음은 수익률. 숙박업은 수익률 계산 공식이 다소 복잡하다. 손님의 종류가 대실과 숙박 두 가지인 데다, 평일과 주말의 가격이 또 다르기 때문이다. 대실과 숙박 가격도 지역에 따라 다르지만, 평균적으로 대실 2만 원, 숙박 4만 원 정도로 잡고 계산을 해보자.

객실 한 개를 낮에 대실 1회, 밤에 숙박 1회씩 사용해서 '1회전' 돌린다고 가정하면, 객실 한 개당 객단가는 6만 원이다. 여관 객실이 20개라면 120만 원(=6만 원×20객실)의 일평균 매출이 나온다. 그럼 예상 월 매출은 3,600만 원(120만 원×30일)이다. 여기에서 지출을 빼보자. 우선 객실당 로열티가 월 8만 원(야놀자 기준)이니 로열티만 한 달에 160만 원(8만 원×20객실)이 나간다. 여기에 프런트 직원과 청소부 3명 인건비, 관리비, 비품 구입비 등도 계산에 넣어야 한다. 이를 모두 고려하면 20객실 규모 여관을 운영할 때 예상 순이익은 적게는 400만 원에서 많게는 1,000만 원 정도라는 게 야놀자의 설명이다. 단 이는 객실 20개를 모두 1회전(대실 1회, 숙박 1회)씩 돌렸을 때 얘기다. 숙박업 수익률은 대실을 얼마나 받느냐에 달렸다. 숙박은 하루에 두 번 받을 수 없으니 말이다. 대실을 여러 번 돌리면 수익이 더 늘어나는데, 잘만 하면 하루에 3회까지도 대실을 할 수 있다고 한다.

숙박업 시장의 최신 트렌드는 단연 숙박앱 마케팅이다. 과거에는 지나가는 여행객이 찾아오기만을 기다리는 수동적인 방식으로 운영됐다면, 요즘은 숙박앱에 입점해 이벤트나 광고로 숙박객을 유치하는 적극적인 방식으로 운영되고 있다. 숙박앱을 통해 예약을 받으면 건당 10% 비용이 발생하는데도 2016년 말 기준 약 1만 개 업소가 마케팅을 위해 숙박앱을 이용하는 상황이다. 입지가 안 좋은 곳일수록 숙박앱 입점 효과가 좋다. 새롭게 모텔을 리모델링할 계획이라면 파티룸은 권하지 않는다. 한동안 모텔 파티룸에서 친구들끼리 생일파티나 이벤트를 즐기는 경우가 많았는데, 요즘은 인기가 시들하단다. 파티를 열 만한 공간을 임대해주는 대체 서비스가 많이 늘어난 때문이라고. 기존 모텔들도 파티룸을 일반 객실로 다시 개조해서 대실과 숙박 매출을 더하려는 추세다.

김남기 여기어때 프랜차이즈사업부 운영팀 부장은 "이젠 시설 경쟁 등 모텔의 물리적인 변화는 한계에 다다랐다고 본다. 그보다는 체계화된 운영 시스템으로 균일화된 서비스를 제공하는 프랜차이즈 운영이 최근 모텔 시장의 트렌드다. 이제 고객은 선의의 경쟁을 통해 발전하고 있는 모텔 프랜차이즈 사업을 통해 숙박업 시장에서 새로운 트렌드를 경험하고 있다. 이는 프랜차이즈 모텔에 대한 만족도를 높여 숙박업 시장에서 새로운 패러다임을 만들어내는 효과로 이어질 것"이라며 "현재 국내 중소형 호텔의 프랜차이즈화는 1% 미만이지만, 향후 5년 내 5%를 넘길 것이다"라고 말했다.

숙박업은 객실 안에 설치해둔 각종 비품의 수명이 짧다는 것도 참고해야 한다. 프랜차이즈로 모텔이나 여관을 창업하면 객실당 공사비가 1,000만~2,000만 원 중반 정도 든다. 침대, 소파, 탁자, TV 같은 가구나 소품 구입비가 다 포함된 가격이다. 그런데 모텔, 여관의 가구나 비품은 숙박객이 함부로 쓰는 경향이 있다. 어차피 누가 지켜보지도 않고 한 번 쓰고 나가면 그만이니 에티켓이 부족한 것이다. 때문에 객실 안의 각종 비품은 금세 고장 나거나 망가지기 일쑤다. 이렇게 초기 투자금 외에 주기적으로 발생하는 숨은 비용이나 감가상각비도 꼭 계산에 넣어야 한다. 이수진 야놀자 대표는 "영업 시작하고 6~8개월 지나면 매달 2~3%씩 교체 수요가 생긴다. 비품이 없어지기도 하고, 린넨 등에 이물질이 심하게 묻으면 세탁해도 안 떨어진다. 헤어드라이어도 3년 지나면 선꼬임 현상이 발생해 잘못하면 누전 위험이 있다. TV는 5년 이상, 냉장고와 에어컨은 10년 이상도 쓸 수 있지만 소파, 매트리스, 컴퓨터 등은 종종 바꿔줘야 한다"고 말했다.

이수진 야놀자 대표

중소형 숙박 프랜차이즈 극초창기⋯ 갈수록 출점 속도 빨라져

모텔 청소원→모텔 정보 카페 운영자→숙박앱 대표→국내 최초 숙박 프랜차이즈 창업주.

이수진 야놀자 대표가 걸어온 길이다. 숙박업의 거의 모든 분야를 경험해본 입지전적의 인물이다. 2001년 24살 나이에 모텔 청소원으로 시작했으니 벌써 햇수로 17년이 됐다. 업계 최고 경력을 자랑하는 그에게 국내 숙박업 현황과 전망을 들어봤다.

Q 전국에 숙박업소가 3여 만 개인데 프랜차이즈 점포는 아직 112개뿐입니다.

A 숙박업은 프랜차이즈 전환 속도가 느린 편입니다. 창업비용이 일반 업종보다 많게는 10배 이상 더 들기 때문이죠. 선진국일수록 프랜차이즈가 발달하는데, 그런 점에서 국내 숙박업은 아직 후진국이에요. 외국은 숙박업소의 20~60%가 프랜차이즈로 운영되고 있습니다. 독립 창업에 익숙한 기성세대 점주들은 아직도 프랜차이즈 모텔을 생소하게 여깁니다. 세대 교체가 일어나야 해요. 프랜차이즈 모텔 시장이 활성화되려면

적어도 5년은 더 걸릴 것 같습니다. 그래도 가맹점 증가 속도가 점점 빨라지고 있어서 고무적이에요. 가맹점을 처음 모집한 2012년에는 9개밖에 없었거든요. 2016년에는 한 해 동안 30여 개가 오픈했습니다.

Q 숙박업 창업을 프랜차이즈로 해야 하는 이유가 있나요?

A 물론 독립 창업도 괜찮습니다. 점주가 운영 노하우가 충분하다면요. 그러나 그렇지 않다면 숙박업은 정보의 비대칭이 너무 큽니다. 보건복지부의 감독을 받고 청소년보호법 관련 규제가 많아 시설 관리, 노무, 세무 등 신경 쓸 게 많다. 일반 점주가 이런 변수를 다 관리할 수 있을까 싶습니다. 식당을 운영할 때도 요리만 잘한다고 성공하는 게 아니에요. 식재료 구입, 직원 관리, 마케팅 등도 챙겨야 하기 때문입니다.

호텔 문화가 가장 많이 발달한 지역이 방콕과 뉴욕이더라고요. 관광이나 비즈니스 미팅이 많은 곳인데, 이렇게 사람들의 왕래가 많은 지역일수록 숙박업이 발달합니다. 그런데 이들은 주로 외국인이나 이방인이어서 어디서 묵는 게 좋은지 찾기 어렵습니다. 맛집도 자기네 동네에선 잘 알고 단골이 되지만, 타 지역에서는 못 찾는 것과 똑같아요. 이럴 때 프랜차이즈 브랜드가 위력을 발휘하죠. 적어도 평타는 칠 것이란 기대감 때문입니다. 우리나라도 외국인 관광객이나 내수 여행이 늘어날수록 브랜드가 있는 프랜차이즈 업소가 각광받을 것입니다. 실제 숙박업 시장에서 독립 업소와 프랜차이즈 업소의 객실 회전율을 비교해보니 전자는 120%, 후자는 180%였어요(대실, 숙박 모두 포함 기준).

Q 향후 숙박업 시장 전망을 어떻게 보나요?

A 매우 밝게 봅니다. 국내 여행 시장이 활성화되고 있기 때문이죠. 과거에는 휴가철이나 장거리 여행을 했는데, 요즘은 주말에도 지역 맛집을

찾아 1박 2일로 여행 갔다 오는 문화가 확산되고 있어요. 또 한국을 찾는 중국인 관광객도 늘고 있고요. 숙박업은 망하지 않는 업종입니다. 주막 형태로 시작해 고대부터 이어져온 가장 오래된 업종 중 하나이지 않나요. 특히 중소형 숙박 프랜차이즈는 아직 시장이 극초창기여서 향후 성장 가능성 높다고 봅니다.

Q 모텔, 여관 외 다른 형태의 숙박업 프랜차이즈 계획이 궁금합니다.

A 펜션도 프랜차이즈를 준비 중입니다. 2017년 초 강원도 홍천에 직영 1호점을 오픈하고 가맹사업을 시작할 계획이에요. 게스트하우스는 고민 중입니다. 창업비용이 저렴해 가맹사업은 쉽겠지만 수익성이 아직 검증되지 않았어요. 일단 펜션을 해보고 노하우를 쌓은 뒤 결정하려 합니다.

Q 요즘은 '호텔 더 디자이너스'처럼 가맹점마다 다른 인테리어로 개성을 추구하는 추세입니다. 야놀자는 어떤가요?

A 야놀자도 점주들의 눈높이나 취향이 서로 달라서 가맹점마다 선택할 수 있는 인테리어 콘셉트를 10여 가지 준비했습니다. 창업비용도 조금씩 차이 나요. 여행, 클래식, 주방 등 지역마다 다양한 버전으로 출점 중입니다.

Q 숙박업을 창업할 때 주의할 점은 무엇인가요?

A 창업을 1년 넘게 오래 준비하는 경우도 있고, 곧바로 하려는 이들도 있습니다. 둘 다 문제가 있다고 봅니다. 본사의 운영 시스템이나 상권 분석 등 철저히 알아보려면 창업 준비 기간이 어느 정도는 필요합니다. 그렇다고 너무 오래 고민하면 좋은 물건(입지)을 뺏길 수 있어요. 너무

완벽하게 창업하려 하면 오히려 기회를 놓칠 수 있습니다. 또 창업하기 전 영업사원 얘기만 듣지 말고 직접 체험해보고 관련 교육도 많이 들어보길 바랍니다. 모텔 창업을 하면서도 모텔에 가서 안 자보는 경우도 있더라고요. 프랜차이즈 모텔과 독립 모텔 모두 가서 자보고 비교해 보세요. 업소에서 아르바이트해볼 기회도 많이 있습니다. 창업하면 직원들에게만 맡기지 말고 적어도 하루 한 번은 점포에 들러서 프런트 분위기나 청소 상태 등 30분만이라도 챙겨보는 게 좋습니다.

 김삼곤 야놀자 다점포 점주

모텔은
큰 부침 없어…
비즈니스 고객 증가

김삼곤 씨(47)는 야놀자 점주 중 사업 수완이 좋기로 유명하다. 숙박앱 야놀자의 가맹점인 만큼 스마트폰 앱으로 검색해 찾아오는 고객들 대부분은 20~30대 젊은 층. 이에 김 씨는 모텔 운영에 고객 맞춤형 마케팅 전략을 십분 활용하고 있다.

"요즘은 시험기간에 도서관이나 카페에 가는 대신 모텔에 오는 학생들이 많아요. 4시간에 3만~4만 원인 대실 서비스를 이용하는 게 따지고 보면 더 저렴하거든요. 편하게 공부하다가 졸리면 눈도 붙이고 깨끗이 씻을 수도 있어 1석 3조입니다. 젊은이들이 좋아할 만한 만화책을 진열한 만화방, 인기 게임을 설치한 게임방 등 특별한 콘셉트의 방이 특히 인기입니다. 대실 5회를 하면 숙박 1회 무료 등 다양한 판촉 프로그램도 시험 중이죠."

김 씨의 첫 점포는 2015년 의정부에서 차린 프랜차이즈 여관 '호텔얌'이었다. '청결'과 '친절'을 모토로 매장을 운영하니 인건비, 로열티, 월세 등을 주고도 월평균 800만~1,000만 원씩 순이익이 날 만큼 잘됐다. 숙박업에 확신이 생긴 그는 1년 만에 규모가 훨씬 큰 '호텔야자' 강남논현점을 추가 출점했다.

"모텔은 크게 부침이 없더군요. 점주가 운영만 잘하면 큰돈은 아니어도 꾸준히 안정적으로 수익을 낼 수 있습니다."

모텔 사업을 시작한 후 그는 '제 2의 인생을 살고 있다'고 말한다. 다니던 해운 회사를 그만두고 이 일에 뛰어든 게 정말 잘한 선택이었다고.

"원래는 퇴직 후 고향으로 내려가 펜션을 운영해볼까 했습니다. 그런데 백방으로 알아보던 중 우연히 야놀자 프랜차이즈를 운영하는 점주를 만났죠. 시골 펜션 운영으로 무슨 수익을 내겠느냐며 프랜차이즈 시스템에 대한 조언을 해주더군요. 사업 시작 후 첫 3개월은 다른 가맹점에서 청소일부터 배웠죠."

모텔 경영은 쉬운 일이 아니었다. 특히 직원 관리가 힘들다. 모텔 운영은 건물 임대료, 프랜차이즈 로열티 등 비용이 많이 들다 보니 최대한 인건비를 아껴야 한다. 24시간 카운터를 지켜야 하는 등 일은 고된데 월급이 적다 보니 직원 이직률이 높다고.

"인력이 부족한 만큼 제가 더 부지런히 뛰고 있습니다. 주중 주말 할 것 없이 격일 밤샘 근무는 기본입니다. 지금도 38시간째 잠을 못 자고 있어요. 하지만 이게 내 일이라고 생각하니 힘들어도 즐겁게 하게 됩니다."

그는 '숙박업은 정말 부지런한 사람들이 해야 한다'고 말한다. 직원들에게만 맡겨놓고 돈벌겠다는 생각이라면 망하기 십상이라는 게 그의 지론이다.

"강남논현점은 최근 비즈니스 고객이 늘어나고 있어요. 모텔 이미지가 밝게 변하고 있는 것 같아 뿌듯합니다. 모텔에 대한 지금까지의 선입견은 버려주세요. 모텔은 새롭게 진화하고 있습니다."

11

뽑기방

소자본·무인 운영 반갑지만
반짝 인기 우려도

인건비 '제로(0)' 만으로도 매력 만점
적당한 난도 조절로 재방문 유도해야
전문점보다는 점포 내 부업이 안정적

직장인 김건우 씨(35, 가명)는 요즘 새로운 취미가 생겼다. 퇴근길에 집 근처에 있는 '뽑기방'에 들러 뽑기 게임을 즐기는 것. 처음에는 호기심으로 시작했는데 갈수록 실력이 늘어 인형이 잘 뽑히자 적잖이 재미가 붙었다. 주기적으로 인형이나 상품이 바뀌어 '이번엔 뭐가 뽑힐까' 은근히 기대도 된다. 김 씨는 "뽑기방에 갈 때마다 한 번에 적게는 2,000원, 많게는 3만 원 넘게도 쓴다. 가끔 냄비 세트나 후라이팬 같은 주방용품도 뽑아 부인도 좋아한다"며 웃어 보였다.

인형이나 경품을 뽑는 뽑기방이 우후죽순 늘고 있다. 자동판매기계만 갖다 놓으면 돼 인건비가 거의 안 들어 무인 창업 아이템으로 각광받는다. 단 진입장벽이 낮고 반짝 유행으로 그칠 수 있다는 우려도 제기돼 신중한 접근이 요구된다. 인형뽑기는 그리 새로운 아이템은 아니다. 1990년대에도 인형뽑기 기계는 많이 있었다. 단 요즘 뽑기방은 몇 가지 달라진 점이 있다. 우선 인형이나 경품이 더 고급스러워졌다. 과거 인형이 작고 볼품없었다면 요즘은 헬로키티 등 커다란 유명 캐릭터 인형이 대부분이다. 경품도 고급 피규어부터 가전제품까지 다양하다. 가격도 비싸졌다. 1회 게임비가 과거에 200~300원이었다면 요즘은 500~1,000원이다. 즉 저비용 저수익에서 고비용 고수익 구조로 바뀐 것.

또 뽑기 기계만 모아놓은 전문숍, 일명 뽑기방이 생겨났고, 동네 길거리 상권뿐 아니라, 홍대나 종각 같은 번화가 한복판에 매장이 들어선 점도 특징이다. 뽑기 방식도 집게를 내려 인형을 들어올리는 크레인(Crane) 일색에서 경품을 밀어 떨어뜨리는 푸시(Push) 방식이 더해졌다. 이처럼 업그레이드된 게임 환경에 인형이나 피규어를 좋아하는 20~30대 키덜트족이 반응하면서 2016년 상반기부터 뽑기방이 급증하기 시작했다. 업계에선 현재 전국에서 영업 중인 뽑기방이 1,000여 개에 달하는 것으로 추산한다.

뽑기방의 특장점은 무인 영업이 가능하다는 것. 영업이 100% 뽑기 기계로 이뤄지기 때문에 동전교환기만 갖다 놓으면 점주나 직원이 할 일이 없다. 단 밤 10시 이후에는 점주나 직원이 상주해야 한다. 뽑기방은 '청소년게임제공업'이어서 밤 10시부터는 청소년 출입을 제한해야 하기 때문. 하지만 낮에만 무인 영업이 가능해도 상당한 인건비 절감 효과를 누릴 수 있다. 2017년 최저임금(6,470원)으로 10시간만 운영해도 한 달에 약 200만 원의 인건비가 든다.

비교적 소자본 창업이 가능한 것도 뽑기방의 특징이다. 기계 5~10대 정도만

뽑기방 매장. 무인 영업이 가능한 뽑기방은 인건비가 안 들고 최근 키덜트 트렌드와도 부합해 우후죽순 생겨나고 있다.

갖다 놓으면 별다른 인테리어나 아웃테리어 없이 창업이 가능하다. 때문에 창업비용은 점포비용(보증금+권리금)과 기계 구입비가 거의 전부다. 뽑기 기계 가격은 대당 200만 원 정도. 2015년 초만 해도 60만~80만 원 안팎에 불과했는데, 2016년 들어 창업이 급증하면서 시세도 3배나 뛰었다. 서울 B급 상권에서 15평 규모 뽑기방을 차리려면 1억 3,000만 원 정도가 든다. 뽑기 기계 10대 구입비는 2,000만 원 정도뿐이고, 대부분은 점포비용(약 1억 원)이다. 동네 C급 상권으로 가면 점포비용은 절반 이상 줄어든다.

난도 너무 높으면 재방문 안 해
손님도 점주도 이익인 '황금난도' 찾아야

'기계만 갖다 놓으면 끝'이라고 생각한다면 오산이다. 업계에선 점주의 중요한 업무로 '난도 조정'과 '경품 구입'을 꼽는다. 난도 조정은 손님들의 꾸준한 재방문을 유도하기 위한 필수 작업이다. 뽑기 기계는 집게의 잡는 힘이나 푸시 막대의 이동 속도로 난도를 조정할 수 있다. 잡는 힘이 너무 약하거나 막대가 너무 빨리 움직이면 인형이 거의 안 뽑혀 손님이 금세 질린다. 반대로 너무 쉽게 뽑히면? 당연히 점주가 망한다. 때문에 점주와 손님이 모두 만족할 수 있는 '황금 난도'를 찾아야 한다. 가령 인형이 원가 1,500원, 시가 3,000원이라면 점주와 손님 모두 웃을 수 있는 황금 난도는 2,000~2,500원(1회 게임비 500원 기준 4~5회)을 들여 인형을 뽑을 수 있는 수준이다.

뽑기방을 운영할 때 점주가 마진을 높이는 방법은 두 가지다.

첫째는 난도를 아주 확 높여서, 인형이나 경품이 거의 뽑히지 않도록 하는 것. 경품이 안 뽑히면, 손님이 돈을 넣는 족족 다 순이익이 되니까 순이익률이 거의 100%에 가까워진다. 그러나 이런 방법은 결코 오래갈 수 없다. 요즘 소비자는 영악해서 '이 매장은 점주가 잘 안 뽑히게 난도를 높여놨구나' 금세 알아차리기 때문이다. 실망한 손님들은 그 매장을 다시 찾지 않게 된다. 물론 번화가 상권처럼 뜨내기 손님을 상대로 하는 곳이라면 이런 방법도 통할 수는 있다. 하지만 이 경우에도 경품이 어림도 없이 안 잡히게 하는 것보다는, 잡힐랑 말랑 애타게 난도를 조정해야 손님들의 도전 의식을 자극해서 매출을 더 올릴 수 있다.

뽑기방 마진을 높이는 두 번째 방법은 난도로 장난치지 않고, 대신 경품 구매 원가를 낮추는 것이다. 최대한 싸게 인형을 사오면 당연히 마진이 높아진다. 경품 구입 경로는 다양하다. 화곡동 같은 대형 도매상가에서 떼오거나, 인터넷으로 공급업자와 직거래를 할 수도 있다. 뽑기방을 창업하면 공급업자들이 알아서 찾아와 거래를 제안하기도 한다. 이때 점주는 협상력을 발휘하거나, 직거래를 하거나 해서 하여간 원가를 낮추는 게 중요하다. 원가를 낮추면 점주는 뽑기 기계의 난도를 더 쉽게 조정할 수 있는 카드가 생기게 된다. 가령 앞의 사례에서 점주가 인형을 대량 구입하거나 공장과 직거래해 원가를 1,000원으로 낮추면 점주는 손님이 3회(1,500원) 만에 인형을 뽑아도 마진이 남으니 난도를 더 쉽게 조정할 수 있게 된다. 그럼 손님은 인형이 더 잘 뽑히니 만족해서 재방문할 확률이 높아진다. 즉 '경품 원가(구입비용) 절감→난도 하향 조정→손님 만족도 증가→재방문'의 선순환이 이뤄지는 것이다.

사실 두 번째가 더 지속 가능하고 점주와 손님 모두 만족할 수 있어 바람직한 방법이다. 이는 기업들이 마진을 높이기 위해 가격을 올리는 방법을 쓰기보다는, 스스로 기술 혁신을 함으로써 제품 원가를 낮춰 가격을 인하할 수 있는 여지를 만드는 것과 비슷하다. 그러나 실상은 손쉬운 첫 번째 방법을 선호하는 점주나 기업이 많아 소비자 후생은 약해지고, 뽑기방도 결국 손님들이 떨어져 나가게 된다. 악화가 양화를 구축하는 셈이다. 업계 관계자는 "손님은 원가보다 훨씬 많이 돈을 썼는데도 경품을 못 뽑으면 기분이 나빠져 뽑기방을 다시 안 찾게 된다. 재방문을 유도하려면 난도를 황금 비율로 잘 조정해 이윤을 적당히 남겨야 한다"고 말했다.

다른 매장에서 찾아보기 힘든 독특한 경품을 내거는 것도 차별화 전략이다. 서울 길음동 뽑기방 '쿠니팡'은 원피스 등 일본 유명 애니메이션 주인공 피규어를 경품으로 내걸기 위해 일본 피규어 전문 유통점과 직거래 계약을 체결했다. 피규어는 갖고 싶은데 뽑을 자신이 없어 그냥 돈 주고 사겠다는 손님도 전체의 15%나 된다고. 오민철 쿠니팡 대표는 "손님이 인형을 돈 주고 사겠다고 하면 마진 10~15% 정도만 남기고 온라인 쇼핑몰 가격으로 판다. 뽑기 마진율은 20~25% 수준으로 맞춘다. 경품이 잘 안 뽑히도록 난도를 높이면 순이익률을 50% 이상으로 올릴 수 있지만 이렇게 하면 오래 못 가 손님이 떨어져 나간다. 박리다매를 위해 마진을 많이 안 남기는 편이다"라고 말했다.

전문숍 형태인 뽑기방 대신 기존 매장에 기계 1~2대만 갖다 놓고 영업하는 방식도 가능하다. 뽑기를 본업이 아닌, 부업으로 하는 방식이다. 업계에선 특히 호프나 이자카야 같은 주점에 뽑기 기계를 비치할 것을 추천한다. 술을 마시다 흥이 오른 커플이나 단체 손님이 재미삼아 뽑기를 해볼 것이란 기대에서다. 소주나 맥주 한 병을 경품으로 내거는 것도 괜찮은 마케팅 방법이다. 단 안주는 안 된다. 뽑기는 사행심 조장 우려 때문에 현행법상 5,000원 이상 경품을 내걸지 못하게 돼 있기 때문이다. 시가 수만 원에 달하는 태블릿PC나 주방용품을 내거는 뽑기방들도 불법 영업일 가능성이 높다. 그럼에도 이런 매장들이 버젓이 영업하고 있는 것을 보면 단속이 제대로 이뤄지지 않고 있는 듯하다. 사실 '5,000원 이상 경품 금지'는 거의 20년 전에 정해진 규제여서 물가 상승을 감안할 때 비현실적이란 지적도 제기된다. 그리고 5,000원 이상 정도가 아니라, 최고 수십억 원을 '경품'으로 내거는 로또나 복권은 그럼 정부가 나서서 사행심을 조장하는 것 아닌가 싶기도 하다. 그러나 여러 논란이 일더라도 어쨌든 현행법은 현행법이므로, '5,000원 이상 경품 금지' 규정이 상향 조정되기 전까지는 법을 준수해야 하겠다.

뽑기방을 차리거나 뽑기 기계를 들일 매장 없이도 뽑기 영업을 하는 경우도 있다. 매장이 있는 점주와 수익 배분 계약을 맺고, 여러 점주들의 매장 앞에 기계를 놓는 방식이다. 인천에서 뽑기 기계를 판매하는 박재봉 아우토반 대표는 "이런 방식은 인형 원가가 얼마인지 매장 점주는 잘 모르기 때문에 기계 운영업자에게 더 유리한 방식으로 수익 배분이 이뤄질 수 있다"고 귀띔했다.

전문가들은 뽑기방 창업에 신중을 기할 것을 주문한다. 강병오 FC창업코리아 대표는 "뽑기 기계의 기능이나 경품이 계속 업그레이드될 수는 있다. 단 최근 매장이 너무 많이 늘어났고 캐릭터 인형의 인기에 따라 반짝 유행을 탈 수 있다. 실제 몇몇 번화가 매장은 간판이나 인테리어에 거의 공을 들이지 않아 반짝 유행에 편승하려는 의도가 보인다"며 "시장 수요와 포화도 변화에 각별히 신경 써야 한다"고 주문했다.

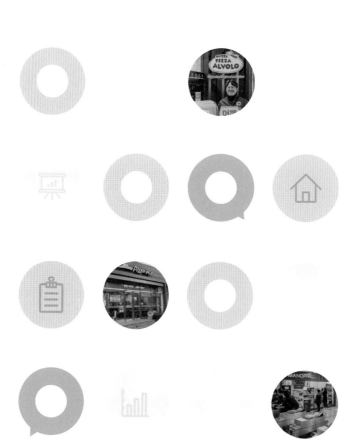

PART
3

어서 와, 창업은
처음이지?

빅 블러, 근린궁핍화, 디지털 마케팅…
갈대 같은 소비자 취향 이해하려면
급변하는 시장 외부환경을 알아야 한다.

빅 블러 시대,
업의 경계가 무너진다

✧✧✧✧✧
만인의 만인에 대한 투쟁

2000년대까지만 해도 국내 주요 유통업태는 5가지였다. 백화점, 대형마트, 편의점(이상 오프라인), TV홈쇼핑, 오픈마켓(이상 온라인) 등이다. 기업들의 사업 영역도 명확히 구분됐다. '유통공룡'인 롯데와 신세계를 제외하면 대부분 1~2개 부문에서만 사업을 영위했다. 그러나 2010년대 들어 새로운 유통채널(업태)들이 각광받기 시작한다. 소셜커머스, 면세점, 프리미엄 아웃렛, 복합쇼핑몰, T커머스, 균일가 유통점(다이소 등), 드러그스토어, 편집숍 등이다. 즉 소비자들이 돈을 쓰는 패턴이 다변화된 것이다.

이유는 여러 가지다. 스마트폰 대중화에 따른 모바일 쇼핑 확산, 중국인 관광객 급증, 불경기, 가치 소비, 리테일먼트(Retailment, 유통+엔터테인먼트), 1인 가구 증가 등의 트렌드가 영향을 미쳤다. 중요한 건 급변하는 시장 환경 속에서 유통업체는 물론, 제조·서비스업체들도 생존을 위한 변화 요구에 직면했다는 것.

최근 각 업계에서 그간 영위해온 본업을 넘
어 전·후방 산업, 또는 신사업에 잇따라 진
출하는 배경이다. 업의 경계가 흐려지는 '빅
블러(Big Blur)'[10]는 2017년 창업·유통업계
의 핵심 트렌드 중 하나다.

디지털 컨버전스
옴니채널·O4O… 온·오프 경계 '희미'

유통업태 변화의 핵심에는 IT융합이 있다. 백화점, 대형마트 등 기존 오프라
인 유통업체들은 모바일 앱과 간편결제 등을 통해 온라인 시장 공략을 가속화
하고 있다. 반면 모바일 시장에서 시작한 O2O 기업들은 오프라인 시장으로 진
출하며 오히려 '역주행', 'O4O'[11] 기업으로 진화하고 있다.

전자의 예는 흔히 찾아볼 수 있다. 유통공룡 롯데와 신세계의 '옴니채널' 전략
이 대표적이다. 롯데는 온라인에서 쇼핑·결제한 후 오프라인에서 받는 '스마트
픽(Smart Pick)', 신세계는 백화점, 이마트, 트레이더스 등 유통 계열사들의 온라
인몰을 통합한 'SSG닷컴'으로 온라인 진출을 꾀하고 있다. 롯데는 최근 오픈마

---

10 사회 환경의 급격한 변화로 기존에 존재하던 것들의 경계가 모호하게 되는 현상을 말한다. '흐릿해진다'는 뜻의
    영단어 블러(Blur)에서 유래했다. 원래는 사물인터넷(IoT), 핀테크, 인공지능(AI) 등 혁신적인 IT기술로 급변하는 산
    업 생태계를 설명할 때 쓰인다.
11 Online for Offline. 직역하면 '오프라인을 위한 온라인'이란 뜻. O2O(Online to Offline)와는 방향이 반대다. O2O
    서비스를 통해 오프라인에서 구입 가능했던 상품이나 서비스를 인터넷·모바일 앱 등 온라인으로 이용할 수 있
    게 됐다면, O4O는 이와 반대로 기존에 있던 온라인 서비스가 현실 세계의 사업 모델에 영향을 준다는 의미가 강
    하다.

켓 '롯데닷브이엔'을 열고 베트남 전자상거래 시장 진출을 선언하기도 했다. 이런 노력으로 오프라인 매출이 거의 100%이던 백화점업계는 최근 온라인 매출이 10% 수준까지 올라왔다. 그뿐 아니다. SK플래닛은 아예 오픈마켓 '11번가'를 인수하며 온라인 쇼핑 시장에 진출했다. 음식 배달, 숙박, 부동산 중개, 물류·운송(콜택시) 분야도 각종 O2O 앱으로 온라인 전환이 속속 이뤄지고 있다. 특히 '푸드테크'와 결합한 배달앱은 전체 음식 배달 시장의 20%를 웃도는 것으로 추산된다.

온라인 쇼핑업체들은 경쟁 업태로의 '상호 진출'이 한창이다. 가령 오픈마켓인 11번가는 소셜커머스처럼 40여 명의 전문 상품기획자들이 상품을 직접 선별, 직매입해 파는 '통신판매업'에 뛰어들었다. 반대로 쿠팡은 직매입 없이 업체들의 상품 판매만 중개하는 '아이템 마켓'을 도입, '통신판매중개업'에 진출했다. 또 티몬은 두 업태의 중간 형태인 '관리형 마켓 플레이스'를 시작했다. 판매자가 상품을 자율적으로 등록한다는 점에선 오픈마켓과 비슷하지만 MD의 최종 승인이 필요한 점은 소셜커머스와 닮았다. 오픈마켓과 소셜커머스가 경쟁하면서 서로의 영역에 진출하고 있는 것이다.

국내 기업들의 이 같은 온라인·모바일화는 세계적으로도 앞서가고 있다는 평가다. 글로벌 소프트웨어 기업 'CA테크놀로지스'는 "한국 기업의 약 3분의 2(64%)가 디지털 전환(Digital Transformation)을 통해 산업의 파괴적 혁신을 이끌었다"고 평가했다. 이는 아시아·태평양 지역에서 태국(80%)에 이어 두 번째로 높은 수치다. 옴니채널은 그 역도 성립한다. 온라인 쇼핑의 오프라인화, 즉 O4O다. 숙박 앱에서 모텔·여관 프랜차이즈로 사업 영역을 확장한 '야놀자'가 대표적인 예다. 야놀자는 현재 110여 개의 비즈니스 호텔, 모텔, 여관 가맹점을 운영하며 매출의 절반가량을 오프라인에서 거두고 있다. 경쟁사인 여기어때도 오프라인 가맹사업에 진출, 3년 내 200호점 출점을 목표로 내걸었다.

야놀자 관계자는 "오프라인에서 현재 5,000여 개 객실을 운영하고 있는데, 1년 이내에 1만 개 객실을 확보해 유수의 특급호텔 보유 객실 수를 뛰어넘을 것이다. 또 맛집, 여행, 데이트 코스 정보 제공 등 숙박 외 콘텐츠 사업도 적극 확대해나갈 계획이다"라고 밝혔다.

▎유통업계 빅블러 현상

유형	구분	주요 사례
디지털 컨버전스	온라인 서비스	신세계 'SSG닷컴', 롯데 '스마트픽'
	O4O	야놀자·여기어때 모텔 프랜차이즈
불황 속 이삭 줍기	화장품	유통·패션·엔터테인먼트 등 각 업계 진출
	커피	베이커리·도시락·우유·편의점 등 각 업계 진출
	외식업	CJ, 신세계, 롯데, 이랜드 등 외식 브랜드 확대
플랫폼화	편의점	부가서비스 다양화(택배, 금융, 커피 등)
	드러그스토어 생활용품	상품 구색 다양화(패션잡화, 식음료, 애견용품 등)
PB상품 전쟁	편의점	매출 비중 30% 돌파, PB브랜드·캐릭터 출시
	대형마트	PB브랜드는 물론, PB전문점 입점

불황인데 이거라도…
화장품·커피 등 성장산업 '이삭 줍기'

수년째 이어지는 저성장도 기업들의 이종 업종 진출을 부채질하고 있다. 성장산업이 몇 안 되다 보니 주력 사업과 관계가 없더라도 신규 진출이 잇따른다. 대표적인 예가 화장품이다. 화장품은 우울한 한국 수출 시장에서 매월 두 자릿수 성장률을 기록하는 유일한 산업이다. 사정이 이렇다 보니 유통·패션·엔터테인먼트 등 업종을 불문하고 너도나도 화장품 사업에 뛰어드는 형국이다.

신세계인터내셔널은 2012년 화장품 브랜드 '비디비치'를 인수한 데 이어 최근엔 아예 화장품 제조업에 직접 뛰어들었다. 2016년 초 이탈리아 화장품 제조사와의 합작법인 '신세계인터코스코리아'를 설립하고 경기도 오산에 화장품 공장과 R&D센터 공사를 진행 중이다. 롯데백화점은 지난 6월 한국콜마와 공동으로 연구 활동을 진행한 자체 화장품 브랜드 '엘앤코스'를 선보였다. 2016년까지 품목을 10여 개로 확대하고 2017년엔 단독 매장도 열 계획이다.

화장품 진출 붐은 패션업계에도 들이닥쳤다. 제이에스티나, 아비스타에 이어 최근엔 LF도 화장품 사업에 발을 내딛었다. LF는 지난 8월 서울 청담동에 프랑스 화장품 '불리 1803' 단독 플래그십 스토어를 열며 화장품 유통 사업에 뛰어들었다. 이밖에 MPK(키스미), 엔터테인먼트회사 YG(문샷), 키이스트(더우주), 빙그레 등도 각각 OEM·ODM 방식으로 화장품 사업을 진행 중이다. 오세조 연세대 경영학과 교수는 "한국은 코스맥스, 한국콜마 등 세계 최고 수준의 화장품 ODM 회사를 보유한 나라다. 원천기술을 보유하지 않고도 화장품 사업에 충분히 뛰어들 수 있는 유리한 환경이다. 최근 K-팝·K-드라마 등 한류 열풍에

힘입어 대 중국 화장품 수출이 늘고 있어 관심이 더욱 집중되고 있다"고 설명했다.

커피도 빵집, 편의점, 식당 등 소매시장의 '필수 아이템'으로 자리 잡았다. 포화 우려도 많지만 성장률이 여전히 발군이기 때문. 업계에 따르면 국내 커피 시장 규모는 2011년 약 4조 원에서 2016년에는 6조 원으로 5년 만에 50% 성장할 것으로 전망된다. 각 업계는 커피를 보조 품목으로 파는 데 그치지 않고 자체 브랜드까지 내거는 분위기다. 하도 커피를 파는 곳이 많아 차별화하기 위한 의도로 풀이된다. 파리바게뜨(아다지오), 뚜레쥬르(그랑 드 카페), 배스킨라빈스(카페 브리즈), 한솥(찬차마요), CU(카페겟), GS25(카페25), 세븐일레븐(세븐카페) 등이 대표 사례다. 특히 '편의점 커피'의 성장세가 무섭다. CU, GS25, 세븐일레븐의 2016년 상반기(GS25는 1~9월 누적 기준) 즉석 원두커피 매출은 각각 62%, 242.7%, 306.2% 증가했다. 파리바게뜨도 아다지오 커피 출시 3개월 만에 1,000만 잔이 팔려나갔다. 커피전문점으로선 이종 업체들에 그만큼 매출을 빼앗긴 셈이다.

외식업도 재계의 단골 진출 시장이다. CJ(빕스, 비비고, 계절밥상, 제일제면소 등), 신세계(올반, 베키아에누보, 데블스도어 등), 롯데(TGI프라이데이, 크리스피크림도넛, 나뚜루), 이랜드(애슐리, 자연별곡, 샹하오 등) 등 유수 대기업들은 저마다 외식 브랜드를 여럿 갖고 있다. 업종도 한식·중식·일식, 커피전문점, 베이커리, 디저트 등 다양하다. 우유업계에선 매일유업의 행보가 인상적이다. 고급 커피브랜드 '폴바셋'을 비롯해 '크리스탈제이드', '더키친살바토레쿠오모'를 운영 중이다. 불발됐지만 한국맥도날드 인수도 적극 추진하는 등 외식업에 꾸준히 러브콜을 보내고 있다. 외식업 진출이 잇따르는 데에는 이유가 있다. 외식업은 많은 자본이나

R&D가 필요치 않아 진입장벽이 낮고 현금 확보가 용이하다. 무엇보다 디지털 컨버전스 시대에 온라인으로 대체가 불가능해, 오프라인 시장에서 집객력이 뛰어난 것도 외식업만의 장점이다.

플랫폼 or not, 그것이 문제로다!
편의점의 만물상화 지속

"앞으로 모든 제조업체는 두 가지 중 하나를 택해야 할 것이다. 직접 플랫폼이 되거나 플랫폼 기업과 협업하거나다."

'플랫폼 혁명'의 저자이자 세계적 경영 사상가 순위 '2016 싱커스50 레이더'에 선정된 상지트 폴 초우더리 플랫포메이션랩스 대표의 말이다. 향후 비즈니스 환경에서 기업의 플랫폼 전략이 얼마나 중요한지 단적으로 보여준다. 제조업체가 플랫폼이 되려 한다면, 이미 플랫폼 기업인 유통업체는 더욱 플랫폼으로서의 기능을 강화하려 한다. 다양한 부가서비스 제공을 통해서다. 이들은 자체 수익이 목적인 경우도 있지만, '제로 마진'에 가까운 경우도 적잖다. 집객력 강화를 위한 '도구적 목적'인 셈이다. 편의점이 대표적인 예다. 전국 3만 3,000여 곳의 거점을 확보하고 있는 편의점은 식음료와 생필품 위주 유통업에 그치지 않고 택배, 금융, 커피 등의 부가서비스를 덧붙이고 있다.

한국편의점산업협회에 따르면 전체 편의점의 택배 서비스 취급률은 94%에 달했다(2015년 기준). 교통카드 충전(94%), 온라인사이버머니 구매(91.6%), 모바일 쿠폰 구매(89.9%), 휴대폰 충전(94.2%), 각종 상품권 구매(83.5%)도 이제 일상적인 업무가 됐다. 스포츠 경기 티켓을 판매(48.1%)하거나 하이패스 카드 충

별별 서비스 다 되는 편의점

⟨단위: %⟩

부가서비스	제공 비율
휴대폰 충전	94.2
택배	9.4
교통 카드 충전	9.4
스포츠 티켓 판매	48.1
꽃배달	27.6
무선인터넷	20.7

2015년 기준　　　　　자료: 한국편의점산업협회
전체 편의점 중 해당 서비스를 제공 중인 매장 비율

전(29%), 꽃배달(27.6%), 무선인터넷(20.7%) 서비스를 제공하는 편의점도 늘고 있다. CU 관계자는 "커피, 도시락 등 상품은 마진율이 상대적으로 높은 수익 사업이지만, 택배 등 단순 서비스 수수료는 최소 마진 수준이다. '편의점에 가면 다 된다'는 소비자 인식을 높여 집객력을 강화하고 이를 통한 매출 증대를 노린 전략"이라고 설명했다.

드러그스토어도 마찬가지다. 제약·뷰티전문점에서 생활 전반을 아우르는 라이프스타일숍으로의 변신을 꾀하는 중이다. 2016년 2월 리뉴얼한 명동 플래그십 스토어에는 캐릭터 상품, 애완용품, 운동기구, 패션잡화 등 다양한 상품을 파는 '라이프스타일 존'이 신설됐다. 2014년 입점한 패션잡화 브랜드 '세컨스킨'은 2016년 10월 기준 월평균 30%씩 매출이 늘고 있다. 2014년 말부터 본격 확대한 디퓨저, 캔들 등 방향 제품도 2016년 10월 매출이 전년 동기 대비 80% 늘었다. CJ올리브영 관계자는 "최근 '원스톱 쇼핑' 수요가 증가하면서 건강·미용 제품은 물론, 라이프 스타일 관련 제품도 많이 찾는 추세"라며 "고객들의 쇼핑 편의 향상을 위해 관련 카테고리 제품을 도입하고 있다"고 말했다.

균일가 유통업체인 다이소도 취급 품목을 지속 확장하고 있다. 그간 생활용품 위주 품목을 식음료와 중고폰 등으로 확장했다. 향후에는 성장성이 높은 5가지 부문을 공략, 성장 동력으로 삼을 계획이다. 화장품, 애완용품, 레저, 공구,

식품 등이다. 최근 1년간 다이소의 화장품, 식품, 애완용품의 매출 성장률은 각
각 38%, 28%, 35%에 달한다. 안웅걸 다이소 이사는 "중고폰은 실제 남는 게
거의 없다. 고객 서비스와 집객이 주목적인 품목"이라며 "(이렇게 고객을 모은 뒤)
트렌드에 맞는 5개 부문을 중심으로 매출을 지속 확대해나갈 계획"이라고 말
했다.

'피비'린내 나는 PB전쟁
이마트, 'PB전문점'까지 진출

유통업은 그동안 '판매 창구'로서의 역할에 충실해왔다. 다른 기업 상품을 전
시할 공간을 제공하고 수수료를 받는 식이었다. 백화점이 '임대업'이라 불린 이
유다. 최근엔 사정이 달라졌다. 유통업계가 직접 기획·생산한 PB상품(Private
Brand)[12] 판매가 보편화되는 분위기다. 상품 유통(중개)만으로는 수익성이 떨어
지니 입점업체 몫까지 취하려는 것이다.

편의점의 PB상품 매출 비중은 30%가 넘는다. CU는 2013년 7.6%에서
2015년 28.9%, 2016년 3분기엔 35.9%까지 치솟았다. PB상품 개수는 1,500여
개. 전체 품목의 약 25%에 육박한다. 최근엔 PB브랜드를 '헤이루'로 정하고 캐
릭터까지 선보였다. GS25도 CU 못지않다. PB브랜드 '유어스'로 전체 매출의
35.9%를 거두고 있다. 식품은 물론, 생활용품, 위생용품, 스타킹, 화장지, 문구
류도 PB로 대체 중이다. 세븐일레븐도 PB상품 매출이 10%에서 2016년 35%

---

12 유통업체가 제조업체에 생산을 위탁해 독자 브랜드로 판매하는 상품이다. 전국 매장 어디서나 구매 가능한 일반
   제조업체 브랜드 NB(National Brand)상품과 달리 해당 업체 유통채널에서만 판매된다.

편의점의 컵라면 PB제품들. 유통업계는 유통 마진은 물론, 상품 마진까지 넘보고 있다.

수준까지 증가했다.

대형마트업계에선 이마트가 돋보인다. 이마트는 2013년 가정간편식(HMR) 브랜드 '피코크'를 선보이고 매년 두 자릿수 성장률을 기록하고 있다. 2016년도 9월까지 누적 매출이 1,340억 원을 기록, 벌써 2015년 매출(1,270억 원)을 넘어섰다. 롯데마트(요리하다)와 홈플러스(싱글즈 프라이드)도 자체 HMR 브랜드를 내놨지만 격차가 상당하다. 특히 이마트는 각종 전문점 브랜드를 도입, 입점업체 자리도 직접 차지하고 나섰다. 몰리스펫샵(점포 31개), 일렉트로마트(9개), 노브랜드(3개), 데이즈, 슈가컵, 베이비서클, 토이킹덤, 메종티시아, PK마켓(이상 각 1개) 등이 그 예다.

유통업계가 PB제품 판매에 열을 올리는 이유는 뭘까. 수익성 개선이 첫 번째다. 이준기 미래에셋대우 애널리스트는 "PB상품의 마진율은 NB상품보다 약 4~6%가량 높다. 입점 기업이 내야 하는 판촉비, 로열티 등 기타 비용도 절감할 수 있어 수익성을 더 높일 수 있다"고 설명했다. PB 사업의 성장은 마케팅 측면에서도 활용 가능성이 높다. 염민선 대한상공회의소 유통물류조사팀 선임연구원은 "PB상품은 고객 충성도를 제고할 수 있는 좋은 방법이다. 다른 업체 유통 채널에선 구입할 수 없기 때문이다. PB상품은 가격 경쟁력도 높기 때문에 소비자에게 '값싸고 품질 좋은 상품이 많은 매장'이라는 이미지를 자연스레 심어줄 수 있다"고 분석했다.

자영업의 빅 블러, '하이브리드 매장'
업종 간 경계 소멸 대세… 경쟁 대상 넓게 봐야

자영업 시장에서도 빅 블러 현상이 뚜렷이 나타나고 있다. '하이브리드 매장', 또는 '복합 매장'이 그것이다. 아딸(떡볶이)+가마솥김밥(프리미엄 김밥), 커피식스(커피)+쥬스식스(주스), 본죽(죽)&비빔밥카페(비빔밥) 등이 대표적인 예다. 새마을식당, 홍콩반점 등 수십 개 외식 브랜드를 운영 중인 더본코리아도 일부 매장에 숍인숍 형태로 빽다방을 넣고 있다. 매장에서 식사를 마치고 '식후땡'으로 커피를 찾는 고객의 발길을 붙잡기 위해서다. 더본코리아 관계자는 "상권 분석 결과 승산이 있다고 판단되면 숍인숍 형태 출점을 진행하고 있다"고 귀띔했다.

하이브리드 창업 증가가 갖는 사회적 함의는 적잖다. 그동안은 각자 영업권이나 아이템 영역이 명확히 구분됐다. 가령 커피전문점과 편의점이 붙어 있어

아딸과 가마솥김밥의 복합매장. 떡볶이와 프리미엄 김밥으로 양쪽 수요층을 모두 끌어들이려는 전략이다.

도 두 매장이 경쟁 상대라고는 생각하지 않았다. 그런데 이제 너도나도 아이템을 추가하면서 '영업권 보호'라는 말이 무의미해지고 있다. 아무도 내 점포의 상권을 보호해줄 수 없다고 생각하는 편이 위험 관리 차원에서 바람직하다. '만인에 대한 만인의 투쟁'이 현실화됐기 때문이다.

전문가들은 업의 경계는 갈수록 더 희미해져 갈 것으로 내다본다. 박종대 하나금융투자 애널리스트(유통 담당)는 "온라인화와 저성장이라는 커다란 두 변화의 물결 가운데서 최근 유통 시장의 전 세계적 흐름은 결국 '경계'의 소멸이다. 극심한 경쟁과 성장 둔화의 환경에서, 풍요로운 '우기'에는 무시하고 지나쳤던 작은 '남의 고기(마진)'를, '건기'를 맞은 굶주린 맹수들이 확보하기 위해 몸부림치고 있는 형국이다"라며 "이런 산업구조와 소비 패턴의 급격한 변화에 얼마나 유연하게 대처하느냐에 따라 향후 유통 시장의 패권과 향배가 달라질 것"이라고 말했다. 여준상 동국대 경영학과 교수는 "이제 이종 업종 기업과도 경쟁하는 시대다. 가령 스타벅스와 호프집, 극장이 서로 소비자의 방문을 이끌기 위해 경쟁하는 식"이라며 " '업'의 범위를 물리적 성격에서(고객이 머무는) 시간 개념으로 확대해야 한다"고 강조했다.

주의할 점 하나. 하이브리드 창업이 트렌드이긴 하지만, 섣부른 '아이템 덧붙이기'는 역효과를 불러올 수도 있다. 파파이스는 한때 하이브리드 전략을 썼다가 재미를 못 보고 접은 사례다. 파파이스 관계자는 "햄버거 매장 한쪽에서 커피와 생과일주스를 파는 숍인숍 형태로 가맹점 출점을 진행한 적이 있다. 그런데 기대했던 만큼 매출이 안 오르더라. 햄버거와 커피, 생과일주스의 궁합이 생각보다 맞지 않았던 것 같다"며 "가끔 숍인숍 형태 출점을 희망하는 점주가 있어도 과거 사례를 들어 설득하고 있다"고 말했다.

창업비용이 높아지는 문제도 고려해야 한다. 가령 본죽은 10평(33제곱미터) 규모로 창업할 수 있지만 본죽&비빔밥카페는 25평(82.5제곱미터)부터 창업이 가능하다. 때문에 창업비용(1억 2,000만 원)이 본죽(6,590만 원)보다 82% 정도 높다. BBQ카페도 캐주얼 레스토랑 형태이기 때문에 배달 전문 매장보다 더 큰 점포를 얻어야 한다. 영업시간도 아침부터 밤까지 더 늘어나므로 직원이 더 필요해 인건비 부담이 높아진다. 이런 사실을 종합해보면 하이브리드 창업은 철저한 사전 준비가 선행돼야 한다. 다양한 아이템을 소화할 수 있는 매장 공간 확보, 추가 투자비와 운영비를 감당할 수 있는 자본금, 여러 아이템을 능숙하게 다룰 수 있는 기술 숙련도, 복합 아이템에 대한 수요가 충분한지에 대한 주변 상권 분석 등을 점검해볼 필요가 있다.

강병오 FC창업코리아 대표는 "여기저기서 커피를 판다고 해서 소비자들이 갑자기 커피를 더 많이 마시게 되는 건 아니다. 시장 자체가 커지지 않으면 결국 다른 매장의 수요를 빼앗아오는 것"이라며 "저렴한 가격만 내세워 소비자 충성도가 약하거나 하이브리드 전략을 구사하기 힘든 중소 브랜드의 몰락이 빠르게 진행되는 식으로 시장이 재편될 것"이라고 내다봤다. 그는 이어 "단 시너지가 안 나는 아이템을 어정쩡하게 붙이면 브랜드 정체성이 흐려지는 등 역효과가 날 수 있다. 하이브리드 전략을 쓰는 데 인건비 등이 크게 추가되지 않도록 효율성 있게 운영하는 게 중요하다. 특히 전문성이 필요한 브랜드의 경우에는 기존 아이템에 집중하는 게 유리하다"고 조언했다.

02

가성비로 승부하라

가격 인상은 '자폭'
객단가 높여 수익 확보해야

2014년 이후 소비자 지갑 닫히고 가성비 각광
1,000~2,000원대 커피·주스 위주로 시장 재편
패스트푸드도 상시 할인하며 박리다매 전략 '급선회'

불황이 지속되면서 자영업자들의 어깨도 점점 무거워지고 있다. 통계청이 발표한 '자영업 현황분석'에 따르면, 자영업자 2명 중 1명 이상(51.8%)은 연 매출이 4,600만 원 미만인 것으로 나타났다. 연 매출 1,200만 원 미만도 21.2%에 달했다. 물론 세원 노출을 피하기 위해 자영업자들이 소득을 축소 신고하는 관행은 감안해야 한다. 그럼에도 최근 자영업 경기는 눈에 띄게 안 좋은 게 사실이다.

프랜차이즈 업계에선 2014년을 기점으로 소비자들의 지갑이 굳게 닫히기 시작했다고 본다. 2%대 저성장과 세월호·메르스 사태로 인한 경기 침체가 현재까지 이어지고 있다는 진단이다. 1인 가구 증가도 외식업계에는 악재에 가깝다.

가족(3~4인) 단위의 외식 대신 배달, 포장, 편의점 도시락 등 간편식의 인기로 식당으로 향하는 발걸음이 줄었기 때문이다. 앞으로도 저성장, 1인 가구 증가 등 메가트렌드는 지속될 전망인 만큼, 불황기에 알맞은 창업 전략이 필요하다.

저가 커피·주스로 업계 재편
잊을만 하면 떠오르는 '쥬씨 같은 사람'

프랜차이즈의 점포수 변천을 보면 소비 트렌드 변화가 읽힌다. 커피, 디저트, 패스트푸드 등 주요 외식 업종에선 가성비(가격 대비 성능)를 앞세운 브랜드 위주로 시장이 재편되는 추세다.

먼저 커피전문점 시장을 보자. 2010년께만 해도 '창업 1순위'는 단연 대형 커피전문점이었다. 2010년에만 425개 점포를 늘린 카페베네를 필두로 엔제리너스, 할리스, 파스쿠찌, 투썸플레이스 등이 2010년대 초반을 풍미했다. 창업비용이 5억 원을 훌쩍 넘고, 아메리카노 가격도 4,000원대인데도 창업 대기자와 고객이 줄을 섰다. 이들 브랜드가 2010~2013년에 순증한 점포수를 더하면 2,500여 개에 육박한다. '바퀴베네(바퀴벌레가 번식하듯 빠르게 늘어난다는 뜻)', '카페베네 같은 사람(어딜 가도 눈에 띄는 카페베네처럼 헤어졌지만 잊을 만하면 계속 생각나는 사람)'이란 신조어가 등장했을 정도다.

그러나 2014년을 기점으로 대형 커피전문점의 인기는 급격히 시든다. 2,000원대 아메리카노를 앞세운 중저가 커피전문점이 등장한 때문이다. 이디야가 대표적인 예다. 이디야는 2010~2013년 동안 평균 160개 점포를 늘렸을 뿐이다. 그런데 2014년 들어 376개나 순증하며 급성장한다. 2014~2016년 3년간 이디야가의 순증한 점포수는 약 1,000개에 달한다. 2015년에는 한술 더 떠 1,000원 대 초저가 커피전문점의 시대가 열렸다. 빽다방이 2015년에만 400여 개의 점포를 늘렸다.

반면 대형 커피전문점은 침체일로였다. 카페베네와 엔제리너스는 2016년에만 각 50여 개 점포가 순감했다. 특히 2010~2013년에 출점이 많았던 이들은 점포 임대차 계약과 가맹 계약 기간 3~5년이 끝나는 시기와 맞물리며 2017~2018년에도 줄폐점이 이어질 것이란 게 업계 분석이다.

디저트 시장도 가성비로 웃고 울었다. 1,000원대 저가주스를 내세운 쥬씨, 쥬스식스는 지난해에만 점포가 800개, 200개가량 순증하며 급성장했다. 이제는 카페베네 대신 '쥬씨 같은 사람'이라고 해야 할 판이다. 유탄을 맞은 건 4,000~5,000원대 생과일주스를 팔던 커피전문점과 주스전문점, 그리고 기본 메뉴가 1만 원 안팎에 달하는 팥빙수전문점이다.

눈꽃빙수로 2014년 여름을 강타한 설빙, 옥루몽은 한때 점포가 각각 500개, 70개에 육박하며 전성기를 누렸다. 그러나 가격이 최대 10분의 1에 불과한 저가주스가 대체재로 떠오르며 가맹점 매출이 급감했다. 각 50여 개씩 점포가 순감했고, 옥루몽은 아예 가맹본사가 문을 닫을 위기에 놓였다. 빙수업계 비수기인 이번 겨울이 지나면 폐점 속도는 더욱 빨라질 전망이다.

스무디킹, 망고식스도 가격 경쟁력에 밀려 고전 중이다. 점포를 2개 이상 운영하는 다점포 비중이 2014년에는 15.4%, 5.6%였으나 2015년에는 8.7%, 0%로 줄었고, 2016년에는 아예 자료 공개를 거부했다. 망고식스 관계자는 "저가주스로 트렌드가 바뀌면서 가맹점 매출이 급감했다. 원하는 점주에 한 해 1,000원대 저가주스를 파는 '망고식스미니'를 숍인숍 형태로 추가하며 대응하고 있다. 또 조만간 망고 전문 브랜드로 브랜드를 리뉴얼해 전문성을 강조할 계획이다"라고 전했다.

패스트푸드도 가성비 전쟁 중
버거킹 할인 공세에 롯데리아 9년 만에 '역성장'

패스트푸드도 사정은 비슷하다. 패스트푸드 업계 '빅3'인 롯데리아, 맥도날드, 버거킹은 그간 서로 다른 가격 전략으로 저마다의 시장을 구축해왔다. 롯데리아는 햄버거가 2,000원대(단품 기준)로 가성비를, 버거킹은 5,000원대로 고급화를 추구했다. 맥도날드는 그 가운데에서 '중용'의 선택지를 제공했다. 이렇게 시장이 다른 덕분에 업계에선 "같은 상권에서 세 브랜드가 바로 붙어서 영업을 해도 모두 장사가 된다"고 평가했다.

그러나 2015년께부터 이런 공식이 깨졌다. 외식업계에도 가성비 열풍이 불어닥치자 상대적으로 고가 전략을 펼치던 맥도날드와 버거킹이 각종 할인 쿠폰을 뿌리며 가격 경쟁을 시작한 때문이다. 버거킹은 햄버거 세트를 거의 반값에 팔기 시작했고, 파파이스도 통신사 VIP 고객에게 세트 메뉴를 월 2회 무료로 제공하며 저가 마케팅에 동참했다.

'햄버거를 제값 주고 사 먹으면 바보'라는 말이 나올 만큼 경쟁이 심화되면서 타격을 입은 건 롯데리아다. 롯데리아는 2015년 국내 매출과 영업이익이 9,061억 원, 134억 원을 기록하며 전년 대비 각각 2.7%, 67.8% 줄었다. 웰빙 열풍으로 패스트푸드업계가 힘들었던 2006년 이후 처음 겪은 실적 감소다. 반면 버거킹코리아는 매출이 2013년 2,123억 원, 2014년 2,526억 원, 2015년 3,000억 원으로 꾸준히 성장했다. 업계 관계자는 "매출은 가격×판매량으로 결정된다. 그런데 요즘 같은 불경기에 가격을 올리는 건 자살 행위나 다름없다. 가성비 트렌드가 나타나면서 맥도날드와 버거킹도 가격을 동결하거나 낮추며 고급화 대신 박리다매 전략으로 선회했다"며 "이들이 롯데리아와 비슷한 가격에 팔자 가성비를 차별화 요소로 내세운 롯데리아의 강점이 희석됐다. '같은 값이면 다홍치마'였던 셈"이라고 분위기를 전했다.

수제버거도 가성비를 앞세워 제2전성기를 맞고 있다. 수제버거 시장은 2010년대 초반 크라제버거, 모스버거 등이 '고급 웰빙 햄버거'로 도전했지만 당시에는 재미를 못 봤다. 패스트푸드 빅3보다 2배가량 비싼 가격이 패인이었다. 하지만 맘스터치, 토니버거 등 2세대 수제버거는 3,000원대 햄버거(단품 기준)를 들고나왔다. 일반 햄버거와 비슷하거나 오히려 더 저렴한 가격으로 인기를 얻으면서 맘스터치는 최근 1,000개점을 돌파하기도 했다.

전문가들은 앞으로도 가성비 트렌드가 지속될 것으로 본다. 단 점주의 수익성 확보를 위해 객단가를 높이기 위한 대책 마련이 필요하다는 의견이다. 강병오 FC창업코리아 대표는 "가성비 트렌드는 2017년에도 계속되겠지만 양상은 조금 달라질 것이다. 너도나도 저가 경쟁에 뛰어들면서 점주 수익률이 점점 하락하는 추세이기 때문"이라며 "저가 아이템을 미끼로 고객을 모은 뒤 객단가를 높일 수 있는 서브 메뉴 개발이 절실하다. 가령 1,000원대 저가 커피·주스는 함께 먹을 수 있는 대중적인 디저트 메뉴로 객단가 인상을 시도하는 게 바람직하다"고 강조했다.

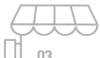

03

매장 대형화 & 소형화

◇◇◇◇◇
'근린궁핍화'란 이름의 전차

창업할 때 가장 먼저 고민하는 건 아마 업종일 것이다. 프랜차이즈라면 같은 업종에서도 브랜드를 골라야 한다. 그다음은? 매장 크기(면적)를 또 선택해야 한다. 요즘 프랜차이즈 본사들은 가맹점주의 자금력과 상권을 고려해 점포 크기를 달리한 가맹 모델을 3~4가지 갖추고 있다. 가령 치킨 업종은 주거 상권이면 8~10평 안팎 배달 전문 매장을, 번화가나 오피스 상권이면 배달과 홀 영업을 병행하는 20~40평대 카페형 매장을 권한다. 어떤 크기의 매장으로 창업할지는 점주의 몫이다. 그런데 요즘은 대부분의 업종에서 대형 매장이 늘어나는 것 같다. 치킨, 편의점, 생활용품, 도시락, 프리미엄 독서실, 뽑기방 등이 대표적인 예다. 이유가 뭘까. 한마디로 얘기하면 시장이 너무 포화됐기 때문이다.

언뜻 생각하면 모순 같다. 시장이 포화되면 장사가 잘 안될 테니 매장을 줄여서 내실을 기해야 하는 것 아닌가. 그러나 현실은 정반대다. 일례로 편의점을

미니스톱은 다양한 상품 구색을 소비자가 쾌적하게 둘러볼 수 있게 매장을 30평 이상으로 대형화하고 있다.

일본 편의점 매장. 일본은 편의점이 기본 40~50평이고 계산대도 2개 이상인 곳이 많다.

보자. 2016년과 같은 출점 속도를 유지한다면 2017년 상반기에는 전국에 편의점이 3만 5,000개를 돌파할 것으로 예상된다. 골목마다 2~4개씩 들어차 더 이상 새로 들어갈 자리가 없다. 만일 기존 편의점이 2개 있는 골목에 비슷한 크기의 편의점이 1개 더 생긴다면? 세 편의점이 고객을 3분의 1씩 나눠 가져 매출이 하향 평준화될 것으로 예상할 수 있다.

그런데 이때, 기존 편의점과 비슷한 크기 대신, 2배쯤 큰 편의점이 생긴다면 어떨까? 아마 같은 거리라면 고객 입장에선 더 큰 매장으로 가게 될 가능성이 높다. 대형 편의점에는 더 다양하고 많은 상품이 진열돼 있고 쇼핑하기에도 더 쾌적할 테니 말이다. 이는 나중에 생긴 대형 편의점이 기존 중소형 편의점의 수요를 뺏어오는 꼴이 된다. 한마디로 '굴러온 돌이 박힌 돌 뽑는' 상황이 연출되는 것이다.

최근 편의점업계에서 매장 대형화 트렌드가 나타나는 이유가 여기에 있다. 편의점은 과거에는 10~15평이 기본 크기였는데 요즘은 거의 20평 안팎이고 미니스톱은 이제 웬만하면 30평 안팎, 최소 25평 이상 크기로 출점하기로 방침을 정했다. 편의점뿐 아니다. 다이소도 최근 고속터미널역에 약 500평 규모의 초대형 단층 매장을 내며 대형화에 나섰다. 프리미엄 독서실도 토즈스터디센터는 65평이 기준 면적이지만, 그린램프라이브러리 등 후발 브랜드들은 최소 80~100평 이상으로 출점하는 추세다. 브랜드 간 서비스 경쟁을 하려면 시청각실, 탕비실 같은 공용 공간을 계속 늘려야 돼 점점 더 큰 면적이 필요해진 탓이다. 뽑기방도 마찬가지다. 한 골목에도 3~4개씩 들어차니 눈에 띄기 위해 더 큰 매장으로 오픈하고 있다.

다이소 매장. 다이소는 상품 구색이 다양해지자 가맹점 기준 면적을 기존 60평에서 최근 100평으로 대폭 확대했다.

문제는 이렇게 매장 크기만 키운다 해서 신규 수요가 창출되는 건 아니라는 점이다. 가령 15평 편의점 옆에 30평 편의점이 새로 생긴다 해서 도시락 1번 먹을 걸 2번 먹을 리 없다. 담배 1갑 사던 사람이 2갑 살 리도 만무하다. 물론 기존 15평 외 더 커진 공간에 새로운 상품이 채워진다면 딱 그만큼은 신규 수요가 창출될 수 있다. 가령 미니스톱의 즉석 패스트푸드는 다른 편의점에는 없으니 추가 구매가 가능하다. 그러나 그 정도를 제외한 나머지 공산품은 대부분 기존 편의점과 중복될 것이다. 그렇다면 결국 후발주자인 대형 편의점은 처음부터 기존 편의점 수요를 뺏어오겠다는 계산으로 들어가는 것이나 다름없다.

수요를 나누는 것과 뺏어오는 것은 차이가 크다. 비슷한 크기의 편의점이 옆에 들어서면 고객 입장에선 어차피 둘 다 비슷하므로 그냥 가까운 편의점으로 갈 가능성이 높다. 이 경우 두 편의점은 해당 상권의 수요를 '양분(兩分)'하게 된다. 그러나 대형 편의점이 들어서면 가까운 고객 수요는 물론, 조금 먼 거리의 고객도 끌어당겨 다른 편의점의 수요를 '흡수'하게 된다. 2000년대 중반 대형 슈퍼마켓 SSM(Super Super Market)이 동네 상권의 구멍가게나 슈퍼마켓 수요를 모조리 빼앗아 사회 문제로 비화된 적 있다. 이와 비슷한 상황이 지금 편의점 시장에서 연출되고 있는 것이다.

매장 대형화 트렌드는 곧 '근린 궁핍화 정책'이다. '기존 수요를 다 흡수해서 나는 살아남겠다. 기존 매장이 망하든 어떻게 되든 그건 내 알 바 아니다'라는 것이나 다름없다. 이렇게 되면 가장 수혜를 입는 건 편의점 본사다. 이미 포화된 시장에서 기존과 똑같은 크기로 출점하라고 하면 아무도 안 할 텐데, "대형 매장으로 출점하면 후발주자여도 승산이 있다"고 꼬드기면 출점하게 될 테니 말이다. 포화된 시장에서도 계속 가맹점을 늘려 이익을 극대화할 수 있는 것이다. 옆에 신규 대형 편의점이 들어서면 기존 편의점도 가만히 있을 수 없다. 리모델링을 해서라도 매장을 키워 고객을 뺏기지 않으려 할 것이다. '매장 대형화 치킨게임'이 시작되는 것이다.

이렇게 되면 매장 대형화에 동참할 수 없는 기존 중소형 편의점부터 하나둘 문을 닫을 게 명약관화하다. 또 30평 이상으로 점포 면적 기준이 확대돼 자본력이 부족한 예비창업자에게 편의점 창업의 진입장벽은 더 높아질 것이다. 편의점이 더 이상 소자본 창업 업종이 아니게 된다는 얘기다. 자영업 시장에서 부익부 빈익빈의 양극화가 계속 심화되는 사례여서 안타깝다.

반면 이 와중에 점점 매장 크기를 줄이는, 매장 소형화 트렌드가 나타나는 업종도 있다. 피자, 커피, 주스가 대표적인 예다. 피자는 2000년대에 업계 1위인 미스터피자의 무한리필 샐러드바가 히트를 쳤다. 덕분에 한동안 피자 배달과

배달 강화하는 피자헛

〈단위: 개〉

매장 형태	점포수
배달 전문	241
배달&레스토랑	79
레스토랑 Only	6
익스프레스*	7
총합	333

2016년 말 기준   자료: 피자헛
* 익스프레스는 피자를 한 판이 아닌, 한 조각씩 주문할 수
  있는 카운터 서비스 매장. 배달은 안 되고 매장에서 먹거나
  방문포장만 가능

홀 영업을 병행하는 대형 매장 모델이 대세였다. 미스터피자와 피자헛은 샐러드바 공간을 감안해 40평 안팎으로 출점을 이어갔다. 그런데 2~3년 전부터 상황이 달라졌다. 샐러드바가 식상해지고, 경기 침체로 외식 수요도 줄면서 홀 매장을 찾는 발길이 줄어들기 시작했다.

한편으로는 1인 가구 증가로 배달 시장이 커지면서 점점 홀보다는 배달 위주로 무게중심이 옮겨갔다. 40평 대형 매장을 유지하려면 임대료, 인건비, 인테리어비, 관리비 등 고정비가 많이 든다. 그런데 점점 홀 매출이 줄어드니 고정비를 감당하기 어려워진 대형 매장들이 점포를 축소하고 있는 것이다. 일례로 미

미스터피자 매장. 미스터피자는 홀 영업이 위축되고 배달 시장이 커지자 가맹점 기준 면적을 기존 40평에서 25평으로 축소했다.

스터피자는 점포의 기준 면적을 40평에서 25평으로 크게 줄였다. 신흥 피자 프랜차이즈인 피자알볼로도 가맹점의 95% 이상을 배달 전문 매장으로 열고 홀 영업은 거의 하지 않는다는 방침이다.

피자가 외식업 침체와 배달 트렌드 때문에 매장을 소형화한다면, 커피와 주스는 가성비 트렌드가 원동력이 됐다. 커피(카페베네, 할리스, 엔제리너스 등)와 주스(망고식스)는 태동기인 2000년대부터 40평 안팎 대형 매장으로 출점을 시작했다. 인테리어를 고급스럽게 꾸며놓는 대신 커피 한 잔에 4,000~5,000원 받아 당시 '된장남', '된장녀'라는 신조어도 생겨났다. 그러나 저성장이 고착화되기 시작한 2013년쯤부터 가성비 트렌드가 확산되면서 인테리어나 가격에 거품을 뺀 중저가 커피전문점이 인기를 얻기 시작한다. 이디야, 카페베이 등 아메리카노가 2,000원대인 중가 커피전문점은 20평 안팎, 테이크아웃 위주 저가커피나 저가주스 매장은 5~10평 안팎으로 매장이 작아졌다.

피자헛 매장. 피자헛도 홀 영업 대신 배달·포장 영업 강화에 나섰다.

 이재욱 피자알볼로 대표

"흑미 도우 한국식 피자, 세계도 인정하더군요!"

호텔조리학을 전공한 이재욱·이재원 피자알볼로 대표 형제는 우연히 피자 파트를 담당하게 된 후 피자에 흠뻑 빠졌다고 한다. 치즈, 도우 등이 발효 식품 이며 다양한 토핑이 영양의 균형을 잡아줘 적당히만 먹으면 건강에 좋은 음식 이란 점이 매력이었다. 형제는 2005년 7월 아버님이 주신 전세자금 2,500만 원 으로 목동에 6평 남짓한 가게로 장사를 시작했다. 건강에 좋고 맛도 좋은 수제 피자로 입소문이 나면서 2012~2015년 가맹점당 월평균 매출이 연평균 37%씩 급성장했다. 2017년 1월 기준 전국에 250개 이상 매장을 내고 해외 진출도 준 비 중인 견실한 프랜차이즈로 성장했다.

Q 고가 피자 시장에서 후발주자였는데 성공적으로 시장에 진입했습니다. 비결 이 무엇인가요?

A 수제 웰빙 피자로 승부한 게 호응을 얻었다고 봅니다. 일반 피자는 빵 의 발효 상태를 오래 유지하고 색깔도 예쁘게 보이기 위해 제빵계량제 등 각종 첨가제를 넣어요. 피자알볼로는 첨가제 없이 순수하게 만듭니 다. 도우에 흑미를 갈아 넣어 냉동이 아닌 냉장 상태에서 발효해 3일 이

상 숙성시키죠. 발효를 잘 시키면 빵에 조직이 생기면서 떡처럼 쫄깃해집니다. 과거에는 피자에서 토핑이 중요했지만 요즘은 도우가 맛있어야 합니다.

Q 피자 시장이 포화된 것 같은데 지금 창업해도 될까요?

A 경쟁이 치열하다지만 치킨에 비하면 시장 규모가 아직 3분의 1밖에 안 됩니다. 또 피자는 아직도 어린이나 젊은 층 위주로 소비되고 있다. 이들이 나이가 들수록 소비자층도 점점 넓어지리라고 봅니다. 실제로 요즘 피자 소비자층이 40대 이상으로 조금씩 확대되는 추세예요. 앞으로 20년이 지나면 현재 30대인 소비자가 50대가 돼서 남녀노소 피자를 많이 즐기리라 기대합니다.

Q 최근 피자 시장 트렌드는 무엇인가요?

A 과거에는 미국식 피자 위주였다면, 요즘은 화덕 피자, 시카고 피자 등 전문적 형태로 시장이 세분화되고 있습니다. 미스터피자, 도미노피자, 피자헛 등 대형 브랜드들의 성장이 정체되고 있는 반면 후발주자들이 계속 등장하고 있어요. 영업 방식은 홀 대신 배달 위주로 재편되고 있습니다. 홀 매장은 갈수록 높아지는 임대료와 인건비, 관리비를 감당하기 버겁습니다. 미스터피자와 피자헛도 점점 홀 매장을 줄이는 분위기에요. 피자알볼로는 직영점 몇 개를 제외하면 전체 점포의 95%가 배달만 합니다. 앞으로도 배달에 특화된 브랜드가 각광받을 것입니다.

홀 매장을 운영한다면 배달과 병행하지 않고 홀과 포장(Take-out) 영업만 전문으로 하려 합니다. 병행하면 위생이나 동선 등의 문제로 수익률이 떨어지거든요. 20~30평 규모의 홀 매장을 지금은 운영하지 않지만, 천천히 계획은 하고 있습니다. 또 소비자 기호가 갈수록 다양해져 한

피자에 여러 가지 맛을 넣으려 합니다. 가령 '어깨 피자'는 9가지 맛이 들어갑니다.

Q 최근 불황으로 가성비 트렌드가 나타나고 있습니다. 고가 피자 시장에는 불리한 트렌드 아닌가요?

A 그래도 프리미엄 시장은 존재한다고 봅니다. 피자알볼로는 30대 주부를 타깃으로 합니다. 어머니들은 아이들에게 건강에 좋은 피자를 먹이려고 하기 때문이죠. 그래서 아이들이 집에 머무르는 시간이 많은 여름·겨울방학 기간이 성수기입니다. 10년 전에는 어린이날, 크리스마스 등 특별한 날에 매출이 2배 가까이 오르고 그랬어요. 그러나 요즘은 피자가 '생활식'이 돼서 그 정도 특수를 기대하긴 어렵습니다.

Q 피자알볼로는 가맹점주를 까다롭게 뽑기로 유명하다는데요?

A 30~45세 연령대의 점주를 선호합니다. 45세 이상 점주도 몇 명 있긴 한데, 배달업은 IT기술 기반이어서 나이 많은 분들은 익숙하지 않고 불편해하더라고요. 또 젊을수록 더 공격적으로 영업하는 경향이 있어서 매출이 높게 나오는 편입니다. 오랫동안 함께 갈 수 있고 배달도 직접 할 수 있으려면 젊은 점주가 유리해요. 피자 업종 경력자보다는 적극적으로 배우려는 자세가 돼 있는 신규 점주를 선호합니다.

Q 배달 주문과 포장 주문 비중은 각각 어느 정도인가요?

A 포장 주문은 전체의 10~20% 정도밖에 안 됩니다. 다른 브랜드에 비해 할인 혜택이 적기 때문인데, 여기에는 이유가 있어요. 피자알볼로는 제품 원가율이 40% 이상으로 높은 편입니다. 때문에 할인을 많이 해주면 점주 수익률이 저하돼죠. 그래서 다른 브랜드는 포장 주문 시 최고

40%까지 할인해주지만 우리는 라지 기준 딱 3,000원만 할인해줍니다. 대신 좋은 재료를 푸짐하게 쓰기 때문에 소비자 만족도가 높습니다. 다른 브랜드는 라지 피자가 8조각인데 피자알볼로만 유일하게 12조각이에요. 처음에는 3만 원대 피자를 누가 먹겠느냐고 걱정했는데, 푸짐한 양을 보고는 '많이 주는 게 할인해주는 거나 마찬가지'라며 인정하더라고요.

Q 향후 경영 계획이 궁금합니다.

A 국내 피자 시장은 여전히 성장가능성이 있다고 봅니다. 점포당 평균 월 매출 1억 원을 목표로 하고 있죠. 단 수도권은 웬만한 상권에 매장이 다 들어차서 지방 위주로 출점하고 있습니다. 2017년 초 중국 상하이에 마스터 프랜차이즈로 진출할 계획이에요. 미국, 동남아 시장에서도 제의가 계속 들어오고 있어 신중하게 검토 중이죠. 피자알볼로는 맛이 한국적인데도 해외에서 좋아하더라고요. 특히 흑미 도우가 반응이 좋습니다. 재료는 달라도 빵을 발효하는 기본은 똑같아서 그런 것 같아요. 한국적인 재료를 사용해 세계에 한국식 피자를 알리고 싶습니다.

04
가맹점도
이젠 개성시대

◇◇◇◇◇
가장 예쁜 가게는? 처음 보는 가게!

프랜차이즈 3요소는 표준화, 전문화, 단순화다. 모든 가맹점이 표준화된 동일한 메뉴와 레시피, 간판, 인테리어 등을 채택해 브랜드 통일성이 유지되고, 본사의 전문 인력에 의해 상권 분석과 신메뉴 개발, 마케팅 등이 이뤄지며, 이런 본사의 도움으로 점주는 최대한 단순한 작업으로도 쉽게 상품과 서비스를 제공할 수 있다. 소비자가 어느 가맹점에서나 일정 수준 이상의 만족을 기대할 수 있는 건, 프랜차이즈의 표준화된 시스템 덕분이다. 그런데 표준화를 너무 강조하다간 오히려 프랜차이즈의 약점이 될 수 있다. 브랜드 통일성은 곧 획일화된 이미지를 낳아 상권의 특성이나 점주 개성을 살리지 못하기 때문이다. 특히 요즘은 소비자 취향이 점점 다양해지고 있고, 획일화나 균형을 터부시하는 문화 경향이 나타나고 있다. 최근 주요 브랜드가 점포마다 조금씩, 또는 완전히 다른 콘셉트로 출점을 진행하고 있는 배경이다.

인사동의 프랜차이즈 매장들은 상권 특성에 맞게
한글로 된 간판을 내걸었다.

일본 편의점 로손은 주변 상권에 따라 어울리도록 간판
디자인을 달리 한다.

인사동의 한글 간판이 대표적인 예다. 글로벌 커피전문점 브랜드인 스타벅스는 물론 이니스프리, 토니모리, 잇츠스킨, 네이처리퍼블릭 등 화장품 브랜드는 인사동에 출점한 매장에 한글로 간판을 내걸었다. 한국의 전통이 담긴 인사동 상권의 특성을 감안해서 예외적으로 취한 조치다. 소비자들의 반응도 좋다. 스타벅스는 세계에서 유일한 한글 간판 매장이란 입소문을 타면서 관광객들이 일부러 찾아올 만큼 지역의 명물이 됐다.

또 부티크 호텔 브랜드인 '호텔 더 디자이너스'는 지점마다, 또 객실마다 콘셉트가 전부 다르다. 여러 디자이너들이 테마별로 각각 다른 방을 꾸며놓았다. 소비자한테 '골라 묵는' 재미를 주기 위함이다. 가수 강수지나 김완선 씨가 직접 디자인한 방을 선보이는 등 유명 연예인과 컬래버레이션을 한 것도 눈에 띈다. 호텔 더 디자이너스의 이런 전략은 사실 에어비앤비의 인기 비결을 벤치마킹했다고 볼 수 있다. 에어비앤비는 현지의 일반 가정집을 숙소로 제공한다. 나라마다, 또 집마다 인테리어가 다르니 숙박객은 다양한 방을 고르는 재미와 동시에 현지 문화를 체험할 수 있게 된다. 대형 프랜차이즈 호텔들이 현대적이고 고급스런 시설에서 표준화된 서비스를 제공한다면, 에어비앤비와 호텔 더 디자이너스는 개성적인 방으로 차별화를 한 것이다.

3만 5,000개에 육박하는 편의점도 매장별로 차별화에 나섰다. 도시락 전문 매장인 카페테리아 편의점, 약국과 결합한 드럭스토어 편의점, 디지털 키오스크가 설치된 금융 편의점, 도시 외곽에 자리잡은 교외형 편의점 등 콘셉트가 다양하다. 일례로 CU는 2016년 7월 홍대 젊음의 거리에 '노래방 편의점'을 오픈했다. 인테리어도 노래방이란 특성을 살려 매장 안에 미러볼과 네온사인을 곳곳에 설치했다. 또 주 고객층인 20~30대의 젊은 감성에 맞춰 항상 최신음악을 틀어놓는다. 덕분에 일평균 방문객수가 다른 편의점보다 2~3배나 많다고 한다.

글로벌 아웃도어 브랜드 '파타고니아'는 조금 다른 의미에서 개성있는 매장을 내고 있다. 신규 출점을 할 때 환경 보호를 위해 기존 매장이 사용하던 인테리어를 최대한 재활용해 리모델링을 진행하는 것이다. 인테리어 공사가 최소화되니 자재를 아껴 친환경적이고, 점주 입장에선 인테리어 비용도 덜 수 있다. 또 기존 매장에 따라 인테리어가 달라지니 전 세계 5,000여 개 점포 중 똑같이 생긴게 하나도 없다. 일례로 미국 뉴욕의 미트패킹 매장은 원래 고기를 포장하는 공장이었다. 점주는 공장에서 사용하던 갈고리를 그대로 옷걸이로 사용하고, 고기 포장에 쓰던 스테인리스 작업 선반을 탁자로 활용 중이다. 매장에 들어서면 마치 고기 포장 공장에 온 듯한 느낌이 물씬 풍길 정도로 이채롭다. 국내 도봉산점도 마감재 중 80%는 친환경 재활용 소재를 사용하고, 또 매장의 가구들은 대부분 중고 가구나 폐목재를 활용해서 직접 제작했다고 한다.

외식업계에선 케이크 전문점 '도레도레' 사례가 재밌다. 직영점만 약 40개인데, 매장마다 인테리어나 메뉴가 제각각이다. 가령 도레도레 부산점은 옛날 어촌 지역 인근에 위치한 상권 특성을 살려 어촌의 빈티지한 느낌의 인테리어를 채택했다. 산 속에 있는 도레도레 강화도점은 창을 1~2층 창이 이어진 큰 통창을 적용, 자연 풍광이 잘 보이도록 했다. 젊은이들이 즐겨 찾는 도레도레 가로수길점은 알록달록하게 꾸몄고, 초등학교 인근 매장은 어린이 손님의 건강을 위해 색소가 덜 들어간 케익을 판매한다.

콘셉트 다양화는 요즘 유통업계 전반에서 발견되는 메가트렌드다. 물자가 부족했던 과거에는 '소품종 대량 생산' 체제였지만, 물자가 넉넉하고 소비자 취향이 다양해진 요즘은 '다품종 소량생산' 시스템으로 변해가는 것이다. 특히 브랜드가 생애주기상 성숙기에 접어들고 있다면 콘셉트 다양화 전략을 적극 검토해볼 필요가 있다. 창업기와 성장기에는 일단 브랜드를 알리는 것이 중요하므로 통일성을 중시하는 게 전략적으로 맞다. 소비자도 새로운 브랜드에 한창 호기심을 보이는 시점이니 동일한 간판만 눈에 띄면 적극적으로 매장을 방문할 것이다. 그러나 브랜드가 유명세를 타기 시작하고 1~2년만 지나면 소비자는 금세 식상해져 발길이 뜸해지기 십상이다. 어딜 가나 똑같은 인테리어, 똑같은 메뉴, 똑같은 서비스니 다른 매장에 가도 새로운 걸 기대할 수 없다는 생각에서다.

이때 가맹점별로 조금씩 다른 포인트를 가미한다면 상황은 달라질 수 있다. 소비자에게 뭔가 새로움에 대한 기대를 갖게 하는 것이다. 앞서 인사동의 스타벅스도 그저 간판이 한글이란 이유 하나만으로 호기심에 일부러 찾아오는 관광객들이 적잖다. 쥬스식스는 신메뉴를 개발해도 가맹점마다 판매 여부를 점주가 선택할 수 있도록 했다. 소비자 입장에선 '저 매장에선 어떤 신메뉴를 팔까' 호기심이 생길 법하다. 그뿐인가. 가맹점 개성화는 점주 입장에서도 반길 만하다. 프랜차이즈이긴 하지만 '나만의 매장'이란 독창적인 기분을 살릴 수 있고, 점주의 개성도 십분 추구할 수 있기 때문이다.

문제는 본사다. 가맹점을 다양한 콘셉트로 출점하다 보면 여러 가지 리스크가 발생한다. 브랜드 통일성이 떨어지고, 규모의 경제 부족으로 상품 구매 원가나 물류비용이 높아질 수도 있다. 무엇보다 신규 출점할 때마다 새로운 콘셉트를 고민해야 하니 기획비용이 증가한다. 때문에 본사 입장에선 한 번 정해진 콘셉트로 복사하듯 출점하는 게 '편하다'고 생각할 것이다. 어차피 같은 콘셉트로 출점해도 본사는 가맹비, 교육비, 인테리어비 등의 수익을 챙길 수 있지 않은가. 일부 게으른 점주도 그냥 본사가 하라는 대로 하겠다며 화답할 수도 있다.

그러나 이는 브랜드와 가맹점의 지속 가능성을 무시하고 본사의 편의만을 중시하는 발상이다. 단언컨대 소비자 취향은 갈수록 다양해지고 세분화된다. 상권도 2~3년에 한 번씩 성격이 변한다. 글로벌화에 따른 외국인 관광객 증가, 임대료 상승에 따른 젠트리피케이션이 원인이다. 가령 가로수길이나 명동 상권은 과거에는 젊은이들이 많이 찾았지만, 요즘은 중국인 관광객이 즐겨 찾는 상권으로 바뀌었다. 신촌과 홍대입구도 예술과 낭만의 거리에서 대형 프랜차이즈가 뒤섞인 상권으로 변모했다. 이런 상황에서 동일한 콘셉트 하나로 전국 모든 가맹점에서 계속 먹힐 것으로 기대하는 건 오산이다. 다소 비용이 들고 귀찮더라도 상권 특성과 점주 개성을 고려한 매장 차별화를 해야 한다. 다품종 소량 생산은 원래 품이 많이 든다.

브랜드 통일성이 정 걱정된다면 '시그니처 상품'만 유지해도 된다. 가장 대표적인 메뉴나 인테리어 콘셉트만 남겨두면 정보에 빠른 요즘 소비자들은 어느 브랜드인지 금세 알아본다. 외식업이라면 시그니처 메뉴만 몇 개 남기고 나머지는 가능한 한 다양하게 시도해보자. 그래야 소비자의 다양한 니즈를 충족시키고, 변화무쌍한 최신 트렌드에 재빠르게 대응할 수 있다.

05

전단 홍보는 그만~
디지털 마케팅 시대

◇◇◇◇◇
당신은 우리 가게에 다시 오고 싶다

창업을 할 때 아이템만 생각하고 마케팅 방법은 구체적으로 생각 안 하는 이들이 많다.[13] '우리 가게는 음식이 맛있으니까, 또는 서비스가 좋으니까 입소문만 타면 손님들이 저절로 모여들거야~'라고 낙관해서 홍보나 마케팅은 거의 하지 않는 가게도 적잖다. 천만의 말씀, 만만의 콩떡이다. 요즘 같이 경쟁이 치열한 상황에선 홍보의 중요성이 갈수록 커진다. 특히 높은 임대료가 부담스러워 번화가 상권에 들어가지 못하는 영세 자영업자들은 더더욱 홍보가 중요하다. 이른바 '발견성'이 아쉬운 시대이기 때문이다.

---

13 이는 자영업은 물론, 벤처업계도 마찬가지다. 벤처 강국인 이스라엘은 VC(벤처캐피털)가 창업자와 컨설팅 단계에서부터 아이템의 사업성 검토는 물론, 자금 조달 방법과 구체적인 마케팅 계획까지 마련한 뒤에 투자를 집행한다. 반면 우리나라는 아이템만 좋으면 시장에서 저절로 반응이 올 거라 생각하는지, 마케팅에 대한 고민 없이 무턱대고 시작하는 경우가 많다. 때문에 시제품을 생산하고 마케팅을 시작해야 하는 창업 2~3년 차에 준비 부족으로 실패하기 십상이란 게 벤처업계의 지적이다.

자영업자의 경쟁 상대인 프랜차이즈 기업들을 보라. 그야말로 체계적, 전문적 마케팅이 이뤄진다. 아이돌 모델을 앞세워 TV, 신문, SNS 등으로 광고를 하고 통신사나 카드사와 제휴해 각종 할인 이벤트도 한다. 반면 자영업자들의 홍보 전략은 어떤가. 기껏해야 전단지를 만들어 뿌리거나, 종이 쿠폰을 나눠주고 도장 10번 찍으면 1개 서비스해주는 수준에 그친다. 그러나 이런 마케팅 방법은 비용이나 품이 너무 많이 들고, 효과성을 측정하기도 어렵다. 일례로 경기 수원의 한 국수집은 공중파TV에 '맛집'으로 소개될 만큼 정말 맛있는 집이었다. 그런데도 지속적으로 홍보가 안 되니까 손님이 들쭉날쭉했다. 홍보를 위해 전단지를 만들어 뿌렸지만 허사였다. 전단지를 가져오면 50% 할인해주겠다고 했는데도 전단지 회수율은 채 1%를 넘기지 못했다.

홍보와 마케팅도 트렌드가 있다. 정보가 부족했던 과거에는 구인구직이나 부동산 매매, 가게 홍보도 다 전단지나 신문 같은 인쇄 매체를 통해 이뤄졌다. 요즘은 거의 모든 국민이 스마트폰을 쓰는 디지털 시대다. 전단지를 나눠줘도 안 받거나, 아르바이트생이 불쌍해서 선의로 받아줄 뿐, 자세히 들여다보지도 않는다. 전단지 같은 아날로그 방식의 홍보 효과는 갈수록 약해지는 추세다.

그럼 어떻게 해야 할까. 요즘은 스마트폰 시대이니 디지털 방식을 활용하는 게 중요하다. 가장 잘 알려진 방법은 배달앱이다. 배달의 민족에 따르면 앱을 통해 이뤄지는 주문건수가 2015년 7월 약 500만 건에서 2016년 7월에는 830만 건으로 1년 만에 67%나 증가했다. 2, 3위 업체까지 다 합치면 현재 전체 배달 시장의 약 20%가 전화 주문이 아닌, 배달앱을 통해 이뤄지고 있는 상황이다. 배달앱 수수료는 한 달에 4만~8만 원 정도. 이 비용이 부담스러울 수도 있지만 아날로그 방식과 비교하면 그리 비싼 편도 아니다. 전술한 수원 국수집은 전단지 4,000부를 인쇄하고 이를 나눠주는 아르바이트생 인건비로만 40만 원이 들었다. 배달앱이 더 편리하고 경제적이며 홍보 효과도 높은 셈이다.

단언컨대 음식 배달 시장은 갈수록 커질 것이다. 여기에는 두 가지 중요한 트렌드가 있다.

첫째, '비대면(非對面)' 트렌드다. 카카오톡, 페이스북 등 SNS에 익숙한 요즘 젊은이들은 얼굴을 맞대고 이야기하는 것을 그리 선호하지 않는다. 실시간으로 목소리를 주고받는 전화통화도 마찬가지다. 그보다는 문자메시지나 카카오톡 같은 비대면 소통을 더 좋아한다. 이웃 간의 정이 옅어진 문화에서 자란 세대인 탓도 있겠지만, 우리 사회가 불신의 늪에 빠진 것 때문인 것도 같다. 문자나 카카오톡으로 대화나 주문을 하면, 나중에 상대방이 혹시 말을 바꿔도 증거를 들이댈 수 있기 때문이다. 배달앱은 '바로 결제' 기능이 있어 전화를 하지 않고도 주문을 할 수 있다. 비대면으로 음식을 주문하기에 최적화된 플랫폼인 것이다. 스마트폰 사용이 보편화되면서 비대면 트렌드는 갈수록 더 강화될 것이고, 그럼 배달앱 사용도 계속 증가할 것이다.

둘째, 장기 불황과 1인 가구 증가로 인한 '외식 감소'다. 불황은 소비자들의 허리띠를 졸라매게 한다. 특히 외식비는 전통적으로 지출 감축 1순위 항목이다. '가구 소득이 줄거나 재정 상황이 악화됐을 때 가장 먼저 줄일 소비지출 항목은 무엇인가'를 묻는 설문에 언제나 50% 이상 압도적인 지지율(?)로 1위를 차지해온 것도 외식비다. 특히 요즘 급속도로 증가하는 1인 가구는 식당에서 눈치 보며 '혼밥', '혼술'을 즐기기보단 집에서 편하게 시켜 먹을 수 있는 배달을 선호한다. 이런 흐름에 맞춰 배달 관련 시장도 갈수록 커지고 있다. 그동안 배달이 안 되던 떡볶이나 아이스크림, 편의점, 심지어 삼겹살도 배달 서비스를 시작했다.

점주 입장에서도 배달이 유리할 수 있다. 일단 배달을 하면 가게의 상권이 '골목 상권'에서 '배달 가능한 동네 상권'으로 확장된다. 또 배달은 '1만 2,000원 이상부터 배달 가능' 등의 조건이 붙으니, 소비자가 최소 주문 금액을 넘기기 위해 주문을 하나라도 더 하게 된다. 이른바 '자석효과'[14]를 통해 객단가를 높일 수 있는 것이다.

배달을 하지 않는 홀 영업 전용 매장은 어떻게 해야 할까. 일단은 배달대행업체를 활용해서라도 배달 서비스를 시작해봄직하다. 그러나 여의치 않다면? 객단가를 올리는 데는 한계가 있다. 가령 국수집에 가서 고객 1명이 먹을 수 있는 메뉴는 국수 한 그릇과 만두 한 판 정도. 객단가가 1만 원을 넘기기 어려운 구조다. 그럼 결국 매장의 경쟁력은 고객이 매장을 얼마나 자주 방문하는가, 한 달에 1~2번 이상 방문하는 고객이 몇 명인가에 달렸다.

고객의 재방문율을 높이고 싶다면 멤버십 포인트 적립·분석 툴인 '고객 관리 서비스'를 이용해보자. 멤버십 포인트는 고객의 충성도를 높이는 효과적인 방법이다. 과거에는 보통 종이 쿠폰에 스티커나 도장 찍어주는 걸 모아서 10~15번에 한 번씩 서비스를 받는 식이었다. 그러나 종이 쿠폰은 요즘 트렌드와 맞지 않다. 지갑도 들고 다니기 귀찮아서 스마트폰에 넣는 '모바일 지갑'이 유행이지 않은가. 종이 쿠폰도 소비자가 귀찮게 들고 다니지 않도록 스마트폰 앱으로 알아

---

14 특정 금액의 조건을 맞추기 위해 별다른 이유 없이 주문이 늘어나는 현상. 주식시장에서 주가가 급등했을 때 상한가에 도달하기 위해 매수세가 늘어나는 현상이 대표적인 예다.

서 적립해주는 서비스로 대체되는 추세다.

가령 도도포인트와 티몬플러스[15]는 월 3만 원대 비용으로 자영업자에게 고객 관리 서비스를 제공한다. 이용방법은 간단하다. 서비스를 신청하면 업체에서 나와서 결제 단말기 옆에 태블릿PC를 설치해준다. 소비자는 결제할 때 태블릿PC에 전화번호만 입력하면 된다. 그럼 회원가입 절차 없이 소비자의 방문 기록이 저장되고 쿠폰이 발급된다. 소비자가 처음 매장을 방문했거나 5회 이상 방문했을 때, 멤버십 등급이 올라갔을 때 등 특정 순간마다 반짝 이벤트로 쿠폰 등 서비스를 제공한다면 매장과의 유대감이 증대돼 매장을 지속 방문할 동기를 얻게 된다.

전화번호 입력 방식의 고객 관리 프로그램은 장점이 여럿 있다. 우선 소비자는 전화번호만 입력하면 되니 이름이나 주소, 나이 같은 개인정보 유출에 대한 걱정이 없다. 그러면서도 '이 매장에 자주 오면 한 번쯤 무료로 서비스를 받을 수 있구나' 하는 기대감이 생겨 재방문율이 높아질 수 있다. 또 점주는 데이터 분석을 통해 고객들의 재방문 횟수나 주요 방문 시간대 이용률, 사용한 쿠폰 내역, 평균 객단가 같은 통계 정보를 한눈에 확인할 수 있다. 이런 빅데이터 정

▎이용자 1,000만 명 돌파한 도도포인트

〈단위: 개, 명〉

시기	2012년 4월 (출시)	2013년 4월	2014년 4월	2015년 4월	2016년 4월	2016년 12월
제휴 매장수	200	600	1,600	4,000	6,500	1만
적립 고객수	5,000	30만	180만	400만	700만	1,200만

자료: 스포카

---

15 티몬플러스는 소셜커머스 '티몬'의 자회사였으나 2016년 12월 업계 1위인 스포카에 인수됐다.

보는 점주가 디지털 마케팅을 하기 위해 꼭 수집해놓아야 하는 자료다. 가령 빅데이터 분석만 잘하면, 객단가가 낮은 손님이나 특정 시간대에 오는 손님, 혹은 마지막 방문 일자가 가장 오래된 손님만을 대상으로 할인 혜택 제공 문자를 보내는 '맞춤형 타깃 마케팅'을 할 수 있다.

카카오톡 '옐로아이디'를 활용하는 방법도 있다. 옐로아이디는 '플러스친구'의 중소기업 버전이라고 보면 된다. 특정 기업이나 가게를 친구로 등록해 놓으면 공지사항이나 할인 이벤트 같은 소식을 단체 카톡으로 보낼 수 있는 서비스다. 2016년 6월까지는 메시지를 보낼 때 건당 적게는 11원에서 많게는 110원 정도 비용이 들었다. 가령 고객 1,000명한테 동시에 보내면 최고 10만 원 정도가 소요됐다. 그러나 2016년 7월부터는 한 달에 1만 건까지는 무료로 보낼 수 있게 정책이 바뀌었다. 점주 입장에선 단골 고객 관리를 위한 비용 부담이 크게 줄어든 셈이다. 단 옐로아이디는 친구를 모으는 과정이 중요하다. 소비자가 먼저 자발적으로 기업이나 가게의 카톡 계정을 친구로 등록해야 비로소 메시지를 보낼 수 있기 때문이다. 소비자가 매장을 방문했을 때 '옐로아이디 친구 등록을 하면 메뉴를 업그레이드해준다'는 식으로 점주가 적극적인 홍보를 해야 한다.

디지털 마케팅을 할 때 주의할 점은 다음과 같다.

우선 하루 신용카드 결제건수가 최소 30건 이상은 돼야 일정 수준 효과를 기대할 수 있다. 매출이 너무 적으면 분석할 만한 소비자 빅데이터가 부족해 마케팅 전략을 짜기 힘들기 때문이다. 마케팅은 어디까지나 제품을 많은 사람에게 알리는 데 도움을 줄 뿐이지, 제품의 질 자체를 끌어올려주지는 않는다. 제품 수준(식당은 음식의 맛)을 어느 정도 갖춘 뒤 마케팅 전략을 고민하는 게 순서다.

또 할인 혜택 제공 문자는 너무 자주 보내면 소비자가 스팸으로 느낄 수 있다. 마음이 급하더라도 일주일에 1~2회 정도만 보내는 게 적당하다. 또 매장을 방문한 지 너무 오래된 고객보다는 얼마 전에 방문한 고객에게 문자를 보내는 게 더 유리하다. 그래야 연상 작용을 통해 해당 매장을 금세 떠올릴 수 있기 때문이다.

고객 관리 서비스가 생각보다 효과가 없을 때는 과감히 접는 것도 비용 절감을 위해 필요하다. 생각해보자. 고객 관리 서비스는 재방문을 유도하기 위한 것이다. 그런데 재방문이 잘 이뤄지려면 선결 조건이 몇 가지 있다. 우선 음식의 맛이나 서비스, 가격에 대한 고객 만족도가 일정 수준 이상 돼야 한다. 그리고 재방문하기에 좋은 접근성을 확보해야 한다. 이런 조건들이 충족되지 않으면, 소비자는 아무리 파격적으로 할인해준다는 문자를 받아도 매장을 다시 찾으려 하지 않을 것이다. 따라서 내 가게가 고객을 만족시킬 수 있는지, 또 쉽게 찾아올 수 있을 만큼 접근성이 좋은지 고려해야 한다. 소비자가 출퇴근길에 지나치며 반복 구매하기 쉬운 곳, 이를 테면 역세권이나 버스 정류장 앞, 횡단보도 앞, 골목길 어귀에 위치한 매장이라면 고객 관리 서비스 효과가 극대화될 수 있다.

이도 저도 헷갈릴 땐 큰돈 안 드니 일단 다 해보시라. 디지털 마케팅의 장점은 비용 대비 홍보 효과를 측정하기가 쉽다는 것이다. 디지털에선 모든 행위가 기록으로 남고, 통계를 활용한 정량 분석이 용이하다. 따라서 아날로그 방식과 디지털 방식을 다 활용해보고, 본인의 매장에 더 잘 맞는 방식, 마케팅 효과가 더 큰 방식을 선택하는 게 바람직해 보인다.

고객 관리 프로그램
활용해 성공한 사례들

#1. 소담비빔국수 : 고객 1인 유치비용 9,500원 → 255원

SBS '생활의 달인'에서 '비빔국수 최강달인' 타이틀을 거머쥘 정도로 국수맛이 일품인 소담비빔국수. 손맛으로 실력을 인정받았지만 실제로 손님을 매장에 방문하게 하는 건 또 다른 문제였다. 특히 국수 비수기인 겨울철에는 손님을 모으기 위해 전단지, 블로그 마케팅 등 다양한 방법을 시도했지만 허사였다. 비용 대비 효과가 너무 낮았던 것.

전단지 쿠폰을 제작했을 때는 인쇄비와 인건비를 포함해서 총 38만 원을 지출, 인근에 거주하는 4,000여 명의 불특정 다수에게 배포했다. 그러나 쿠폰 회수율은 1% 남짓에 그쳤다. 38만 원을 지출해서 겨우 40여 명의 손님만 모았다. 국수가 한 그릇에 5,000원인데 고객 1명을 유치하는 데 9,500원이 지출된 셈이다. 반면 티몬플러스를 통해 2,600여명에게 문자를 발송하자 회수율이 14%를 기록했다. 문자 발송비용은 총 9만 3,000원, 쿠폰을 사용한 고객은 364명이었으니 고객 1명당 유치비용은 255원. 전단지 쿠폰을 돌리는 비용의 3%에 불과했다.

#2. 라라코스트 서면점 : '3개월간 재방문 없는 고객' 322명 감소

라라코스트 부산 서면점은 여행업에 종사하던 대표가 서비스 경험을 살려 매장의 고객 관리에 집중투자하고 있다. 2015년 1월부터 도도포인트를 도입해 적립고객에게 수동으로 문자 쿠폰을 발송했다. 이후 2015년 11월부터는 최적의 타이밍에 문자를 자동 발송하도록 도도메시지(자동문자 발송시스템)를 도입했다. 도도메시지를 도입한 이후 월평균 재방문 고객이 369명으로, 도입 전보다 119명이 증가했다.

도도메시지의 자동 문자 발송 원리는 이렇다. 가령 생일을 맞은 고객에겐 생일쿠폰(무료 식사권)을 당일 오전 10시에 자동으로 보낸다. 그 결과 쿠폰을 받은 고객 10명 중 1명이 매장을 방문했다. 이는 1%도 안 되는 전단지 홍보 회수율에 비해 훨씬 높은 수준이다. 또 첫 방문 후 60일 동안 재방문이 없는 고객에게 오후 4시 피자 한 판 쿠폰을 자동 발송했다. 그 결과 첫 방문 후 3개월 이상 매장에 방문하지 않은 고객수가 322명이나 감소했다.

#3. 알벤토 : 2만 명 고객 데이터 확보해 재방문율 62% 달성

인천 청라 신도시에 위치한 유기농 베이커리 '알벤토'. 양희승 알벤토 대표는 30년 차 제빵사로 다른 지역에서 베이커리를 운영했지만 성공을 거두지 못했다. 대형 프랜차이즈 빵집이 잘되는 걸 보면서 그는 빵의 맛은 물론, 마케팅도 중요하다는 걸 절실히 느꼈다. 그는 티몬플러스를 설치하고 2년 6개월 동안 2만 명이 넘는 회원을 모았다. 청라 신도시 인구의 약 4분의 1에 해당하는 수치였다. 이들에게 중간중간 문자로 할인 쿠폰을 보내며 타깃 마케팅을 한 결과, 고객들의 재방문율이 62%에 달했다. 재방문 고객의 평균 방문 횟수는 16회나 됐다.

그가 청라 신도시에서 빵집을 시작할 당시에는 인근에 대형 프랜차이즈 빵집이 두 개나 있었다. 또 그의 빵집 가격이 그리 저렴한 편도 아니었다. 그럼에도 이런 성공을 거둔 것은 마케팅의 힘이라고 볼 수 있다. 현재 그는 청라에 직영점 2개와 가맹점 2개를 운영하고 있다. 양 대표는 추가 가맹점 조건으로 그가 직접 개발한 팥빵 기계와 티몬플러스를 사용해야 한다고 할 만큼 고객 관리 프로그램에 만족하고 있다.

06

지하철 상권이 뜬다

◇◇◇◇◇

비가 오나 눈이 오나~
지하라서 행복해요!

이번 다점포율 조사에서 눈여겨볼 특징 중 하나는 '지하철 상권의 약진'이다. 경기 불황의 여파로 프랜차이즈업계가 전반적인 침체를 겪는 와중에 지하철 상권에 집중한 브랜드들은 상대적으로 선전하는 모습을 보였다. 최근 점포수가 꾸준히 늘고 있는 마노핀과 브레댄코가 대표적이다.

테이크아웃(포장) 커피전문점 마노핀은 전체 55개 매장 가운데 41개가 지하철 역사 매장일 정도로 지하철 상권 공략에 적극적이다. 지하철 매장은 2013년 29개에서 이후 35개→37개→41개로 매년 증가하는 추세다. 상권 입지를 최대한 활용해 출퇴근길 직장인을 대상으로 한 '베이커리+음료' 세트 메뉴 전략이 좋은 반응을 얻었다는 평가다. 덕분에 2015년 22.2%였던 브레댄코 다점포율은 2016년에 40%로 크게 늘었다. 마노핀 관계자는 "작은 평수에도 입점이 가능해 초기 투자비 부담을 최소화할 수 있다는 게 소자본 창업자들에게 어필한 것 같다"며 "출퇴근 직장인이 주요 고객이다 보니 습관처럼 들르는 단골 확보가 쉽다는 점도 매력적"이라고 밝혔다.

브레댄코도 지하철과 병원 등 특수상권 중심으로 가파른 성장세를 이어가고 있다. 파리바게뜨와 뚜레쥬르에 의해 이미 포화 상태에 다다른 국내 베이커리 시장에서 틈새 공략에 성공했다는 평가다. 전체 65개 매장 중 25개가 지하철 매장으로 운영 중인데, 베이커리 브랜드 중 가장 높은 32.8%의 다점포율을 기록했다. 브레댄코만 5개 운영하는 다점포 점주도 있다. 조민수 브레댄코 총괄이사는 "로드숍보다 지하철 매장의 매출과 수익성이 더 좋은 편이다. 일평균 승하차자가 2만 명 정도면 일 매출 100만 원 정도를 기대할 수 있다"고 말했다.

지하철 상권의 장점은 다양하다.

첫째, 유동인구 확보가 용이하다. 2016년 상반기 기준 서울 지하철의 일평균 이용객수는 512만 명. 역마다 차이는 있지만 최소 수만 명의 잠재 고객군을 확보하는 셈이다. 로드숍 상권은 최근 복합쇼핑몰의 잇따른 출점으로 침체기를 겪고 있지만, 지하철역은 주변에 신규 노선이 들어서지만 않으면 출퇴근 직장인 덕분에 승하차자수가 늘 일정한 편이다.

브레댄코와 마노핀은 유동인구가 일정한 지하철 상권 위주로 출점해 재미를 보고 있다.

상권 보호 측면에서도 유리하다. 로드숍 상권은 랜드마크 빌딩이 어디 생기거나, 인기 매장이 어디 들어서느냐에 따라 소비자들의 이동 동선이 자주 바뀌는 편이다. 반면 지하철은 시민들이 대부분 평소 다니던 길로만 다닌다. 무엇보다 지하철역은 한정된 공간에, 한정된 업종을, 한정된 수로 입점시킨다. 가령 식음 매장 3개, 옷가게 2개, 편의점 1개로 입점 매장 업종과 수를 할당해놓아 해당 역 안에선 나름 독점적인 지위를 누릴 수 있다는 얘기다. 바로 옆에 편의점이 들어서도 하소연도 못 하는 로드숍 상권과 대조된다. 이렇게 안정적인 상권 환경은 점주가 창업 전 비교적 정확한 수요 예측을 할 수 있게 해준다.

날씨와 기후 변화 영향도 덜 받는다. 비가 오나 눈이 오나 바람이 부나, 또 춥거나 덥거나 선선하거나 상관없이 출퇴근은 해야 하므로 지하철역의 유동인구는 큰 변화가 없다. 때문에 저가주스전문점도 2016년 늦가을부터 점점 추워지는 날씨를 피해 지하철 매장으로 내려가는 전략을 구사하기 시작했다. 쥬스식스 관계자는 "2016년 10월 말 기준 강남역 지하상가에 매장 1개를 운영 중이다. 2016년 말까지 지하철 상권에만 50개 매장을 내려 한다. 이를 위해 '지하철 상권 공략 창업설명회'를 가졌는데 평소보다 3배 많은 예비창업자가 모여 높은 관심을 체감했다"고 귀띔했다.

또 지하철 매장은 보통 5년씩 계약한다. 2년에 한 번씩 보증금을 올려달라고 요구하는 건물주의 횡포가 없다는 것도 매력적이다. 물론 지하철 상권도 단점은 있다. 일단 지하철에 매장을 오픈할 때 로드숍보다 공사비가 많이 든다. 특히 식음 매장이 그렇다. 매장이 지하에 있다 보니 급·배수나 후드를 설치할 때, 지정된 환기실이나 급·배수실까지 연결하는 품이 많이 들기 때문이다. 지정된

쥬스식스도 최근 겨울 비수기 극복을 위해 지하철 상권
출점에 나섰다.

장소가 매장에서 가까우면 다행인데, 멀리는 최고 200미터까지도 떨어질 수 있다. 또 공사는 모두 야간에 작업해야 하고, 천장을 타고 다니면서 공사해야 돼서 공사 시간이 지체되고 인건비도 많이 든다. 조민수 브레댄코 총괄이사는 "10평 정도 매장 기준 조리 장비 설치하는 데 드는 비용은 지상의 로드숍이 500만 원 정도라면 지하철 매장은 3,000만 원 정도 든다"고 말했다.

요일과 시간대별로 유동인구 차이가 큰 것도 주의해야 한다. 평일 출퇴근 시간은 지하철 상권의 피크 타임이다. 지하철역에서만 브레댄코 5개를 운영하는 이명종 점주는 "주말에는 시간대별로 매출이 균등하다. 그러나 평일에는 출퇴근 시간(아침 7~9시, 저녁 6~8시)에 매출의 65% 이상이 집중된다. 인력도 이 시간대에 더 배치해야 한다"고 귀띔한다. 반면 주말이나 공휴일, 명절 연휴처럼 '빨간 날'이나 늦은 오전, 이른 오후 등은 비수기여서 이때는 성수기 대비 매출이 반 토막 이상 나기 십상이다. 때문에 일요일에는 아예 쉬는 점주들도 있다. 출퇴근 직장인이 주 고객층인 만큼 오피스 상권과 비슷하다고 보면 된다.

지하철역에서 창업하려면 이런 지하철 상권의 장점과 단점, 그리고 창업하려는 역의 승하차자수(유동인구)와 매장 입지 조건, 수요 예측 등을 종합적으로 검토해봐야 한다. 이런 과정을 거쳐 지하철 상권에서 창업하기로 결심했다면 이제 상가 임차를 해야 한다. 지하철역 내 상가 임차권은 서울메트로나 도시철도공사 같은 공공기관에 있다. 따라서 이들이 입찰공고를 내기를 기다렸다가 입찰에 참여해서 임차권을 따내야 한다. 상가 입찰에는 개인이든 법인이든 누구나 참여할 수 있다. 그저 월세를 가장 높게 써내는 쪽이 낙찰을 받게 된다.

여기서 엄청난 수싸움이 필요하다. 월세를 적게 써내면 임차권을 뺏길 수 있고, 그렇다고 너무 비싸게 써내면 남는 게 없다. 점주로선 경쟁자를 따돌리면서도 이윤이 남는 '황금 월세'를 찾아내야 한다. 물론 지하철역마다 유동인구나 수요 예측이 천차만별이므로 얼마가 적당하다고 딱 잘라 말하긴 어렵다. 그러나 어느 업계든지 '정설'이나 '노하우'는 있기 마련이다. 조민수 총괄이사는 "대체로 예상 일 매출의 4배 정도를 월세로 책정하는 게 적당하더라"라고 귀띔한다. 그는 "하루 승하차자수가 2만 명 정도인 역이면 10~12평짜리 매장에서 일 매출 100만 원 정도를 기대해볼 수 있다. 그럼 월세는 대략 400만 원(일 매출 100만 원 ×4) 안팎이 적당하다"고 말했다.

이를 토대로 볼 때 지하철 상권은 일반적으로 같은 평수의 로드숍 매장보다 월세가 다소 비싼 편이다. 대신 점포비용이 저렴해 단점을 상쇄한다. 지하철 매장은 권리금이 아예 없다. 보증금도 월세의 12~18배 정도로 고정돼 있다. 앞의 사례에서 월세가 400만 원인 매장이라면 보증금은 4,800만~6,400만 원 정도니까 유동인구가 하루 2만 명 정도인 서울의 다른 상권과 비교하면 비교적 저렴한 편이다. 점포비용이 낮으면 담보대출이자 같은 금융비용이 적게 든다. 이런 점을 모두 고려해서 점포 입찰 때 이익을 극대화할 수 있는 월세를 써내길 바란다.

지하철 상권에서 창업할 때 주의할 점.

첫째, 월세를 적게 써내도 될 것 같다고 개통한 지 얼마 안 된 노선의 지하철 역에 들어가는 건 위험하다. 지하철역이 늦게 생겼다는 건 그만큼 교통 수요(유동인구)가 적다는 의미도 된다. '싼 게 비지떡'이란 얘기다.[16] 업계에선 일평균 승하차자수가 최소 2만 명 정도는 돼야 수익성이 괜찮다고 말한다. 수도권 지하철 역이 약 300개 정도 되는데, 일평균 승하차자수가 2만 명 이상인 역은 200개 정도 되니 기회의 문은 그리 좁지 않다.

둘째, 유동인구가 많다고 점주가 손 놓고 있으면 절대 안 된다. 지하철 상권은 유동인구는 많지만 다들 목적지가 분명히 정해진 상태에서 이동하기 때문에 유속(이동 속도)이 상당히 빠르다. 로드숍처럼 이리저리 둘러보며 천천히 돌아다니지 않고, 빠른 걸음으로 이동한다. '목적지에 어서 도착해야 한다'는 생각에 집중하면서 빨리 걷다 보면 매장 옆을 지나가도 매장이 눈에 들어오지 않게 된다. 따라서 지하철 이용객의 유속을 늦출 수 있게 적당히 어필을 하는 게 매우 중요하다. 조민수 총괄이사는 "'방금 구운 빵 나왔습니다'라고 외치고, 안 외치고에 따라 매출이 2배나 차이 난다"고 강조했다. 소비자들의 눈길을 끌어당길 수 있는 홍보 전략을 고민해보시라.

---

16 '싼 게 비지떡'이란 전략적 판단은 로드숍 상권에도 적용된다. 특히 편의점 점포 개발 담당자들은 월세나 권리금이 다소 비싸더라도 매출이 일정 수준 이상 나오는 매장을 양수하는 것을 추천한다. 상권을 새로 개척하는 게 그만큼 쉽지 않다는 얘기다.

지하철 상권은 앞으로도 유망한 틈새 상권으로 주목받을 전망이다. 서울메트로 관계자는 "1인 가구 증가로 나홀로 쇼핑족이 늘면서 간편하게 들를 수 있는 지하철 상권이 인기를 끄는 것 같다"며 "앞으로도 지하철을 이용하는 승객의 편의성을 높이는 방향으로 역사 내 상권 개발을 지속적으로 추진할 계획"이라고 밝혔다.

이명종 브레댄코 다점포 점주

"지하철은 삶의 공간!
역 크기보다
승객 동선 살펴야죠"

이명종 브레댄코 점주는 지하철 상권에서만 브레댄코 매장을 5개 운영하고 있다. 강남구청점, 까치산점(이상 2015년 오픈), 보라매점, 망원점, 발산점(이상 2016년 오픈) 등이다. 2년 만에 빠르게 다점포 점주가 되기로 한 데에는 이유가 있다. 그만큼 브레댄코란 브랜드와 지하철 상권에 대한 확신이 있었기 때문.

"지하철 상권은 하루 종일 손님이 있으니 영업시간이 길어요. 오전 6시에 가게 문을 열고 밤 11시에 닫으니 17시간이나 운영하거든요. 로드숍 매장보다 훨씬 효율적이죠. 날씨에 상관없이 유동인구가 일정한 것도 장점이에요. 너무 덥거나 추우면 사람들이 거리에 잘 안 나와서 로드숍은 손해거든요. 해외에서 보니 지하철이 단순 교통수단에서 삶의 공간으로 바뀌어 가던데, 우리도 그렇게 될 것으로 봅니다."

다점포 운영 노하우 중 하나는 점포를 최대한 가까운 곳에 모아 내는 것. 그래야 점주가 각 점포를 돌아다니며 관리하기가 용이하다. 그런데 그의 점포는 서울 전역에 흩어져 있다. 지하철 상권은 매물이 귀하다 보니 되는 대로 출점을 한 때문이다.

"새로운 매장 자리가 나왔다는 본사의 제안이 있을 때마다 기회라고 생각했어요. 또 마침 성수기인 겨울을 앞둔 시점이어서 빨리 진행하게 됐죠. 겨울에는 비수기인 여름보다 매출이 최고 30% 이상 더 나오거든요. 요즘은 커피 시장이 커져서 여름 매출도 어느 정도 오르는 편입니다. 2016년 여름에는 겨울 대비 매출이 15%밖에 안 빠졌더라고요. 매장이 흩긴 하지만, 그래도 지하철만 타고 다니면 돼서 매장 5개치고는 생각보다 이동이 수월합니다."

이명종 점주가 전하는 지하철 상권 입점 팁.

첫째, 지하철역 주변 상권에 따라 매출이 달라진다. 가령 강남구청역은 전형적인 오피스 상권이어서 주말이면 역내 점포 매출이 평일 대비 반 토막 난다. 강남구청은 일요일에 문을 닫을 정도다. 반면 발산역은 대형 외식장이 주변에 많아 주말에 더 잘된다. 또 주거상권인 까치산역과 망원역은 주말에 놀러 나오는 인파로 토요일은 평일과 비슷하고 일요일만 30% 정도 떨어지는 수준이다. 주말에 쉬고 싶으면 오피스 상권을 노리고, 돈을 벌고 싶으면 평일과 주말 매출의 변동폭이 적은 상권이 유리하다고.

둘째, 역은 클수록 좋지만 그보다는 승객들의 메인 동선이 더 중요하다. 가령 까치산역은 개찰구가 하나뿐인데, 개찰구 앞 상가가 이 씨의 매장 하나뿐이어서 일평균 승하차자 6만 명이 모두 지나가게 돼 있다. 반면 강남구청역은 개찰구가 4개여서 유동인구가 분산된다. 그가 까치산점에 입찰할 때 강남구청점보다 임대료를 2배 가까이 써낸 이유도 여기에 있다.

셋째, 베이커리라고 점주가 편할 것으로 기대하면 오산이다. 그의 말을 들어보자.

"많은 이들이 베이커리나 카페는 식당, 치킨집보다 일이 깔끔하고 쉬울 것이라 착각해요. 점주가 전혀 관여하지 않는 '풀-오토(Full-auto)'를 원하기도 하죠. 저도 처음에는 그런 마음으로 시작했는데 손실이 나더라고요. 그런데 제가 직접 달라붙어 했더니 매출이 2배나 뛰었습니다."

그는 실제로 직접 매장 앞에서 손님을 응대한다. 대부분의 점주가 카운터만 지키고 홀은 직원이나 알바에게 맡기는 것과는 다르다. 손님이 사든 안 사든 계속 인사하고 설명하고 갓 구운 빵이 나왔다고 알리자 변화가 느껴지더라고.

"지하철 상권에서 소비 패턴은 목적구매보다는 충동구매에 가까워요. 지하철이란 게 판매를 위한 공간이 아닌, 통로 개념이거든요. 손님을 유인하려면 할인폭이 큰 빵이나 단팥빵, 슈크림빵, 소보루빵처럼 남녀노소 누구나 좋아하는 빵을 전면 배치해서 눈길을 끌어야 해요. 매대를 자꾸만 안쪽으로 밀어 넣으려는 역무원과 인간적 유대감을 형성해 협조를 이끌어내는 것도 점주 몫이죠. 점주가 열정적으로 영업을 하면 직원은 물론, 손님도 알아봅니다. 실제로 그냥 지나가려던 손님이 제가 하도 열심히 호객을 하니까 '점주를 봐서 산다'며 빵을 사간 적도 있답니다."

07

인테리어 트렌드

◇◇◇◇◇
혼자·깔끔·야외·모던…
이런 가게로 가게~

창업할 때 가장 비용 지출이 큰 항목은 뭘까. 보증금과 권리금? 반은 맞고 반은 틀리다. 이들은 금액은 크지만, 가게를 양도할 때 대부분 회수할 수 있다. 답은 인테리어다. 가게를 양도할 때 돌려받지 못하는 '매몰비용'이기 때문. 돈을 떠나, 가게 분위기를 좌우한다는 점에서도 인테리어는 매우 중요하다. 소비자 눈길을 사로잡으면서도 효율적으로 가게를 구성할 수 있는 인테리어 트렌드를 살펴보자.

1인 고객을 잡아라
일자형 테이블 확산… '혼자옵서예~'

최근 1인 가구와 혼밥·혼술족 증가는 가게 모습도 바꿔놓고 있다. 4인용 테이블이 일(一)자형 또는 2인용 테이블로 교체되는 게 대표적인 예다. 사실 혼자

오는 손님은 가게 입장에선 그리 반갑지 않다. 여럿이 오면 함께 얘기하고 술도 주거니받거니 하면서 매장 체류 시간이 길어져 자연스레 객단가가 높아진다. 반면 혼밥·혼술족은 대화 상대가 없으니 딱 1인분만 먹고 간다. 점주 입장에서 '과도한 음주는 감사합니다'라고 할 일이 없어지는 것. 그래서 혼자 오는 손님을 정중히 거절하거나 '어서 먹고 가라'며 눈치를 주는 식당도 있다. 객단가 낮은 1인 고객이 4인용 테이블을 독차지해 추가 고객을 못 받을까 우려해서다.

일자형, 2인용 테이블은 이런 고민을 한 방에 해결해준다. 공간 효율이 뛰어나 더 많은 손님을 받을 수 있다. 매출은 '객단가(P) × 객수(Q)'로 정해지는데, 객단가가 떨어지는 상황에서 객수를 높여 매출을 지키려는 것. 스타벅스, 이디야, 파스쿠찌, 모스버거, 설빙, 봉구비어, 맥도날드, 미니스톱 등 외식업 프랜차이즈의 상당수가 채택한 인테리어 전략이다. 박형곤 미니스톱 홍보CSR팀장은 "최근 1인 손님이 증가함에 따라 신규 가맹점에 대부분 일자형 테이블을 넣고 있다. 1인 손님은 다인(多人)용 테이블에 앉아 혼자 음식을 먹을 때 부담을 느끼기 때문"이라며 "직영점 관찰 결과, 일자형 테이블 설치 전과 후 1인 고객이 즐겨 찾는 도시락 매출이 50% 늘었다"고 말했다.

과거에는 이런 일자형 테이블이 서로 마주보고 얘기하려는 팀 단위 손님들한테 안 맞아서 채택이 잘 안 됐다. 그러나 요즘은 혼자 오는 손님이 많아졌고, 또 바로 옆 손님이랑 붙어 앉아도 크게 개의치 않는 문화가 정착되면서 상황이 달라졌다. 일자형 테이블을 벽이나 창가를 향해 놓으면 혼자만의 시간을 즐기기에도 좋다. 또 이자카야나 회전초밥집, 바(Bar)처럼 주방을 향해 놓는다면 주방장(보통은 점주)이 손님 응대를 재밌고 편안하게 잘 해주는 게 중요하다.

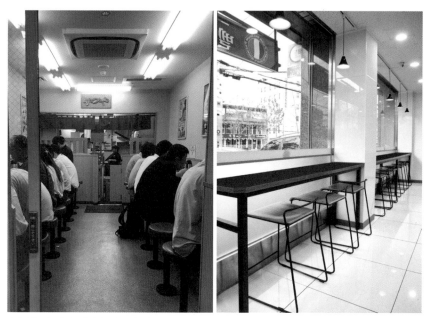

우리나라보다 1인 가구가 먼저 증가한 일본은 일자형 테이블이 일찌감치 보편화됐다. 미니스톱도 신규 매장 인테리어에 일자형 테이블을 채택하고 있다.

    일본은 이미 오래전부터 일자형 테이블이 보편화됐다. 땅값이나 임대료가 비싸 점포가 작다 보니 손님을 한 명이라도 더 받기 위해 일자형 테이블이 필수가 됐다. 심지어 도쿄의 어느 커피전문점은 테이블 없이 일자형 벤치 의자만 벽 3면에 놓은 곳도 있었다. 이렇게 되면 손님은 지하철 좌석에 앉은 것처럼 서로 마주보며 커피를 손에 들고 마셔야 한다. 어쩌다 눈이 마주치면 민망할 것도 같은데 젊은 여성들은 혼자 사색에 잠기거나 일행과 속삭이듯 대화하며 아무렇지도 않게 커피를 마셨다. 1인 가구가 많고 개인주의가 발달한 일본에선 이제 일자형 테이블과 의자는 자연스러운 인테리어가 된 듯했다. 이제 우리나라도 그렇게 변해가는 듯하다.

맛보다 위생이 먼저
보여줄게 우리 주방~ '오픈 키친'

2015년과 2016년 전 국민을 공포에 떨게 한 세 가지. 메르스와 미세먼지, 그리고 옥시 사태다. 이들에 대한 포비아(공포증) 현상 덕분에 손 세정제와 공기청정기, 친환경 세제 등이 대박을 터뜨렸다. 이처럼 위생에 대한 소비자 관심이 높아지면서 가게 주방도 달라지고 있다. '오픈 키친(Open Kitchen)'이 대표적인 예다. 매장 안쪽 깊숙이 있던 주방을 전면 배치해 조리 과정을 보여주는 게 대세다. 한식뷔페 '올반'은 매장 안에 쌀을 직접 도정하는 방도 따로 둬 재료의 신선함을 부각했다. 60계 치킨은 이름부터 위생을 강조했다. '매일 새기름으로 60마리만 조리한다'는 뜻이다. 이를 보여주기 위해 아예 주방에 CCTV를 달았다. 소비자가 스마트폰 앱으로 각 지점의 주방을 실시간으로 들여다볼 수 있다.

반면 주방을 가게 안쪽으로 숨기는(?) 곳도 있다. 죠스떡볶이다. 원래 떡볶이

도쿄 쉑쉑버거 매장. 계산대 너머로 주방에서 음식을 만드는 모습이 보여 소비자 신뢰를 얻고 있다.

는 주방이 창가와 맞닿은 전면 배치가 일반적이다. 떡볶이, 순대 같은 가벼운 간식은 가게 안에 들어와서 먹기(Eat-in)보다는 포장(Take-out)해 가는 손님이 더 많기 때문. 그러나 하루 종일 창문을 열어놓고 조리하는 떡볶이가 미세먼지에 취약하다는 우려가 불거지자 죠스는 주방을 후면 배치하고 있다. "먹거리 안전을 위해 주방을 후면 배치함으로써 미세먼지 등 바깥의 오염 원인으로부터 차단했다. 이렇게 리뉴얼된 매장이 전체의 15%에 달하며 계속 늘려나갈 계획이다." 죠스떡볶이 관계자의 설명이다.

가게 안은 답답해
폴딩도어·통창 인기

가게 안과 밖의 경계도 희미해지고 있다. 폴딩도어(커튼형 접이문), 통창, 테라스 등을 통해서다. 2016년 저가주스로 돌풍을 일으킨 쥬씨는 폴딩도어를 전면 채택했다. 문을 다 접어 젖히면 마치 문이 없는 것처럼 보인다. 고객의 접근성을 최대화한 것. 쥬씨 관계자는 "평균 10평의 소형 점포다 보니 자칫 답답하게 느껴질 수 있다. 폴딩도어는 탁 트인 느낌을 주고 좁은 공간에서 고객 동선의 불편도 최소화해 효과적이다"라고 자평했다. 이런 장점 덕분에 폴딩도어는 고깃집, 식당, 커피전문점, 이자카야 등 외식업계 전반에 확산되고 있다.

온라인 쇼핑몰에서도 관련 인테리어 상품이 잘 팔린다. G마켓에 따르면 폴딩도어 등 시스템창호 부문 최근 1개월(9월 19일~10월 18일) 매출이 전년 동기 대비 167% 증가했다. 야외용 벤치, 평상, 야외 테이블도 같은 기간 매출이 137%, 114%, 40% 늘었다. G마켓 관계자는 "개인 사업자가 창업하는 소규모 카페를 중심으로 공간 활용도가 높은 벤치의자가 인기다. 서울 근교에서 음식점이나 카페 창업이 증가하면서 야외용 인테리어용품 판매도 늘고 있다"고 전했다. 최근에는 서울 중구청이 옥외 영업 규제를 완화해 유럽식 노천카페나 옥외 테라스 영업이 늘어날 전망이다.

단 폴딩도어나 테라스는 날씨가 안 좋은 날에는 활용성이 떨어진다. 특히 폴딩도어는 수많은 세로형 프레임 때문에 문을 닫았을 때 매장 내부가 잘 안 보인다. '통창'은 이런 단점을 보완해줘 인기다. 가게 전면에 커다란 통유리를 설치해 마치 문을 열어놓은 듯 탁 트인 시야를 확보해준다. 탐앤탐스, 바르다김선생, 배스킨라빈스31, 도미노피자, 본죽&비빔밥, 롯데리아, KFC 등에서 폭넓게 채택하고 있다.

인테리어도 '투명 화장' 시대
한듯 안 한 듯 '시크하게 모던하게'

디자인은 덧셈이 아닌, 뺄셈이다. 장식을 최소화한 미니멀리즘 경향이 최근 상가 인테리어에서도 그대로 묻어난다. 천장의 배선이 아무렇게나 드러나 있는 '노출 천장'이 대표적인 예다. 드롭탑, 미즈컨테이너 등이 채택했고 홍대 핫플레이스의 음식점이나 커피전문점에서도 흔히 볼 수 있다. "과거에는 한식당이다 보니 고가구나 벽화 장식을 많이 했다. 요즘은 목재 대신 금속, 노출 천장 등을 활용한 모던한 인테리어가 대세다." 김세훈 불고기브라더스 가맹사업팀장의 설명이다.

언뜻 흉물스럽기까지 한 노출 천장의 인기 비결은 뭘까. 전문가들은 '날것'이

서울 시내 모던한 인테리어의 커피숍. 모노톤과 철재 장비, 배관이 드러난 천장이 '날것'의 편안한 느낌을 준다.

주는 신뢰성과 편안함 때문이라고 말한다. 김남효 숭실대 건축학과 교수는 "요즘 가게 인테리어는 모노톤으로 채도를 낮추고 배선도 마감재로 가리지 않고 그냥 보여주는 게 트렌드다. 가공되지 않은 날것은 소비자에게 '순수하다'는 인상을 주기 때문이다. '화장 안 한 여성'이 주는 편안한 느낌 같은 것"이라며 "또 너무 마감 처리를 완성도 있게 하면 더 이상 인테리어를 바꿀 수 없어 가변성이 떨어지는 것도 중요한 요인"이라고 설명했다.

한국의 경쟁력, '모더니즘'

모더니즘에 대한 기자의 생각은 이렇다. 한국은 세계적으로 빠른 속도로 산업화와 현대화를 이룬 나라다. '한강의 기적'이라고 하지만 이면에는 전통 문화나 가치를 보존하기 위한 노력이 부족했던 게 사실이다. 아니, 어쩌면 정부 주도의 산업화를 위해 전통적 가치가 후순위로 밀린 것도 같다. 그래서일까. 한국문화관광연구원에 따르면 최근 급증하는 유커(중국인 관광객)의 한국 관광 목적 1위가 바로 '쇼핑'이란다. 기자는 이 얘기를 듣고 처음에는 어안이 벙벙했다. 해외여행을 할 때 가장 궁금하고 기대되는 건 그 나라만의 독특한 문화를 체험하는 것이라고 굳게 믿고 있었기 때문이다. 그런데 한국적인 생활 방식이나 문화를 체험하러 오는 게 아니라 기껏 '쇼핑'을 하러 온다니. 쇼핑은 온라인으로도 얼마든지 할 수 있는 것 아닌가. 적이 실망스러웠다.

그런데 다시 생각해보면 이게 우리나라의 강점임을 인정해야 할 것 같다. 우리나라는 자연 경관이나 역사 유적으로는 중국을 이길 수 없고, 맛있는 음식이나 아기자기한 문화의 독창성으로는 일본을 당할 수 없다. 물론 그렇다고 이를 완전히 포기하자는 건 아니다. 그러나 당장 경쟁력을 갖추려면 약점을 보완하는 것보다는 강점을 더 부각하는 게 전략적으로 옳은 선택이라고 본다.

한국은 스마트폰과 초고속 인터넷 보급률이 세계적으로 높은 IT강국이다. 또 세련된 한류 콘텐츠와 고도 경제성장의 역사, 체계적인 교통 인프라, 세계의 테스트베드라 불릴 만큼 트렌디한 유통 환경 등으로 가장 스마트(Smart)하고 현대적인(Modern) 이미지를 갖고 있다. 해외만 그런 게 아니다. 국내 젊은 층도 전통보다는 IT기기 등 현대적인 콘텐츠를 선호한다. 이게 국내외 소비자가 한국에서 바라는 콘텐츠의 트렌드다. 그렇다면 상품도, 서비스도, 그리고 인테리어도 가장 모던한 것을 추구해볼 만하지 않은가.

혹여나 이 말을 전통과 모던의 이분법으로 받아들이지 않길 바란다. 전통은 과거에 머물러 있는 것이 아니다. 현대와의 대화를 통해 끊임없이 재창조되는 것이다. 역사학자 에드워드 카도 "역사는 현재와 과거 사이의 끊임없는 대화"라고 말했다. 전통도 모더니즘도 얼마든지 '한국적인' 것이 될 수 있다는 얘기다. 최근 인기있는 퓨전 한식 또는 모던 한식이 대표적인 예다. 한국 고유의 식재료를 서구적인 조리법과 장식으로 만들어내 전통과 현대의 조화를 이뤘다. 굳이 조화를 이루지 않아도 좋다. 도저히 한식이라고 생각되지 않을 만큼 서구적으로 재탄생하면 또 어떤가. 전통과 고유문화에 얽매이느라 기존 방식을 답습하지만 않으면 된다. 새롭고 신선할수록 좋다. 그게 무엇이든. 현재 모던한 게 축적되고 보편화되면 그게 훗날 우리의 전통이 되지 않겠는가.

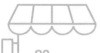

08

소비자 눈길 끄는
언어유희 마케팅

◇◇◇◇◇
**내려갈 때 보았네, 올라갈 때 보지 못한
그 아재개그**

퀴즈 하나. '세상에서 가장 가난한 왕'은 누굴까?

잠시 생각해보고 아래를 보기 바란다.

답은 '최저임금'이다. 왕인데 시급이 6,470원밖에 안 된다. 썰렁하다고? 요즘은 이런 말장난이나 언어유희, 일명 '아재개그'가 대세다(개인적으로 기자는 아재개그 마니아다. 들을 때마다 빵 터진다~!). 뜬금없이 아재개그로 시작한 건 이유가 있다. '작명(作名)'도 트렌드가 있다면 요즘 트렌드는 바로 '아재개그'다. 가게 간판이나 메뉴, 심지어 회사명을 정할 때도 아재개그의 유머 코드를 활용하는 경우가 많다. 대표적인 예가 롯데리아의 시그니처 버거인 '아재버거'다. 햄버거의 시작과 끝, 즉 A to Z라고 해서 아재(AZ)버거라고 이름 붙였는데, 유치하긴 하지만 인상적이고 기억하기도 쉽다. '요즘 이런 이름의 메뉴 나왔던데 들어봤어?'

하고 입소문을 타기도 한다.

　홍보 담당자들의 고민은 바로 '발견성'이다. 갈수록 경쟁이 치열해지고 신상품이나 새로운 브랜드가 쏟아져 나오는 이때, 소비자의 선택을 받으려면 일단 눈에 띄어야 한다. 눈에 띄어야 보이고, 자꾸 봐야 친근해진다. 반대로 발견성 확보에 실패하면, 무수한 경쟁자 대열에 묻혀 제품의 우수성을 알릴 기회조차 갖지 못한다. 일례로 기자는 하루에 100통 이상의 보도자료 메일을 받는다. 처음에는 하나씩 열어봤지만 알맹이 없는 스팸성 메일도 너무 많아 포기했다. 이제는 제목만 슬쩍 보고 중요하다 싶은 것만 골라 읽는데, 그러다 보니 가끔 중요한 메일을 놓칠 때도 있다. 그런데 가끔 제목이 신선해서 눈에 띄는 메일들이 있다. 다음과 같은 제목들이었다.

[보도자료] 롯데, 'mom편한 공동육아나눔터'
[타임스퀘어 보도자료] 맛있는 가을, '푸드득(FOOD得)' 프로모션 실시
[보도자료] ㈜롯데리아, '제2회 일가(家)양득 콘퍼런스'서 감사패 수상
[신세계] SSG페이 1주년 500만 번 쓱~ 결제습관 바꾸다
[다이소 보도자료] "메리 다이소마스!" 전국 다이소 매장에서 '2016 크리스마스 기획전' 진행

　동음이의어나 한자어를 활용해 언어유희를 시도했다는 공통점이 있다. 이들이 만일 '어머니의 마음이 편한 공동육아나눔터', '음식이 제공되는 프로모션', '일·가정 양립 콘퍼런스', 'SSG페이 1주년 500만 번 사용~'이라고 썼다면 너무 평범해서 눈에 띄지 않았을 것이다.

　간판이나 메뉴 이름을 재밌게 지어 성공한 사례는 이 밖에도 많다. 배스킨라

빈스31은 아예 설립 초기부터 메뉴명을 재밌게 짓는 'Fun 경영'을 표방했다. '엄마는 외계인', '바람과 함께 사라지다', '사랑에 빠진 딸기' 등의 메뉴명이 대표적인 예다. 특히 '엄마는 외계인'은 미국에선 같은 제품이 '장화 신은 고양이'란 이름으로 판매되는데, 국내 상황에 맞게 현지화해 10년째 판매 순위 부동의 1위를 지키고 있다.

스토리텔링 마케팅으로 재미를 본 사례도 있다. 케이크 전문점 '도레도레'는 메뉴 이름을 '사랑해 케이크', '어머 이것 봐 케이크', '뉴 행복해 케이크' 등으로 지었다. 소비자들이 케이크를 선물용으로 많이 구입한다는 데 착안해서, 케이크를 선물할 때 어떤 메시지를 전할 수 있도록 한 것이다. 또 저가주스전문점 '몬스터주스'는 메뉴명을 '있어보여 밀크티', '피부가 좋아해', '좋은 건 혼자 먹어야지', '너 운동하니?' 등으로 지어 눈길을 끌고 있다. '너 운동하니?'는 바나나, 하루견과, 우유를 섞어 만드는 주스다. 단백질 등 몸에 좋은 성분들로 만든 주스임을 센스있게 표현해 소비자의 주의를 환기시키는 데 성공했다는 평가다.

이뿐 아니다. 한국코카콜라는 콜라병에 부착된 빨간색 레이블에 12간지를 활용한 메시지를 넣어 히트를 쳤다. ▲이루어쥐리라 ▲고백하겠소 ▲호랑이기운가득 ▲토끼의지혜 ▲부자되세용 ▲내가 최고인가뱀 ▲말하는대로 ▲착해질거양 ▲다재다능원숭이 ▲니가최고닭 ▲행복하개 ▲뭐든잘돼지 등이다. 이 같은 언어유희 마케팅으로 한국코카콜라는 매출이 매년 두 자릿수 이상 성장하고 있다고 한다. 롯데제과도 비슷한 사례다. 껌 종이에 '건강하세요', '너가 짱이야~', '긴장풀어', '고마워', '대박나세요' 등의 메시지를 새겨넣는 마케팅으로 재미를 봤다. 껌도 보통 한 통 사면 혼자 다 씹지 않는다. 하나씩 주변 사람들에게 나

뉘줄 때 뭔가 얘기할 수 있는 '거리'를 만들어준 게 주효했다. 자신이 전하고 싶은 메시지가 적힌 껌 종이 사진을 찍어서 인스타그램에 올리는 이들이 많아지면서 '껌스타그램'이란 신어도 생겨났을 정도다.

아시다시피 코카콜라와 껌은 출시된 지 수십 년이 넘어 더 이상 새로울 게 없는 제품들이다. 그런데 포장지에 재밌는 문구만 새겨넣자 갑자기 매출이 급증했다는 건 의미심장하다. 이처럼 너무나 익숙해 눈에 띄지 않던 것에 아주 사소한 변화를 줘서 눈에 띄도록 하는 마케팅 기법을 '넛지 효과', 또는 '낯설게 하기'라고 부른다. 작은 마케팅 아이디어 하나가 수십 년 된 제품에 새로운 생명을 불어넣은 것이다.

간판명을 지을 때도 마찬가지다. 강원도 홍천에 위치한 한방토종닭백숙 가게는 '나는 공산닭이 싫어요'란 간판으로 네티즌들의 입소문을 탔다. 공산'당'이 아니라 공산'닭'이다. 양계농가에서 기계적으로 사육한 공산품 같은 닭이 아니라, 자연적으로 방목한 토종닭임을 센스있게 표현한 것이다. 이 밖에도 '그냥 갈 수 없잖아 슈퍼', '술퍼맨'(주점), '빵 터지는 집'(빵집), '버르장머리'(미용실), '싼집 찾다가 열받아서 내가 차린 집'(이통사 대리점), '몸가짐(gym)'(헬스장), '살빠짐'(헬스장) 등의 간판들이 소비자 눈길을 사로잡았다.

가게 앞에 써붙여 놓은 홍보 문구나 옥외 광고판 중에도 재밌는 사례가 많다. '지나친 음주는 감사합니다'(주점), '경희야, 넌 먹을 때가 제일 예뻐'(배달의 민족), '오늘 먹을 치킨을 내일로 미루지 말라'(배달의 민족), 'KBS 맛집으로 소개될 집'(음식점) 등이다. 또 삼양라면은 지난 2012년 신제품 '나가사키짬뽕' 라면을 출시하면서 '내가 제일 잘 나가사키짬뽕'이란 문구로 마케팅을 했다. 당시 아이돌 가

수 2NE1의 '내가 제일 잘나가'란 곡명을 패러디한 것이었다.

혹자는 언어유희 마케팅이 유치하다고 폄하할 수도 있겠다. 물론 호불호가 갈릴 수 있다. 하지만 생각해보자. 마케팅의 기본이 뭔가. 소비자들한테 제품과 서비스를 '알리는' 것이다. 특히 최근 문화 트렌드 키워드는 바로 'B급'이다. 뭐든 진지하지 않고 가볍게 소비하는 '스낵컬처(Snack culture)'[17]가 모바일 시대의 대세다. 불황이 오래 지속되고 10대가 문화 소비의 주축으로 성장하면서, 그간 우리 사회를 지배했던 '근엄주의', '엄숙주의'가 약해지고, 보다 감성적이고 자유분방한 B급 상품이 트렌드로 자리 잡고 있다. 따라서 적당히 센스있는 간판이나 메뉴명은 '여기 우리 가게가 있어요'라고 소비자가 발견하게 하는, '거들떠보게' 하는 효과를 기대할 수 있다. 유치하면 유치할수록 더 회자된다. 설령 '노이즈 마케팅'이라도 성공하면 되는 것이다.

물론 주의할 점도 있다. 유명 브랜드명을 패러디할 때는 법적 분쟁 가능성을 고려해야 한다. 2016년 4월 경기 양평의 한 치킨집은 상호를 '루이비통닭'이라고 썼다가 루이비통 본사로부터 상표권 침해 소송을 당했다. 이 가게는 상호뿐만 아니라 루이비통 상징 마크나 패턴도 유사하게 따라했다. 루이비통은 치킨집을 상대로 사용금지 가처분 신청을 냈고, 법원도 루이비통의 손을 들어줬다.

또 앞서 언급한 '내가 제일 잘 나가사끼짬뽕'도 저작권 분쟁이 있었다. 2NE1의 '내가 제일 잘나가' 노래를 만든 작곡가가 삼양라면을 상대로 저작권을 침해한다며 광고사용게재 금지 가처분 신청을 냈다. 단 이 소송은 기각됐다. "문구

---

17 5~15분 안팎의 짧은 시간에 즐길 수 있는 문화 콘텐츠. 웹툰, 웹 소설, 웹 드라마, 글자 140자로 제한되는 트위터, 짧은 인스타그램 영상 등이 대표적인 예다.

가 짧고 의미가 단순해 저작권법으로 보호할 만한 독창적 표현으로 보기 어렵다"라는 게 법원의 판단이었다. 일각에선 "패러디의 자유를 인정해야 한다"며 소송을 건 루이비통과 작곡가를 비판하기도 한다. 그러나 한편에선 저작권과 상표권을 보호해야 한다는 목소리도 커지는 분위기다. 무엇보다 영세한 자영업자로선 대기업이나 유명인을 상대로 한 법적 분쟁이 부담스러울 수밖에 없으니 지나친 패러디는 주의하는 게 바람직해 보인다.

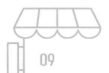

09

'점주 리스크'
기피하는 프랜차이즈

◇◇◇◇◇
창업, 공부하고 합시다!

가성비 트렌드로 인해 대형 커피전문점 시장이 정체기에 접어든 지도 수년째다. 그런데 대형 커피전문점 중 유일하게 급성장하는 브랜드가 있다. 바로 스타벅스다. 한 달에 8~9개씩 꾸준히 증가해 2016년 12월 1,000호점을 돌파했다. 비결이 뭘까. 여러 가지 분석이 나온다. 세계적인 브랜드 파워와 프리미엄 이미지 전략, 또 우리나라가 원두커피 불모지이던 1999년에 일찌감치 들어와 국민들의 입맛을 길들여 놓았다는 시장 선점 효과도 작용한 듯하다. 그리고 또 다른 비결 하나. 스타벅스는 매장을 100% 직영점으로만 운영한다는 것이다.

이쯤에서 '직영점으로 운영하는 게 뭐 그리 대수인가' 싶은 독자도 있을지 모르겠다. 그러나 직영점과 가맹점의 차이는 생각보다 크다. 사실 프랜차이즈 본사 입장선 직영점보다는 가맹점을 많이 늘리는 게 손쉽게 돈을 버는 방법이다. 일단 신규 가맹점을 열 때마다 가맹비, 교육비, 인테리어비가 적게는 수백

만 원에서 많게는 1억 원 가까이 들어온다. 또 매달 브랜드 사용료로 로열티를 받고 식자재 독점 납품을 통한 물류 마진도 생기니 여간 쏠쏠한 장사가 아니다. 설령 장사가 안 돼도 손해는 점주 몫이지, 본사는 큰 타격을 안 받는다. 그냥 가맹점 하나 문 닫으면 될 뿐이다. 반면 직영점은 장사가 안 되면 본사가 오롯이 손해를 감수해야 하니 리스크 관리 차원에서 불리할 수밖에 없다.

그럼에도 스타벅스를 비롯해 100% 직영점 체제를 고수하는 브랜드가 속속 늘고 있다는 건 이례적이다. 사례를 보자. 최근 미국에선 '블루보틀'이란 커피전문점이 스타벅스의 경쟁 상대로 무섭게 뜨고 있다. 외식 업종으론 드물게 실리콘밸리로부터 1,000억 원 넘게 투자를 받아 화제가 됐다. 블루보틀은 2016년 말 기준 매장이 30여 개에 불과하다. 그런데도 가맹사업을 통해 매장을 늘리기는커녕, 100% 직영으로만 운영할 계획이란다.

국내에선 케이크 전문점 '도레도레'와 프리미엄 독서실 브랜드 '그린램프라이브러리'가 100% 직영 체제로 운영 중이다. 도레도레는 현재 매장이 40여 개, 그린램프라이브러리는 20여 개뿐이다. 점포가 많아질수록 공동구매를 통해 원가를 절감하고 브랜드 경쟁력도 높아질 수 있다. 그러나 블루보틀, 도레도레, 그린램프라이브러리는 모두 숱한 가맹사업 제안을 거절하고 직영점만 출점할 뿐이다. 이유가 뭘까.

여기에 가맹점의 큰 약점이 숨어 있다. 바로 '점주 리스크'다. 점주 리스크란 프랜차이즈의 일부 점주가 일탈 행위 등으로 브랜드 전체의 경쟁력을 갉아먹을 수 있는 위험을 말한다. 지난 2010년 뚜레쥬르의 한 점주가 경쟁 관계인 파리바게뜨를 모함하려고 일부러 식빵에 쥐를 넣어서 신고했다가 들통난 사건이 대표적인 예다. 경찰 조사 결과 자작극임이 밝혀지면서 뚜레쥬르 이미지가 추락, 애꿎은 다른 점주들까지 피해를 입었다. 뚜레쥬르 본사 입장에선 점주 리스크에 제대로 당한 셈이다.

물론 뚜레쥬르의 '쥐식빵 사건'은 아주 극단적인 예다. 그러나 점주 리스크의 면면은 다양하다. 점주의 불성실한 매장 관리로 매출이 잘 안 나오거나, 불친절한 서비스로 고객 민원이나 분쟁이 유난히 자주 발생하는 가맹점이 적잖다. 일부 점주는 본사가 신메뉴를 개발해도 '신메뉴 레시피를 새로 배우는 게 귀찮다'며 그냥 안 파는 경우도 있다. 한 치킨 프랜차이즈 관계자는 "전체 가맹점의 약 10%가 신제품이 나와도 아예 판매를 거부한다. 신제품을 파는 매장과 안 파는 매장의 평균 매출을 비교해보니 최고 30% 가까이 벌어지더라"라고 토로했다. 이처럼 본사의 재교육도 안 받고 불성실한 영업을 하는 점주가 하나둘 늘어나면, 브랜드 통일성이 무너져 다른 점주들도 피해를 입게 된다. 최근 생계형 창업이 증가하고, 본사에 대한 가맹점주들의 목소리가 커지면서 점주 리스크는 갈수록 커지는 분위기다.

문제는 이런 상황에서 본사의 대응방법이 매우 제한적이란 점이다. 점주는 말 그대로 '점포의 주인'이어서 강제로 내쫓을 수 없다. 최악의 경우 가맹 계약 해지를 할 수 있지만 최선은 아니다. 일단 브랜드 간판을 내려야 되니 주변 상권에 안 좋은 이미지를 주게 되고, 점주가 '갑질'이라며 반발이라도 하면 여론의 역풍을 맞을 수도 있다. 결국 본사는 슈퍼바이저를 통해 간접적으로 경영 조언을 하는 데 그치는 경우가 많다.

반면 직영점은 최고 책임자가 '점장'이다. 회사 직원이니 근무 태도가 불성실하거나 매출이 떨어지면 다른 점장으로 교체하면 그만이다. 점포에 대한 본사의 지배력과 통제 권한 면에서 직영점이 훨씬 유리한 것이다. 최근 100% 직영 체제 브랜드가 늘어나는 건 이처럼 프랜차이즈 본사들이 '막장 점주'로 인한 점주 리스크를 기피하는 움직임으로 해석할 수 있다.

그럼 본사가 점포를 늘리기 힘들지 않겠느냐고? 꼭 그렇지도 않다. 그동안은 점주의 투자에 의존해서 프랜차이즈가 힘을 키웠지만 요즘은 금융기법이 고도화되면서 직영 체제로도 얼마든지 점포를 늘릴 수 있게 됐다. 가령 그린램프라이브러리는 '반(半)직영 반(半)가맹' 모델을 채택했다. 가맹점처럼 신규 출점은 점주한테 투자를 받아서 하되, 점포 운영은 직영점처럼 본사가 파견한 직원들을 통해 하는 것이다. 점주한테는 좌석 가동률에 따라 매출의 최고 40% 정도를 수익으로 배분한다. 이익이 아닌, 매출의 40%를 주는 것은 점주에게 매우 유리한 조건이 아닐 수 없다. 영업이익률이 무려 40%에 달하는 셈이니 말이다. 그만큼 본사가 영업에 자신이 있다는 방증이다.

모텔 프랜차이즈 야놀자도 전체 가맹점의 약 10%를 반직영 반가맹 형태로 출점했다. 모텔 매입 후 리모델링 투자는 점주가 하고, 운영은 본사 인력으로 한다. 단 수익 배분 방법은 조금 다르다. 야놀자는 매출과 상관없이 투자한 금액의 12%를 확정수익으로 점주에게 돌려준다. 가령 점주가 모텔 건물 매입 비용 27억 5,000만 원(건물가 26억 원, 취등록세 및 기타비 1억 5,000만 원), 리모델링 공사비 9억 5,000만 원 등 총 37억 원을 투자했다고 해보자. 이 중 자기자본금은 15억 원이고 나머지 22억 원은 토지담보대출을 받았다고 가정한다. 그럼 야놀자는 점주에게 순수 투자금(15억 원)의 연 12%인 1억 8,000만 원을 매월 1,500

만 원씩 돌려준다. 그리고 토지담보대출 22억 원에 대한 월 대출이자도 대신 내
준다. 가령 22억 원을 금리 6%로 대출받았다면 매월 1,100만 원의 이자 비용을
야놀자가 갚아주는 것이다. 모텔 장사가 잘되든 안 되든 리스크는 야놀자가 모
두 지고, 점주는 연 12%의 확정수익을 받게 되니 시중 금리보다 훨씬 높은 수익
을 얻는다는 장점이 있다.[18]

철저한 점주 교육과 까다로운 선별 작업을 통해 점주 리스크를 줄이는 프랜
차이즈들도 있다. 맥도날드는 점주 교육 기간이 무려 9개월에 달한다. 웬만한
대기업도 신입사원 교육을 이렇게 오래 하지는 못한다. 그만큼 맥도날드 운영
시스템에 대한 점주의 이해도와 숙련도를 높여 점주 리스크를 최소화하려는 전
략이다. 또 피자알볼로는 45세 이상, 동종 업종에서 일해본 경력자, 부부 창업
희망자를 가급적 점주로 받아들이지 않는다. 45세가 넘으면 직접 배달하기 힘
들고, 동종 업종 경력자는 '내가 다 안다'는 식으로 열심히 배우려 하지 않으며,
부부 창업자는 인건비를 아끼기 위해 아르바이트생을 제대로 고용하지 않는다
는 우려 때문이다. 즉 본사의 운영 방침을 제대로 따르지 않을 가능성이 있는
'생계형 점주'를 기피하는 것이다. 이를 위해 피자알볼로는 홈페이지에 19가지
나 되는 가맹점주 선발 조건을 내걸어 놓았다.

이상의 사례들은 프랜차이즈 창업의 진입장벽이 높아지고 있음을 시사한다.
이런 현상을 어떻게 받아들여야 할까. 가뜩이나 먹고살기 힘든데, 프랜차이즈

---

18 이때 점주는 계약 기간이 끝나는 5년 후에 모텔로 개조된 건물을 어떻게 활용할지에 대한 계획을 세워놓는 게
    바람직하다. 단지 연 12% 수익에만 혹해 건물 매입이란 엄청난 투자를 감행하는 건 위험하기 때문이다. 야놀자
    와 재계약을 할 수도 있고, 그냥 독립 모텔로 직접 운영할 수도 있다. 또 5년간 토지나 건물 가격이 오른다면 매
    각해서 시세차익을 거둘 수도 있다.

▎ 기준이 명확한 피자알볼로 가맹점주 조건

- 심신이 건강한 긍정적인 사고를 가진 30세 이상 45세 미만의 남성 창업희망자
- 뚜렷한 신념을 갖고 장기(5년 이상)적인 운영이 가능하신 창업희망자
- 또 다른 사업자등록 혹은 기타 직장에 근로자로 종속되어 있지 않은 창업희망자
- 가맹점주님 직접 운영이 가능한 창업희망자
- 본사 정책, 교육안·교육일정을 적극 수용·성실히 이행할 수 있는 겸허한 태도를 보유한 창업희망자
- 총 투자금액의 70% 이상 자기자본을 보유한 창업희망자
- 창업 후 최소 3개월간의 생계유지비용 보유한 창업희망자

마저 점주를 까다롭게 가려 받는다고 갑질 운운하는 사람도 있을 것이다. 그러나 그 전에, 본사가 어쩌다 이렇게까지 하게 됐는지 먼저 살펴봐야 한다.

전술했듯, 본사 입장에선 가맹점만 운영해서 가맹비, 교육비, 인테리어비, 로열티, 물류 마진 등을 손쉽게 벌어들이는 게 훨씬 유리하다. 그럼에도 직영점 위주로 운영하거나 점주를 까다롭게 선별하는 건 그만큼 점주 리스크를 회피하려는 것이다. 여기에는 점주에게 매장을 맡기면 영업을 제대로 못할 것이라는 불신(不信)이 깔려 있다. 예비창업자 입장에선 기분 나쁠 수 있지만 기자는 이런 변화가 오히려 반갑다. 점주의 영업력에 대한 충분한 테스트 없이 마구잡이로 가맹점을 내주는 기존 본사들보다는 차라리 양심적이고, 성실하게 영업하고 있는 기존 점주들을 보호하기 위해서도 꼭 필요한 절차이기 때문이다.

특히 점주에게 까다롭게 구는 프랜차이즈일수록 경쟁력 있는 브랜드일 가능성이 높다. 실제로 그린램프라이브러리, 야놀자, 피자알볼로, 스타벅스, 블루보틀, 맥도날드 모두 업계 최고 수준의 경쟁력을 자랑한다. 그렇지 않고서는 점주에게 당당히 고자세를 취할 수 없다. 이는 다시 말해, 좋은 브랜드로 가맹점을 차리려면 그만큼 점주 스스로가 본사에 충분한 자본력과 성실성을 입증해야 하는 시대가 됐음을 의미한다.

앞으로 본사와 점주 간의 주도권 다툼이 갈수록 심화될 것으로 본다. 점점 변화 속도가 빨라지는 시장 트렌드에 본사가 신속하게 대응하려면 점주를 압박하지 않을 수 없기 때문이다. 스타벅스나 블루보틀, 도레도레처럼 경영의 품질을 극대화하려는 브랜드들은 앞으로도 계속 직원을 모두 정규직으로 채용해 일사불란하게 움직이려 할 것이다. 이런 브랜드가 많아지면 예비창업자에겐 점점 창업의 기회가 사라지게 돼 불리하다. 가맹사업을 하는 본사도 브랜드 경쟁력이 높다면 점주한테 철저한 서류심사와 면접, 교육 등을 통해 마치 직영점 직원과 같은 수준의 신속한 대응을 요구할 것이다. 그게 브랜드의 존속과 다른 가맹점주들의 이익 보호를 위한 길이라는 판단에서다.

이 과정에서 가장 중요한 건 본사와 점주의 '소통'일 것이다. 프랜차이즈 본사와 점주는 결국 한 배를 탄 공동운명체다. 서로 조금씩 양보하고 배려해야 상생할 수 있다. 그러려면 각자 제 역할을 충실히 해내야 한다. 점주는 '점주 리스크'라는 말이 안 나오도록, 매장 관리에 성실히 임하고 키를 쥔 본사의 리더십을 인정하고 정책에 적극 협조할 필요가 있다. 본사에 불만이 있다면 태업으로 대응하기보다는 점주협의회 같은 분쟁조정기구를 통해 정식으로 개선을 요구하자.[19] 본사도 트렌드가 빨리 바뀐다 해서 밀어붙이기식으로 경영하다 보면 파열음을 낳게 된다. 강압적인 요구보다는 점주에게 다양한 인센티브를 주는 방식으로 자연스럽게 협조를 이끌어내는 유연한 자세가 바람직하다.

---

19 안타깝게도 국내 프랜차이즈 중에는 아직도 점주협의회가 없는 곳이 많다. 점주협의회는 회사의 노조와도 같다. 파편화된 점주의 이익을 대변할 수 있는 창구를 하루빨리 마련해야 한다. 이는 정부와 본사, 점주 모두가 나서야 할 일이다.

 취재수첩

'묻지마 창업' 못 막는
프랜차이즈 부실 교육

"저희도 교육 많이 해드리고 싶습니다. 그런데 교육이 길어지면 점주분들이 이탈하니 방법이 있나요. 심지어 조기퇴소하게 해달라고 하거나 재교육은 아예 안 받는 분들도 많습니다."

"가맹점 창업 전 점주 교육 기간이 너무 짧은 것 아니냐"는 질문에 프랜차이즈 관계자는 이렇게 하소연했다. 프랜차이즈는 창업 전 점주 교육이 필수다. 가맹본사가 개발한 조리법이나 사업 노하우를 점주에게 전수하는 절차다. 그런데 국내 프랜차이즈 대부분은 이 교육을 1~2주일 만에 끝낸다. 길어도 거의 한 달을 넘지 않는다. 미국 대표 프랜차이즈인 맥도날드는 다르다. 점주 교육부터 매장 인수까지 8단계 과정을 9개월에 걸쳐 진행한다.

교육은 창업 전에만 하는 것이 아니다. 창업 후에도 신제품이 나오거나 본사 정책이 바뀌면 수시로 재교육을 받아야 한다. 그래야 점주 숙련도를 높이고 브랜드 통일성을 유지할 수 있다. 그럼에도 현장에선 재교육을 거부하는 점주가 적잖다. 심지어 신제품이 나와도 조리법 등을 새로 배우기 귀찮다며 판매를 거부하는 점주도 있다. 이들 매장은 다른 가맹점에 비해 매출이 최고 30% 이상 떨어진다는 게 가맹본사의 전언이다. 점주 본인의 손해는 물론, 브랜드 통일성과 이미지를 떨어뜨려 다른 점주들에게도 피해를 준다.

물론 이해는 된다. 하루 벌어 하루 먹고사는 영세 자영업자로선 수개월간 무

부실 점포를
방지하고 다른 점주를
보호하기 위해
가맹 교육을
강화해야 한다.

수입으로 교육을 받기가 힘들 것이다. 그러나 장기적으로 보면 철저한 교육과 실습이 매장 운영에 더 도움이 됨을 명심해야 한다. 점주만을 탓할 노릇은 아니다. 가맹점 늘리기에 급급해 무턱대고 창업을 시키는 가맹본사도 책임이 있다. 본사는 교육비로 적게는 200만 원에서 많게는 1,000만 원 가까이 받는다. 점주가 떼를 써도 교육 기간을 더 늘리고 성적이 나쁜 점주에 대해선 재교육도 의무화해 창업의 문턱을 높여야 한다. 부실 점포를 사전에 방지하고 다른 점주를 보호하기 위한 '착한 갑질'은 용납될 수 있다.

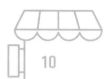

10

옥루몽의 일장춘몽

◇◇◇◇◇

눈꽃빙수가 녹아내리던 날

기업이나 제품은 라이프 사이클(Life Cycle), 즉 '생애주기'가 있습니다. 보통 창업기 → 성장기 → 성숙기 → 쇠퇴기 네 단계를 거친다. 프랜차이즈 브랜드도 마찬가지인데, 프랜차이즈는 이 주기가 특히 짧다. 트렌드에 민감하기 때문에 금방 떴다가 금방 진다. 업계에선 프랜차이즈의 평균 사업 지속 기간을 5년으로 본다. 국내 상장기업들이 평균 40년간 사업을 영위해온 데 비하면 영속성이 크게 떨어진다. 이런 국내 프랜차이즈의 문제점이 집약적으로 드러난 사례가 있어 소개하려 한다. 팥빙수전문점 '옥루몽' 이야기다.

사건은 기자가 2017년 프랜차이즈 트렌드를 취재하던 2016년 10월로 거슬러 올라간다. 기자는 국내 주요 프랜차이즈 브랜드 80여 곳을 취재하면서 2015년에 연락했던 담당자의 이메일로 질문지를 보냈다. 그런데 한참을 기다려도 답장이 오지 않아 사무실로 전화했다. 1년 새 담당자는 다른 사람으로 바뀌어 있었다. 이직률이 높은 프랜차이즈를 취재하다 보면 흔히 겪는 일이다. 기자는 새로운 담당자에게 질문지를 메일로 보냈고 "곧 답장하겠다"는 답을 받았다. 그런데 또 아무리 기다려도 답장이 오지 않았다. 이번에는 사무실로 전화를 해도 감감무소식이었다. 그렇게 수차례 전화 연결을 시도한 끝에 겨우 누군가가 전화를 받았다. 그런데 알고 보니 수화기 너머의 사람은 바로 옥루몽의 김남형 대표였다.

회사 대표가 직접 사무실로 걸려온 전화를 받는 건 기자 생활 6년을 통틀어도 매우 드문 일. 당황한 기자는 이전에 통화하던 직원을 찾았고, 김 대표는 "직원들이 다 나갔다"고 답했다. '아 잠깐 외근 나갔나 보다' 생각해서 "언제쯤 들어오실까요?" 물으니 "회사를 그만둬서 나갔다. 지금 나밖에 없다"는 답이 돌아온다. 직원들이 거의 다 퇴사하고 대표 혼자 사무실에 남아서 전화를 받고 있

옥루몽 매장. 옥루몽은 눈꽃빙수 열풍의 진원지 중 하나로 승승장구했지만 최근 저가주스의 가성비에 밀려 하락세에 접어들었다.

었던 것이다. 팥빙수전문점 인기가 시들해져 옥루몽이 힘들겠다는 생각은 했지만 설마 이 정도일 줄은 몰랐다. 기자가 김 대표를 만나 들은 자초지종은 다음과 같다.

옥루몽은 2012년 여름 홍대 앞에 매장을 열었다. 100% 국산 가마솥 팥과 눈꽃빙수로 입소문을 타면서 2013년 여름에는 가게 앞에 장사진을 칠 만큼 손님이 몰렸다. 이때 옥루몽 창업주에게 브로커 2명이 찾아왔다.

"장사가 잘되니까 프랜차이즈로 만듭시다. 우리가 각 10억 원씩 20억 원을 자본금으로 투자하겠소. 대신 지분을 30%씩 주시오. 창업주인 당신은 지분 40%로 최대 주주가 되고 브랜드와 레시피만 제공하면 됩니다. 잘하면 큰돈을 벌게 될 겁니다."

창업주는 혹해서 그대로 따랐다. 이후 옥루몽은 가맹점이 최고 70여 개에 육박할 만큼 성장 가도를 달리게 된다. 여기까지가 옥루몽의 창업기와 성장기다.

이때까지는 참 좋았다. 그런데 팥빙수전문점이 인기를 끌자 설빙을 비롯한 경쟁 브랜드와 점포가 우후죽순 생겨났다. 또 커피전문점에서도 눈꽃빙수를 팔기 시작하면서 옥루몽의 성장은 서서히 정체됐다. 생애주기로는 성숙기에 접어든 것이다. 가맹점 폐점도 잇따라 2015년 말에는 50개까지 줄었다. 가맹점을 관리해야 하는 본사는 설상가상 경영권 분쟁으로 바빴다. 창업주한테 프랜차이즈 사업을 하자고 했던 두 브로커가 자본금을 20억 원 투자한다고 했는데, 사실은 5,000만 원만 투자한 것으로 밝혀지면서 소송전이 시작된 것이다.

어떻게 2년이 지나도록 자본금이 부족하다는 사실을 몰랐을까 싶기도 하다. 김 대표 말로는 창업주는 장사만 우직하게 하던 상인이어서 경영은 일체 두 브로커에게 맡겼다고 한다. 가맹점이 한창 늘어나던 성장기에는 가맹비와 인테리어 수익이 있으니 경영에 큰 문제가 없었다. 그런데 성숙기가 돼서 신규 출점이 정체되니 유동성이 부족해져 결국 경영난이 터진 것이다.

창업주와 브로커들 간의 소송 국면에서 가장 큰 피해를 입은 건 수십 명의 가맹점주와 그 가족이다. 안 그래도 팥빙수전문점 업황이 한풀 꺾여 매출이 줄고 있는데, 본사는 경영난과 소송전을 치르느라 식재료 공급도 제대로 못 해주니 내우외환이 아닐 수 없었다. 여기에 2016년 여름 저가주스 열풍이 불어닥치자 손님이 뚝 끊겼다. 결국 2016년 말 옥루몽 가맹점은 15개까지 급감했다. 성숙기를 지나 쇠퇴기를 맞은 것이다. 그나마도 절반은 2017년 봄이 되기 전 겨울 비수기를 못 넘길 것으로 우려된다.

그런데 여기에 묘한 반전이 있다. 옥루몽이 쇠퇴기에 접어들면서, 유동성이 부족해진 본사는 직영점 8개를 모두 정리해야 했다. 브랜드가 거의 망했으니 신규 가맹점주에게 매각할 수는 없는 일. 본사는 몇 안 남은 가맹점 중 그나마 목이 좋거나 점주 수완이 좋아서 장사가 잘되는 가맹점 몇 곳에 직영점 인수 의사를 타진했다. 그중 자본력이 있는 모 점주가 직영점 2개를 인수하겠다고 나섰다. 이 점주는 권리금과 가맹비도 안 내고 헐값에 인수해 옥루몽 3개를 운영하는 다점포 점주가 됐다. 옥루몽의 위기가 이 점주에겐 전화위복이 된 것이다.

이 대목은 참으로 의미심장하다. 브랜드가 망해서 대부분의 가맹점들이 울며 겨자 먹기로 폐업을 해도, 목 좋고 장사 잘하는 가맹점 일부는 오히려 이를 기회로 사세를 확장할 수 있음을 보여준다. 프랜차이즈 가맹점이라고 해서 꼭 브랜드와 운명을 같이하리라 생각할 필요는 없다는 얘기다.

김남형 대표는 요즘 남은 가맹점이라도 장사를 계속할 수 있도록 하는 데 만전을 기하고 있다. 본사가 문을 닫아도 가맹점에 식재료를 계속 공급할 만한 외주 생산업체와 계약, 지속적인 물류 공급 시스템을 구축했다. 덕분에 앞으로 옥루몽 가맹본사는 사라져도 남은 가맹점들은 계속 옥루몽 간판으로 영업을 계속할 것이다. 물론 신메뉴 개발이나 마케팅을 지원해주는 본사 없이 가맹점이 단독으로 영업을 하기란 쉽지 않을 것이다. 이제 남은 옥루몽 가맹점들의 운명은 향후 팥빙수전문점 시장 트렌드와 점주들의 영업력에 달려 있는 셈이다.

옥루몽의 생애주기는 정말 딱 5년에 가까웠다. 2012년에 창업해서 2013~2014년 성장기를 거쳐, 2015년 성숙기, 2016년 쇠퇴기를 겪은 것이다. 하지만 이건 결과론에 가깝다. 지나고 보니까 옥루몽의 창업기와 성장기, 성숙기, 쇠퇴기가 딱딱 구분되는 것이지, 성장기의 한복판에서 '2017년부터는 성숙기에 접어들 것'이라고 예단하기는 쉽지 않다. 오히려 성장기에는 쏟아지는 창업 문의와 각종 언론 기사에 도취돼 '지금처럼 좋은 시절이 수년 더 지속될 것'이란 장밋빛 전망에 더 귀가 솔깃하기 마련이다. 이런 실수를 답습하지 않으려면 직접 발품을 팔면서 끊임없이 시장 트렌드를 연구하는 자세가 필요하다.

프랜차이즈
트렌드 2017

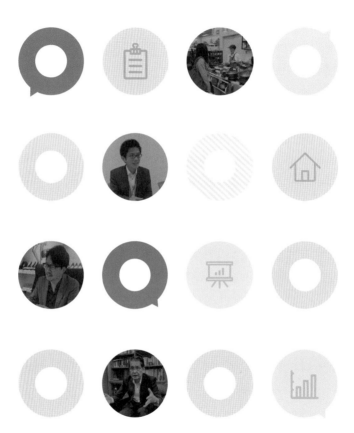

PART
4

일본에서 본
한국의 내일

우리와 가장 비슷한 나라, 일본
1인 가구, 비혼·고령화 이어 지진까지
닮아가는 일본에서 미래 트렌드를 읽는다.

01

일본 유통 트렌드

◇◇◇◇◇

체험·접객·초니치 전략으로 승부

일본 도쿄 시부야의 번화가. 일본은 우리나라와 라이프 스타일이 가장 비슷하면서도 트렌드가 앞서기에 참고할 부분이 많다.

'세계에서 우리와 라이프 스타일이 가장 비슷한 나라'.

유통업계에서 일본을 두고 하는 말이다. 업계에선 일본과 한국의 유통 트렌드 시차가 짧게는 수개월에서 길게는 20년까지도 나는 것으로 파악한다. 1인 가구 증가, 비혼, 저출산, 고령화, 저성장, 지방 소멸, 키덜트, 덕후 문화 등이 대표적인 예다. 최근에는 '지진'마저도 일본을 닮아가는 듯하다. 일본이 한국의 미래 모습

일본 애플 매장에 전시된 휴머노이드 로봇. 일본은 휴머노이드 로봇으로 접객·안내 시범 서비스에 나섰다.

이라면 우리에게 좋은 나침반이 될 터. 기자는 2016년 9월 일주일간 도쿄 현지 취재를 통해 우리가 참고할 만한 일본의 최근 유통 트렌드를 살펴봤다.

日 백화점·대형마트 지고, 접객·체험 마케팅으로 극복

2016년 9월 16일 오후 도쿄 신주쿠역에 위치한 이세탄백화점. 일본 최대 백화점 중 하나인 이곳은 한국과 중국의 추석 연휴 대목임에도 불구하고 비교적 한산한 모습이었다. 인근 마루이백화점도 마찬가지다. 한 층에 직원을 제외한 손님이 30명도 안 될 정도다. 일본 오프라인 유통업계 트렌드는 한국과 크게 다르지 않다. 백화점과 대형마트가 성장이 둔화된 반면, 복합쇼핑몰과 편의점은

성장세가 돋보이는 추세다. 일본백화점협회에 따르면 1991년 9조 7,000억 엔(약 105조 원)에 육박했던 백화점 매출은 2012년엔 6조 1,000억 엔(약 67조 원) 수준까지 쪼그라들었다. 최근 2~3년은 아베노믹스에 따른 부유층 소비 활성화와 외국인 관광객 증가로 회복세를 보였지만 2015년 들어 전년 대비 다시 매출이 감소하며 기세가 꺾였다.

실적 부진은 백화점 폐점으로 이어진다. 1999년 311개였던 일본 백화점은 2016년 9월 230여 개로 줄었다. 일본 백화점업계 1위 미츠코시백화점 지주사인 미츠코시이세탄홀딩스도 2017년 3월 도쿄 인근 지바시와 다마시에서 운영하던 백화점 2곳을 폐점할 예정이다. 유통업계 관계자는 "한국에 비하면 일본의 백화점 하락세는 훨씬 가파르다. 국내 백화점업계도 성장이 정체되긴 했지만 판매액(2015년 기준 약 28조 9,000억 원)은 전년 대비 0.6% 감소하는 데 그쳤을 뿐, 폐점을 검토할 단계는 아니다. 단 한국이 일본 유통 트렌드를 닮아간다면 향후 국내 백화점업계의 전망이 매우 어두울 것이란 우려는 가능하다"고 말했다.

일본의 '종합슈퍼마켓(GMS)' 시장도 백화점과 사정이 비슷하다. 종합슈퍼마켓은 식료품 외에도 의류, 가전 등을 취급하는 대형 소매업으로 한국의 대형마트와 흡사하다. 종합슈퍼마켓 시장은 1990년대 중후반까지 꾸준히 성장해 1997년엔 약 10조 엔(약 110조 원)까지 성장했지만 최근엔 5조 엔(약 55조 원) 수준으로 반 토막 났다. 일본 최대 유통업체인 이온의 2015년 영업이익은 무려 85.7%나 감소했다. 오카다 모토야 이온 사장은 2016년 4월 "종합슈퍼마켓은 일본 소비자 패턴 변화에 제대로 대응하지 못했다"고 털어놓기도 했다.

이 같은 위기를 타개하기 위한 일본 오프라인 유통업계의 전략은 세 가지다.

덩치 줄이기와 체험 마케팅, 그리고 접객 서비스 강화다. 덩치 줄이기는 인수합병과 폐점을 통해 이뤄진다. 채산성이 떨어지는 점포를 줄이고 도쿄와 수도권 등 매출이 괜찮은 점포에 집중해 경쟁력을 강화하겠다는 취지다. 매장 개수뿐 아니라 매장 규모도 작아지는 추세다. 유지 관리비가 막대한 대형 점포 대신 쇼핑센터나 공항에 세입 형태로 소형 매장을 열어 생존을 모색하는 경우가 늘고 있는 것. 미츠코시이세탄은 이런 소형점을 2016년 9월 기준 100여 개에서 2018년 180개로 늘리기로 했다. 이지평 LG경제연구원 수석연구위원은 "2003년 소고와 세이부, 2008년엔 미츠코시와 이세탄이 합병하며 백화점업계가 경쟁력 강화에 나섰다. 폐점도 기업 경쟁력 강화 차원에서 부정적으로 볼 이유만은 없다"고 분석했다.

일본 도쿄 이세탄백화점의 손편지 체험마케팅 매장. 예쁜 편지지에 손편지를 써서 바로 옆 우체통에 넣을 수 있도록 마련해 중장년 여성 고객에게 인기가 많다.

체험 마케팅은 이세탄백화점 키즈존이 대표적인 예다. 12세 이하 유아동을 대상으로 꾸며놓은 키즈존은 디즈니풍의 경쾌한 음악이 흘러나오고 곳곳에 체험시설을 배치한 게 특징이다. 목 좋은 길목마다 직원들이 카드마술이나 장난감 조립 시범을 보이며 아이들을 유혹한다. 키즈존 한복판에는 7세 정도로 보이는 아이가 박자도 안 맞는 드럼을 두들기지만 아무도 뭐라 하지 않는다. 최근 스타필드하남에 입점한 '이유식 카페'도 눈에 띈다. 이곳에서 아이들과 젊은 엄마들은 마치 놀이공원에 온 듯 직접 악기를 연주해보고 장난감도 갖고 놀며 한참이나 시간을 보낸다.

소비자가 직접 이용해보고 또 전문 상담을 받을 수 있도록 한 코너도 늘고 있다. 생활잡화 코너인 5층에는 고급 편지지 매장 옆에 현장에서 손편지를 써서 바로 부칠 수 있도록 우체통을 마련해놨다. 백화점 관계자는 "백화점 옆의 신주쿠 우체국과 제휴해 전국에서 유일하게 백화점 안에 우체통을 설치했다. 손편지의 추억을 간직한 40~50대 여성이 주로 찾는다. 많을 때는 하루 50통씩 편지를 수거해간다"고 전했다.

츠타야 서점도 빼놓을 수 없다. 출판업 침체와 온라인 서점 성장에 밀려 고전하던 츠타야 서점은 오프라인 매장을 외식과 체험이 어우러진 복합쇼핑공간으로 탈바꿈시켜 2013년부터 업계 1위로 올라섰다. 도쿄 시부야에 3층짜리 단일 매장으로 오픈한 츠타야에선 평일임에도 밤 9시가 넘도록 손님이 끊이지 않았다. 영화나 음악 DVD를 파는 곳에는 어김없이 중형 디스플레이로 해당 DVD를 상영하고 있었다. 여행 서적을 파는 곳엔 자전거와 아웃도어 용품은 물론, 해당 지역 특산물과 전통 복장도 전시돼 있다. 만년필 코너 옆에는 책상과 의자

츠타야 서점은 서점 안에 외식 공간을 만들고 여행, 운동 서가 옆엔 관련 특산품이나 상품을 함께 진열 및 판매함으로써 소비자 발길을 끌어당기는 데 성공했다.

생활용품전문점 도큐핸즈는 전문 직원이 직접 상담을 해주는 접객 서비스로 마니아 고객층을 사로잡았다.

를 갖다 놨다. 사무실이나 서재에 앉아 직접 필기할 때의 느낌을 온전히 경험할 수 있다.

생활용품전문점 '도큐핸즈'는 체험 마케팅과 접객 서비스의 모범 사례다. 모든 매장의 계산대 옆에는 컨설팅 코너가 마련돼 있다. 해당 분야 전문가인 컨설턴트가 이 소비자에게 전문적인 상담을 해준다. 가령 DIY(소비자 셀프 조립) 공방 코너라면 목수나 배관공이 직접 공구 사용법을 설명해주는 식이다. 주방용품을 파는 곳 옆에선 종업원이 프라이팬과 식칼을 사용해 지글지글 요리를 하고 있다. 주방용품의 실사용례를 보여주니 주부들이 몰려든다. 종업원은 주방용품에 대한 설명은 물론, 레시피나 식단 같은 지식도 알려주며 친근하게 대화를 이어 나간다.

"일본 판매원이나 MD 담당 직원은 손님이 오면 일대일로 붙어 최대 5시간까지도 응대한다. 제품 안내뿐 아니라 손자 얘기 같은 일상적인 대화를 하는 것이다. 기업 입장에선 인건비도 비싸고 비효율적이지만 손님은 이를 통해 온라인에서 경험할 수 없는 '위로'를 받는다. 덕분에 할인을 거의 안 해줘도 단골이 된다. 일본 특유의 '접객의 힘'이다. 한국도 오프라인 매장에서 응대 서비스 수준을 높일 필요가 있다."

한때 도큐핸즈의 국내 도입을 추진했던 최한우 리얼커머스(라쿠텐의 국내 최대 패션 입점업체) 대표의 설명이다.

온라인·편의점·100엔숍 뜬다
가성비 중시하고 시장 세분화

요즘 일본에서 매출이 성장하고 있는 유통 업태는 세 가지. 온라인 쇼핑, 편의점, 100엔숍이다. 2015년 기준 전년 대비 성장률이 각각 7%, 2%, 0.5% 안팎이다.

일본은 경제산업성이 매년 '온라인화율'[20]을 공식 집계해서 발표한다. 오프라인 시장 매출이 온라인 시장으로 얼마나 이전됐는지를 나타내는 수치다. 부문별로 보면 생활가전과 사무용품 28%, 서적 21.8%, 패션 9%, 잡화·가구 16.7%, 식음료와 자동차·부품 2% 정도다. 우리나라는 온라인화율과 같은 공식 통계는 없다. 대신 전자상거래(PC+스마트폰) 시장과 모바일(스마트폰) 쇼핑 시장 규모로 비교해볼 수 있다.

일본 경제산업성이 밝힌 2015년 전자상거래 시장 규모는 7조 2,398억 엔(약 79조 6,378억 원). 이 중 스마트폰을 통해 구매한 모바일 쇼핑은 1조 9,862억 엔(약 21조 8,482억 원)으로 모바일화 27.4% 수준이다. 반면 같은 기간 국내 온라인 쇼핑 시장 규모는 약 52조 5,800억 원(한국온라인쇼핑협회 자료). 일본의 66% 수준이다. 양국의 GDP(국내총생산)가 3배가량 차이 나는 점을 감안하면 한국 온라인 쇼핑 시장이 훨씬 발달했다는 평가다. 모바일 쇼핑 시장 규모도 한국은 24조 500억 원으로 모바일화 비율이 45.7%에 달했다.

단 일본도 최근 들어 모바일 쇼핑 시장이 급성장하는 분위기다. 최대 전자상

---

[20] 전체 시장 매출 중 온라인 시장에서 발생한 매출의 비중. 일본 경제산업성에서 매년 공식 집계, 발표한다. 일반적으로 20%가 넘으면 해당 업종의 온라인화가 한계에 다다른 것으로 본다.

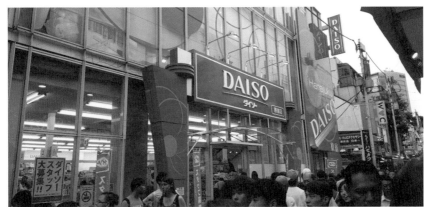

일본 100엔숍 업계 1위 다이소 매장. 생활용품부터 IT기기, 식료품 등 다양한 상품 구색을 갖추고 매장을 대형화해 불황기에 알맞은 '저가 백화점'이 됐다.

거래업체인 라쿠텐의 마사히로 이가라시 홍보담당자는 "라쿠텐의 경우 최근 모바일 쇼핑률이 58.6%로 2015년보다 10.1%포인트나 급증했다. 2016년 초부턴 라쿠텐 계열사에서 자유롭게 쓸 수 있는 '슈퍼포인트' 제도를 도입해 모바일화를 촉진하고 있다"고 전했다.

업태 간 경계가 무너지는 '업태 융합'도 눈에 띈다. 일본은 다이소 같은 100엔숍과 편의점, 드러그스토어 등이 식품이나 생활용품을 공통으로 취급하며 서로 경쟁하고 있다. 다양한 상품을 취급하다 보니 매장 크기도 점점 커지는 추세다. 편의점과 드러그스토어는 매장이 최소 40~50평 이상으로 크다.

대형마트 뺨치는 일본 100엔숍
다이소 '대형'·세리아 '고급'·캔두 '여성' 차별화

특히 다이소 같은 100엔숍은 가성비 트렌드를 타고 젊은 층 사이에서도 인기가 높다. 우리나라도 1990년대에 '1,000냥 백화점'이 등장해 인기를 끌었지만 현재는 거의 찾아볼 수 없다. 조잡한 품질과 서비스로 대부분 명맥이 끊기고 다이소만 유일하게 살아남아 시장을 평정했다. 반면 일본에선 5개 이상 업체가 각자 다른 개성으로 저가 쇼핑 시장을 키워가고 있다.

100엔숍 업계 1위인 일본 다이소는 일본 내 매장이 2,900여 개, 연 매출은 3,763억 엔(약 4조 1,391억 원)에 달했다(2015년 기준). 한국 다이소의 3배 수준이다. 업계 최강자답게 3층이나 5층짜리 대형 건물을 통째로 쓰며 '저가 백화점'으로 군림하고 있다. 저가 매장이라고 입지도 구석에 있는 건 아니다. 일본의 홍대 격인 시부야 하라주쿠 타케시타 거리 한복판에 3층 매장을 냈을 정도다. 임

일본 100엔숍 업계 2위 세리아 매장. 다이소와 차별화하기 위해 백화점에 입점하고 5,000원 이상 고가 상품도 취급해 '중저가 생활용품점'으로 입지를 굳혔다.

대료가 살인적이기로 유명한 일본에서 '버틸 수 있다'는 자신감과 자금력이 없으면 불가능한 일이다. 실제 기자가 찾은 다이소 하라주쿠 매장은 발 디딜 틈이 없을 만큼 많은 젊은 쇼핑객들로 붐볐다.

2위 업체인 세리아는 고급스러운 매장 분위기와 상품 구색으로 차별화했다. 다이소가 500엔 이하 저가 상품만 판다면 세리아는 500엔 이상 고급 제품도 판다. 매장 인테리어도 원색의 다이소와 달리 파스텔톤 색으로 꾸며 유럽풍을 지향한다. 심지어 일본 최대 백화점 체인 중 하나인 마루이백화점에도 입점했을 정도다. 신주쿠 마루이백화점의 세리아 매장은 고급스러운 다른 브랜드 매장들보다 3~4배 이상 넓은 자리를 차지하고 있다.

3위인 캔두는 20~30대 여성 고객을 타깃으로 한다. 다른 100엔숍 액자 틀이 플라스틱으로 만들어졌다면 캔두는 유리로 만든 더 세련된 제품을 파는 식이

일본 100엔숍 업계 5위 실크 매장. 인테리어나 간판 등 '불필요한' 투자를 최대한 삼가고 대신 무조건 100엔(소비세 포함 108엔)에 팔아 '최저가 생활용품점'으로 차별화했다. '다이소가 인근에 출점하면 곧바로 폐점한다'는 '쉬운 폐점' 전략으로 폐점 리스크도 최소화했다.

다. 세탁용 그물망도 이중으로 강도를 높이는 등 주방과 식당용품 중심으로 여성 취향을 저격한 제품들로 구성했다. 100엔숍의 정체성을 지키기 위해 주요 제품 가격대는 300~500엔대지만, 고급 제품은 최고 4,000엔짜리도 있다. 최근 시부야의 패션 빌딩 파르코에 입점한 것에서도 캔두의 고객 전략이 읽힌다.

100엔숍 업계 막내 '실크'는 독특한 출점 전략으로 유명하다. 말 그대로 딱 100엔짜리만 파는 실크는 비용 절감을 위해 매장 인테리어에 거의 투자를 하지 않는다. 실제 신주쿠 번화가 한복판에 있는 실크 매장은 1층과 지하 2개층으로 이뤄졌는데, 최소 10년 이상 쓴 듯한 낡은 에어컨과 선풍기로 냉방을 하고 있었다. 지하는 형광등을 최소한으로 썼는지 어두컴컴하고 외부 간판도 절반은 불이 나갔을 정도다. 그럼에도 '모든 제품 100엔'이란 절대적인 가격 경쟁력으로 신주쿠의 알뜰 쇼핑족들로 365일이 붐빈다.

편의점도 마찬가지다. 로손은 고급 PB 제품을 먼저 선보이는 테스트베드 매장 격인 '내추럴로손'과 100엔짜리만 파는 '로손100'으로 매장 콘셉트를 다양화해 타깃 고객층을 넓혔다.

일본 편의점도 역동적인 성장세를 보이는 점이 우리나라와 비슷하다. 일본 편의점은 약 5만 7,000개로 우리나라(약 3만 3,000개)보다 2만 4,000개가량 많다 (2016년 9월 기준). 최근 일본에서도 편의점 포화 논란이 일고 있기는 하다. 그러나 일본 인구가 한국보다 2.5배나 많고, 1인 가구가 계속 늘고 있는 점을 감안하면 아직 성장 여지가 더 많다는 평가다. 로손 관계자는 "과거에는 대로변 위주로 출점했는데, 요즘은 지하철역 안이나 우체국, 공항 등 틈새 상권에도 들어가고 있다. 그간 주 고객층이었던 남성 외에도 여성이나 노인 고객도 늘고 있어 앞으로도 지속 성장할 것으로 본다"고 전했다.

일본 전문가들은 한국 기업들이 일본 유통 트렌드를 참고해 사업 전략을 짤 필요가 있다고 조언한다. "일본은 한국보다 앞서 지속적인 인구 감소로 인해 소비재 수요가 줄어들고 있다. 일례로 2050년 가계 식량 소비는 2000년 대비 약

일본 편의점 로손은 고급 매장 '내추럴로손', 일반 매장 '로손', 저가 매장 '로손100'으로 세분화해 가격대별 수요층 공략에 나섰다.

30% 감소할 것으로 예측된다. 1인 가구 증가, 고령화 등 인구 구성 변화로 인한 소비 시장 전반의 생활·기호 변화도 주목할 만하다. 고령화가 진행될수록 노인을 위한 업그레이드된 택배 서비스, 이동 판매, 쇼핑 대행 서비스, 연금 지급일 한정 프로모션 기획판매 등의 트렌드가 나타날 것이다. 지속적인 사업 확대를 위해 포화된 일본 시장을 벗어나 해외 시장으로 진출하려는 움직임도 점점 더 활발해질 것이다." 조은호 코트라 일본지사 본부장의 전망이다.

인사하는 장바구니

일본은 국민성이 친절하기로 유명한 나라다. 일반 국민도 친절한데 고객을 대하는 점주나 직원들의 태도는 오죽할까. 기자는 일본 상점 곳곳에서 아주 사소한 부분에서도 고객에게 감동을 주기 위해 노력한 흔적들을 목격했다. 대표적인 예가 일본 상점에 들어서면 가장 먼저 보이는 '인사하는 장바구니'다. 장바구니를 45도 정도 기울게 걸쳐놓아 마치 "어서오세요 고객님~" 또는 "장바구니가 필요하면 저 여기 있어요~"라고 고객에게 인사하는 듯하다. 고객 입장에선 상점에 들어서는 순간부터 '내가 환영받고 있구나'라는 생각에 괜시리 기분이 좋아진다.

45도 기울어져 있다고 해서 장바구니가 더 잘 뽑히는 건 아니다. 오히려 아래 장바구니에 걸려 잘 안 뽑힐 때도 있다. 아니, 사실 이런 설명 자체가 무의미하다. 그깟 장바구니가 더 잘 뽑히든 안 뽑히든 무슨 대수란 말인가. 쇼핑의 실용성만 놓고 보면 장바구니가 어떻게 놓여있든 고객은 별 차이를 못 느낄 것이다. 그럼에도 일본 상점들은 업종을 불문하고 장바구니를 모두 이런 식으로 쌓아둔다. 편의점, 슈퍼마켓, 100엔숍, 드러그스토어, 면세점, 백화점 등 거의 모든 쇼핑몰이 이렇게 한다. 고객이 45도 기울어진 장바구니를 다 꺼내 쓰면 직원이 아래 장바구니 몇 개를 꺼내 다시 45도 기울게 쌓아둔다. 점주나 직원 입장에선 계속 신경 써야 하므로 상당히 귀찮은 일이지만 결코 어김이 없다. 고객에 대한 서비스 마인드가 어느 정도인지 보여주는 단면이다.

일본 상점에 가면 어디든지 장바구니를 45도 기울게 세워놔 고객에게 '어서오세요'라고 인사하는 듯하다.

'인사하는 장바구니'는 고객이 장바구니를 쉽게 발견하고 뽑아 들게 만들어 객단가 상승을 유도하는 효과를 낸다.

사례 하나 더. 일본의 한 슈퍼마켓에는 일반 장바구니 옆에 작고 예쁜 장바구니가 또 있었다. 어머니와 같이 장을 보러 오는 어린이용 장바구니다. 색깔도 파란색과 핑크색 두 가지여서 남아용과 여아용으로 구분해놨다. 어린이도 엄연히 장을 보러온 고객으로서 대우해주는 느낌이다. 기분이 좋아진 아이는 제 장바구니에 빵이든 아이스크림이든 사고 싶은 것들을 담을 테고, 또 다음에 어머니가 장보러 가자 할 때도 흔쾌히 따라 나서려 할 것이다. 슈퍼마켓 입장에선 어린이 몫만큼 객단가가 높아질 수 있는 것이다.[21]

반면 한국은 어떤가. 일단 장바구니 위치부터 매장 구석에 처박혀 있다. 장바구니 상태도 지저분하고 볼품없다. 한국 편의점은 15~20평 안팎으로 비교적 작고, 객단가가 5,000원 정도로 구매량도 적어서 애초에 장바구니를 찾는 고객이 많지 않기 때문일 것이다.

지금 주변 편의점에 가서 장바구니가 어디에 있나 한 번 찾아보라. 보통은 편의점 안쪽 구석에 처박혀 있고 개수도 많아야 3~4개밖에 안 될 것이다. 장바구니 크기도 작고 상태도 낡고 지저분해서 별로 이용하고 싶은 생각이 들지 않는다. 우리나라 편의점에서 장바구니는 별로 신경 써서 관리하는 대상이 아니기 때문에 그렇다. 그럴 만한 게, 우리나라에선 편의점이 '쇼핑 공간'이 아니다. 그저 지나가다가 자연스럽게 들러서 담배 한 갑이랑 음료수 한 개, 도시락 한 개 정도 사는, '간이 휴게소' 같은 공간이다. 담배는 카운터

---

21 실제 일본 편의점의 객단가는 약 7,000원으로 한국(약 5,000원)보다 40%나 더 높다. 한국은 그나마도 2015년 담뱃값이 2,000원 인상되기 전에는 객단가가 약 4,000원에 불과했다.

일본 도쿄 슈퍼마켓의 어린이용 장바구니. 성인용 장바구니의 3분의 1 크기로 작고 귀엽다. 부모를 따라 온 어린이 고객도 쇼핑에 동참하게 해 객단가 상승을 유도한다.

에서 주니까 결국 한 손에 하나씩만 들고 오면 돼 장바구니가 필요치 않다. 이런 식으로 는 객단가를 높이기 힘들다.

물론 한국 편의점도 점점 대형화되는 추세여서 객단가도 높아지고 있기는 하다. 이럴 때 장바구니만 눈에 잘 띄는 곳에 예쁘게 쌓아놓아도 객단가를 더 높일 수 있지 않을까. 장 바구니를 한 번 들면 왠지 채우고 싶어지는 게 소비자 심리기 때문이다. 그러다 보면 괜 히 한 번 더 둘러보게 되고, 살까 말까 하던 상품도 사게 될 가능성이 생긴다. 편의점 점 주라면 장바구니의 경제심리학을 십분 이용해볼 만하지 않은가.

이토 히로유키
일본 프랜차이즈협회 전무

저가 스테이크 인기…
독립 창업 생존율
프랜차이즈에
안 밀려

이토 히로유키 일본 프랜차이즈협회 전무는 편의점 '로손'에서 사장 보좌 임원까지 지낸 뒤 프랜차이즈협회로 자리를 옮긴 인물이다. 그에게 한국과 일본의 프랜차이즈 구조의 차이점과 시사점, 최근 트렌드를 물었다.

Q 일본 프랜차이즈 시장 현황은 어떤가요?

A 2015년 기준 브랜드는 1,321개, 가맹점은 약 25만 9,000개 정도입니다(한국은 브랜드 약 5,000개, 가맹점 21만 개 정도). 일본의 전체 점포가 약 100만 개이니 프랜차이즈가 25% 정도 됩니다. 자영업의 전체 연 매출은 약 160조 엔(약 1,760조 원)이고 프랜차이즈 전체 연 매출은 24조 엔(약 264조 원)이에요(2016년 3월 기준). 매장수와 매출 모두 해마다 2~2.5%씩 성장하고 있습니다. 점포가 1,000개 이상인 대형 프랜차이즈는 약 70%가 상장했어요. 외식업 비중은 50%가 조금 안 됩니다.

Q 한국에 비해 프랜차이즈 시장 규모가 작은 편인데요.

A 출점할 때 가맹점 간 거리를 엄격하게 제한합니다. 점주들의 생존권을 보장하기 위해서죠. 이게 출점할 때 가장 중요한 고려 요소입니다. 일본에 비해 한국은 너무 가맹점이 많은 것 아닌가 싶습니다.

Q 일본 편의점도 포화 논란이 있습니다.

A 상위 3개 사가 매년 2,000여 개씩 점포 늘리고 있습니다. 그래도 아직 성장 여력 있다고 봅니다. 일본도 한국처럼 다른 유통업은 침체됐는데 편의점만 압도적으로 성장하고 있거든요. 특히 요즘은 편의점이 재해 발생 시 물, 음식 등을 피해 지역으로 가장 먼저 보내며 긴급구호소 역할을 합니다. 재해가 일어나면 점장이나 아르바이트생도 피해자가 될 수 있기 때문에, 편의점 본사에서 직원을 파견해 구호 활동을 하죠. 재해 발생 시 도로가 폐쇄돼도 편의점 보급 차량은 통행할 수 있도록 우대받습니다.

최근 일본에서 유행하는 저가스테이크전문점 '이키나리 스테이크'. 카운터에 있는 요리사가 고객의 주문대로 스테이크를 1g 단위로 썰어서 무게를 달아 보여준다. 고객이 원하는 양을 미세하게 조절해주고 고기 상태를 보여줘 신뢰감을 준다.

이키나리 스테이크는 고객이 서서 먹는 시스템이다. 체류 시간을 줄여 회전율을 높이는 전략이다. 다소 불편하긴 하지만 가성비가 뛰어나고 소지품 보관 바구니 등 최대한 편의를 제공해 직장인들에게 인기가 높다.

Q 한국 프랜차이즈 본사는 로열티보단 물류 마진이 주요 수익원입니다. 일본은 어떤가요?

A 일본은 로열티가 주요 수익원이다. 한국에선 로열티를 할인해주거나 안 받는 식으로 경쟁하는데, 일본은 로열티를 확실히 받는 전략을 취합니다. 로열티는 프랜차이즈의 근간이라 생각합니다. 전체 프랜차이즈의 약 70~80%가 로열티 방식을 취해 압도적으로 많습니다.

Q 한국 프랜차이즈는 상장한 업체가 매우 적은데 일본도 그런가요?

A 가맹점 1,000개 이상인 대형 브랜드가 100개 정도 되는데 이들의 70%

정도가 상장돼 있습니다. 편의점업체는 전부 상장했고 외식업 브랜드도 비교적 많이 상장했다. 프랜차이즈협회 이사회 활동하는 업체들도 대부분 상장했습니다.

Q 일본 프랜차이즈는 일부 지역에만 가맹점을 낸다는데 이유가 궁금합니다.

A 전국 단위로 출점하지 않는 경향이 있습니다. 일본은 옛날부터 지역별로 문화가 많이 달랐어요. 간사이 지방, 홋카이도, 규슈 문화가 상이합니다. 여기서 잘 팔린다고 저기서도 잘 팔린다고 확신할 수 없어요. 그래서 특정 지역에서 충성도를 높이는 전략을 많이 씁니다.

Q 일본에서 최근 뜨는 프랜차이즈는 무엇인가요?

A 서서 먹는 저가 스테이크전문점이 크게 성장하고 있습니다. 일본은 지금까지 고기를 파는 가게는 가격대가 높았기 때문에 좋은 반응을 얻었어요. 숙성한 고기전문점도 잘됩니다. 전반적으로 육류 소비가 트렌드이며 저가형 외에 아주 비싼 고깃집도 인기가 있어서 양극화가 진행되고 있습니다.

Q 일반 자영업자가 프랜차이즈에 밀리는 문제는 없나요?

A 일본은 프랜차이즈 가맹점과 독립 창업자 간 생존율이 크게 차이 나지 않습니다. 개인 창업은 정말 실력에 자신 있는 사람들만 뛰어들기 때문이죠. 수십 년씩 지속 경영하고 있는 자영업자도 많습니다.

최한우
리얼커머스 대표

고객은 소비한다,
고로 위로받는다

　　최한우 리얼커머스 대표는 1990년대 중반 삼성물산에서 근무하며 일본 생활
용품전문점 '도큐핸즈'를 국내에 론칭하려 했으나 IMF로 무산됐다. 이후 일본
에서 활동하는 패션 사업가로 변신했다. 리얼커머스는 현재 일본 최대 온라인
쇼핑몰 라쿠텐에 입점한 한국 패션 브랜드 중 가장 큰 매출을 기록 중이다. 일본
의 앞선 유통 트렌드를 흡수해 한국에 전하는 일도 하고 있다.

Q 　최근 일본 유통 트렌드에 대해 알려주세요.

A 　일본에서 백화점은 유통의 핵심축에서 밀려났습니다. 매출이 감소하기
　　시작한 지 오래됐고 어디까지 떨어질까가 관건이 됐어요. 백화점이 다
　　시 유통의 중심이 되긴 어려울 것 같습니다. 백화점이 퇴화하면서 가장
　　발전한 게 복합쇼핑몰이에요. 입점업체가 보통 1,000개 이상 될 정도로
　　커서 일본에선 '메가몰'이라 부르죠. 메가몰은 전문점의 집합체라고 할

수 있습니다. 주요 브랜드들이 메가몰에 입점하기 위해 전문점 형태로 변모하고 있고요. 가령 A브랜드가 메가몰에 입점하고 싶은데 가격대가 비싸다면, 메가몰에 맞는 콘셉트의 브랜드를 새로 만들 정도입니다. 그만큼 입점 경쟁이 치열해요. 메가몰은 앞으로도 계속 성장하리라고 봅니다.

Ⓠ 편의점 트렌드는 어떤가요?

Ⓐ 편의점은 생필품이란 본연의 영역을 넘어 계속 확장 중입니다. 세탁소나 택배의 기프트카드를 팔거나 도서를 취급해 서점 역할을 한 지는 이미 오래됐어요. 점포수가 많아 포화 논란이 일지만 사업 영역만 놓고 보면 아직도 추가할 게 많습니다. 편의점은 어차피 '거점 비즈니스'에요. 그 안에 편의시설을 다 모으려 하죠. 저만 해도 하루에 편의점을 최소 3번은 갑니다. 편의점은 앞으로도 격전의 장소의 될 것입니다. 거점 비즈니스는 무엇이든 할 수 있으니까요. 거점 비즈니스의 원초적 형태는 우체국이었어요. 이제는 편의점이 그 역할을 하고 있습니다.

유통전문기업인 세븐&아이홀딩스(일본 편의점 1위인 세븐일레븐 운영)는 복합쇼핑몰과 편의점을 양축으로 성장하고 있습니다. 슈퍼마켓 계열사도 갖고 있지만 편의점 쪽으로 힘을 넣어서 가고 있어요. 스즈키 도시후미 세븐&아이홀딩스 회장은 직원들에게 이렇게 말했습니다. "일본 가정의 냉장고를 없애라. 편의점이 전 국민의 냉장고가 되자." 편의점의 상품 종류만 해도 일본이 한국보다 10배는 많습니다. 일본 편의점만 계속 벤치마킹해도 한국에서 성공할 수 있을 것 같아요. 세계에서 한국과 라이프 스타일이 가장 유사한 게 일본이니까요. 저는 일본이 외국이라고 생각하지 않습니다. 한국에서 상품을 들여와 일본에 팔고 있는데 품질이나 유행의 시차가 거의 없어요. 트렌드가 거의 똑같습니다.

Q 한국과 일본이 비슷하다지만 그래도 차이점이 있다면 무엇일까요?

A 일본은 온라인 쇼핑몰 시장이 그리 발달하지 않았습니다. 신상품이 나오면 온라인 쇼핑몰보다 오프라인 매장에 먼저 선보입니다. 일부러 시차를 둡니다. 오프라인 매장에서 제대로 대우받고 싶어 하는 일본 소비자의 특성 때문이죠. 온라인보다 가격이 비싼 오프라인 쇼핑을 선호하는 게 합리적이진 않은데 일본 국민성이고 문화인 것 같습니다.

일본 소비자는 브랜드 충성도가 한국보다 높습니다. '단골'이 되려는 성향이 더 강해요. 일본의 마케팅 키워드는 '안심(安心)'입니다. 가게가 '나'라는 소비자를 잘 알고 있다고 생각돼야 안심합니다. 그래서 일본은 '접객(接客)' 서비스가 발달했습니다. 가게 입구에서부터 담당 직원이 대기하고 있고, 손님이 들어오면 몇 시간이고 달라붙어서 친절하게 설명합니다. 일본도 오프라인 쇼핑 업황이 그리 좋지 않아요. 그래도 그나마 버틸 수 있었던 게 접객 때문입니다.

Q 일본의 접객 서비스가 어느 정도인지 예를 들어주세요.

A '사토'라는 한 중소 카메라업체는 대기업보다 구매력(Buying Power)이 약하니까 가격으로 승부하기 어렵습니다. 그래서 타깃으로 선택한 게 카메라 초심자인 소비자들이에요. 손님이 아무 생각 없이 매장에 들어서면 접객을 최소 1시간, 길게는 5시간까지도 합니다. 대화 주제도 제품이 아닌, 손자 얘기를 하는 식이죠. 손자 얘기하면서 '손자 사진을 이렇게 찍으면 좋다'는 식으로 은근히 카메라를 사고 싶게 합니다. 물론 그러다가 제품을 안 사고 가면 비효율적이지만, 회사는 그런 비효율과 잉여를 허용합니다. 덕분에 단골이 많이 생겨 영업이익률이 45% 정도나 됩니다.

도큐핸즈 사례도 재밌습니다. 일본에선 '곤란할 때는 도큐핸즈를 간다'

일본 생활용품전문점 도큐핸즈는 전문 직원이 상주하고 소비자가 찾는 거의 모든 것을 제공해 '곤란할 때는 도큐핸즈에 간다'는 말이 나왔을 정도다.

는 말이 있어요. 가령 배관 설비를 고치다가 잘 안 되면 동네 철물점 대신 도큐핸즈로 갑니다. 할인 없이 무조건 정가로 파는 데도 그렇습니다. 그곳에 컨설팅을 해주는 판매원이 있기 때문이죠. 이들은 사실 본사에서 구매 업무를 담당하는 바이어(Buyer)예요. 제품에 대해 잘 아는 이들이 앞치마를 두르고 실제 매장 나가서 판매 사원이 됨으로써 소비자에게 전문적인 설명이나 컨설팅을 해줍니다. 도큐핸즈는 상품 구색도 엄청나게 다양합니다. 점포당 상품수가 35만 여 개나 돼요. 소비자가 찾는 거의 모든 것을 제공할 수 있습니다. 제가 1990년대 중반에 한국에서 도큐핸즈를 도입하려 했지만 상품을 7만 개까지 모으다 더 못 모아서 포기했습니다. 20년 전 얘기지만 지금도 별 차이 없을 거예요. 그만큼 산업의 깊이가 다릅니다.

Q 한국에서도 접객 마케팅이 통할까요?

A 그렇습니다. 물론 소비자가 가성비를 정말 원하는 제품들이 있습니다. 하지만 그 외에는 가성비가 아니라, 소비를 통해 위로받고 싶어 하죠. 사토 카메라는 '가게에서 위로받길 원하는 고객'을 타깃으로 해서 성공한 것입니다. 한국도 접객 서비스를 최대로 끌어올리길 강조하고 싶습니다.

리밍(李明)
로손 홍보실 매니저

나카쇼쿠(중식)
다음 트렌드는
우치쇼쿠(가정식)

2016년 9월 16일 오후 3시경. 일본 편의점업계 3위인 로손 본사를 찾았을 때 로비에는 수많은 사람들로 북적거렸다. 로손에 PB상품을 납품하기 위해 찾아온 제조업체 관계자들이었다. 계약만 성사되면 전국 1만 2,500여 개나 되는 매장에 납품하게 되니 제조업체들의 구애가 뜨거울 수밖에 없다. 물론 가맹점이 1만 개가 넘은 국내 편의점도 비슷한 상황이다. 편의점이 유통채널의 핵심으로 자리했음을 보여주는 장면이다.

리밍 매니저는 중국인이었다. 회사를 대표에서 언론을 상대하는 홍보 담당자는 '회사의 얼굴'이라 할 수 있다. 그런 자리에 중국인을 채용했다는 게 놀라웠다. 로손의 열린 기업 문화가 느껴진다. 인터뷰 전 그는 기자에게 "해외 언론 중 한국에서 특히 취재를 많이 온다. 가깝기도 하지만 생활 패턴이 비슷해서 관심이 많은 것 같다"고 말했다.

Q 일본 편의점과 로손의 경영 현황에 대해 말해주세요.

A 일본 전체 편의점은 약 5만 7,000개인데 세븐일레븐이 1만 8,000개, 로손이 1만 2,500개로 업계 2위입니다(2016년 9월 기준). 그런데 최근 업계 3위인 훼미리마트가 4위 서클K산쿠스를 인수, 점포가 1만 8,000개로 늘어남에 따라 로손이 3위가 됐어요. 합병 후 3개 업체의 점포수가 전체 일본 편의점의 90%를 차지할 것입니다.

Q 한국 프랜차이즈 산업의 최근 특징은 다점포 점주가 늘고 있다는 것입니다. 특히 편의점 업종에서 급증하고 있는데 일본은 어떤가요?

A 일본도 마찬가지입니다. 로손의 가맹점주는 약 6,000명인데, 회사 차원에서 다점포 경영을 장려하고 있어요. 점포가 늘어날수록 점주는 로손이란 회사에 일체감을 느끼고 충성도가 높아져 함께 일하기 쉬워지고 서로 의존하게 되기 때문이죠. 점포를 4개 이상 운영하는 점주를 '매니지먼트 오너'라고 하는데, 로손은 현재 147명의 매니지먼트 오너가 총 1,436개 점포를 운영하고 있습니다.[22]

Q 일본 편의점 포화 논란에 대한 입장이 궁금합니다.

A 2000년대 중반에 편의점이 4만 개 정도 됐을 때부터 시장 포화 얘기가 나왔습니다. 하지만 지금 5만 개를 넘어 6만 개를 향해 가고 있습니다. 타깃 상권과 상품 구색이 다양해지며 주 고객층이 20~30대 1인 가구 직장인에서 여성과 노인층으로 확대되고 있기 때문이에요. 과거에는 대로변 위주로 점포를 열었는데, 요즘은 지하철역이나 우체국, 공항 등 특수상권으로 출점해 틈새시장을 노리고 있습니다. 상품 구색도 생

---

22 매니지먼트 오너 1인당 평균 9.8개를 운영하는 셈.

필품은 물론, ATM이나 커피, 택배 등으로 다양해지고 있어요. 아직도 추가할 서비스가 많아 성장 여력 있다고 봅니다.

Q 한국은 2015년 하반기부터 편의점 도시락 시장이 급성장하고 있습니다. 일본은 이 시장이 한국보다 앞서 발달했는데 현재 어느 정도인가요?

A 삼각김밥(오니기리), 면, 샐러드 등 나카쇼쿠 계통[23]이 전체 매출에서 40%를 차지합니다. 옛날부터 계속 해오던 품목이라 최근 성장률은 그리 높지 않아요. 요즘은 반찬을 사서 집에서 해먹는 '우치쇼쿠(가정식)' 시장이 성장하고 있습니다. 전자레인지에 데워 먹거나 뚜껑 열면 바로 먹을 수 있는 반찬이 인기에요. 이런 제품을 과거에는 슈퍼마켓에서만 취급했는데 2010년대 초반부터 편의점에서도 많이 취급하고 있습니다.

일본 편의점에서 파는 다양한 식품들. 샐러드(왼쪽)만 해도 종류가 10여 개나 되고, 레토르트 형태로 반조리 포장되지 않아 훨씬 신선하다. 편의점 객단가를 높이는 또 다른 공신들이다.

---

23 나카쇼쿠(なかしょく, 中食)는 밖에서 사먹는 외식(外食)과 집에서 해먹는 내식(內食)의 중간 개념으로, 밖에서 사 오거나 집에서 시켜 먹는 형태의 식문화를 말한다. 편의점 도시락, 각종 배달 음식, 반찬가게, 가정간편식(HMR) 등이 대표적인 예. 외식하기엔 동행할 사람이 없고, 집에서 해먹는 건 귀찮아 하는 1인 가구가 주요 소비층이다. 1인 가구가 먼저 보편화된 일본에선 2000년대 중반부터 일찌감치 나카쇼쿠 시장이 발달했고, 최근 우리나라도 트렌드를 뒤따르고 있다.

Q 우치쇼쿠 외에 또 어떤 상품이 인기 있나요?

A 고령화 때문에 당뇨 등 생활습관 관련 환자가 늘고 있어 건강에 대한 소비자 관심이 높습니다. 덕분에 녹즙, 브랑(Bran, 당분을 80% 제거한 현미빵) 같은 건강식이 잘 팔립니다. 녹즙은 원래 맛이 없거나 비싼데, 로손은 200엔(약 2,200원) 이하 저렴한 가격에 맛도 좋고 건강에도 좋은 제품을 팔고 있습니다. 특히 브랑은 '내추럴 로손'[24]에서 테스트로 내놓았는데 맛있고 저렴해 엄청나게 히트를 쳤습니다. 일반 로손 전점에서 판매하면서 2015년 5월부터 2016년 2월까지 총 4,200만 개가 팔렸어요.

Q 세븐일레븐, 훼미리마트 등 다른 브랜드와 차별화하기 위한 로손의 전략은 무엇인가요?

A 우리는 '로손 팜(Farm)'이란 농장을 직접 운영해 로손에서 파는 식재료를 공급하고 있습니다. 현재 전국에 23곳뿐이어서 공급률은 전체 물량의 10%밖에 안 되는데, 계속 확대해나갈 계획입니다. 로손이 직접 생산하니 품질 관리가 엄격합니다. 여기서 나온 채소를 직접 팔기도 하고, 도시락에 넣어서 팔기도 합니다. 편의점 중 유일하게 개호(노인 복지) 전문 로손 매장도 현재 6곳 운영하고 있습니다. 여기선 죽 등 '개호식품'이나 노인용 기저귀 등 위생용품을 판매해요. 현재 테스트 단계인데, 고령화가 진행되고 있는 만큼 확대해나갈 계획입니다.

---

24 로손은 고급화 정도에 따라 '내추럴 로손', '로손', '로손100' 세 가지로 브랜드를 세분화했다. 가장 고급 매장인 내추럴 로손은 와인, 건강식, 미용용품, 수입 과자 등 고급 PB상품의 테스트 매장 역할을 한다. 20~30대 여성 고객을 편의점으로 끌어들이기 위해 2011년 처음 선보였다. 여기서 시장성이 입증되면 일반 로손 매장으로 판매망을 확장한다. 내추럴 로손 매장은 130여 개뿐이고 거의 도쿄 시내에 있다. 로손100은 100엔(소비세 포함 약 1,200원)짜리 상품만 파는 균일가 매장이다. 주택가의 노인이나 주부를 타깃으로 2005년 선보였다. 로손100 매장은 800여 개인데, 요즘은 100엔숍, 드러그스토어 등 다른 가성비 좋은 매장에 밀려 재미는 못 보고 있다.

Q 한국은 편의점이 점점 대형화되고 있습니다. 일본은 어떤가요?

A 로손도 대형 매장이 계속 늘고 있습니다. 단 지하철역 등 틈새 상권에선 작은 매장이 문을 열고 있어 평균은 120제곱미터(약 36평) 정도에요. 점포당 3,500여 종의 상품이 들어가고 하루 평균 1,000만 명(전체 로손 점포 기준)의 고객이 방문합니다.

Q 인건비 부담이 상당한데 '무인 편의점' 출점 계획은 없나요?

A 무인 편의점은 아직 불가능하다고 봅니다. 대신 적은 인원으로 매장을 운영할 수 있게 시스템 효율을 높이려 하죠. 예를 들어 복잡한 계산 단말기를 단순화해 조작법을 쉽게 한다든지, 현재 냉동·냉장 배송차가 따로 있는데, 이를 한 차에 함께 넣어서 배송하게 해 편의점 납품 횟수를 줄이는 방법을 검토 중입니다.

Q 편의점이 100엔숍이나 드러그스토어와 점점 닮아가는 것 같습니다. 편의점만의 차별화 포인트는 무엇인가요?

A 점포수가 압도적으로 많다는 게 편의점의 특장점입니다. 바잉 파워(Buying Power)가 좋아서 원가를 낮출 수 있고, 그만큼 가격 대비 품질 좋은 제품을 제공할 수 있어요. 특히 나카쇼쿠쪽에선 압도적으로 편의점 상품이 좋습니다. 향후 새로운 서비스를 추가하려 할 때도 점포가 많다는 장점을 십분 활용할 수 있어요. 가령 아마존과 배송 제휴를 할 때 100엔숍이나 드러그스토어보다는 전국망이 깔린 편의점에 제안할 가능성이 높습니다.

🎙 나오는 글

기자라면 누구나 꿈꾸는 달콤한 두 글자가 있다. 바로 '특종' 또는 '단독'이다. 다른 어떤 기자들보다 먼저 사회에 영향력 있는 뉴스를 보도한다는 건 기자로서, 또 매체로서도 가장 뿌듯하고 가슴 설레는 순간이다.

운이 좋았던지 나도 6년여 기자 생활 동안 그런 순간을 여럿 맛봤다. 선천적 장애로 유기된 영아를 거두는 이종락 주사랑교회 목사의 베이비박스 이야기, 파리바게뜨의 점주 권리금 간섭 논란, 경비원에 대한 최저임금 적용률 인상으로 부산 해운대 아파트 경비원들이 해고 위기에 처했던 사건, CEO들의 카카오톡 대문글 소개, 공공기관의 어이없는 구식 채용 행태, 연회비 4억 원 이상 VVIP들의 글로벌 폐쇄형 와인 모임 '피코피' 이야기, 이랜드가 킴스클럽 매각 발표 전 직원 120여 명을 편법 해고하려 한 정황, 국내 편의점 최초 CU 1만호점 돌파 당시 박재구 BGF리테일 대표를 취임 4년여 만에 처음으로 단독 인터뷰한 일 등이 먼저 떠오른다.

돌아보면 1년에 한두 번 정도 기억에 남는 단독 보도를 한 듯하다. 성과는 쏠쏠했다. 주사랑교회의 베이비박스는 보도 후 국내 타 언론사는 물론, BBC 등 글로벌 매체에서도 연이어 후속 보도가 이뤄졌다. 덕분에 2011년 취재 당시 56명이었던 주사랑교회의 아이들은 2017년 1월 현재 900여 명으로 늘었고, 후원금도 많이 답지했다고 한다. 또 해운대 아파트에선 경비원 해고를 위한 주민 투표가 부결됐다. 주사랑교회 전도사와 해운대 아파트 입주민에게 "고맙다"는 인사를 받았을 때, 이것만으로도 기자로서 더 바랄 게 없다고 생각했다.

그런데 2016년부터 자영업 시장을 본격적으로 취재하기 시작한 후, 나는 생각지도 않던 단독 기사를 많이 쓰게 됐다. 2014년 말부터 3년째 매년 해오고 있는 '프랜차이즈 다점포율' 기획이 대표적이다. 또 공정위가 치킨 프랜차이즈 순위를 엉터리로 조사·발표한 사건, 1~2주에 불과한 창업 교육 기간의 부실 문제, 강훈 망고식스 대표의 지나치게 잦은 신규 브랜드 론칭 논란도 그렇다. 1년에 한두 번씩 하던 단독 보도가 분기에 한 번꼴로 잦아졌다.

내가 다른 기자들보다 취재를 잘해서라고 생각지 않는다. 그보다는 다른 기자들이, 나아가 다른 매체들이 자영업 시장에 큰 관심을 갖지 않기 때문이라고 본다.

우리나라에는 수많은 전문기자가 있다. IT, 유통, 부동산, 여행·레저, 의학 등등…. 그런데 유독 창업전문기자는 아직 없다. 청년실업과 베이비붐 세대 은퇴로 그 어느 때보다 창업이 급증하는 이때, 국내 언론은 창업 시장을 깊이 있게 조망하지 않는다. 언론에 광고를 할 만한 대기업이 없는 영세한 시장이기 때문이다. 최근 쏟아지는 자영업 시장 위기에 대한 보도는 주의를 환기하는 효과는 있지만, 창업 방법론이나 옥석 가리기 등 구체적 대안을 제시하지는 못한다.

이런 상황에서 단독 기사를 많이 쓴다고 내 마음이 편할 리 없다. 나는 다른 매체의 친한 기자나 PD를 만날 때마다 강조한다. 창업 시장 좀 취재해보라고. 단독으로 쓸 주제가 널렸다고. 국내 자영업 시장은 종사자가 600만여 명에 달하지만, 정부, 학계, 언론, 시민단체 등의 관심은 태부족이다. 창업 관련 취재를 하다가 자문을 구하려 수소문해도 마땅한 교수나 전문가를 찾기 힘들 정도다.

이렇게 '버려진 시장'이다 보니 자격도 검증되지 않은 일부 창업컨설턴트들이 전문가 행세를 하며 시장을 호도한다.

지금도 나는 국내 창업 시장에 대해 쓰고 싶은 기사나 책이 많다. 국내 프랜차이즈 본사들의 기부(사회공헌활동) 실적은 어떤지, 브랜드의 생멸 주기는 과거와 어떻게 달라졌는지, 투잡하기 좋은 프랜차이즈는 뭔지, 다점포 점주들이 프랜차이즈 포트폴리오를 어떻게 짜는지, 다점포 점주를 넘어 기업형 점주 현황은 어떤지, 창업설명회를 성실하게 하는 '착한 프랜차이즈'는 어딘지, 선진국의 프랜차이즈 운영 실태는 어떤지 등등···. 취재 아이템은 기자에게 핵심 자산이다. 그럼에도 이를 만천하에 공개하는 건 나의 단독 보도 욕심보다는, 다른 매체가 함께 취재에 뛰어들어 자영업자와 예비창업자들에게 정보가 많이 제공되기를 진심으로 바라기 때문이다.

앞으로도 나는 〈매경이코노미〉와 라디오, 방송, 강연, 기고, 저서 등 가능한 한 많은 채널을 활용해 국내 자영업 시장 선진화를 위한 취재 활동을 계속할 것이다. 그게 더 이상 단독이 아니라면 좋겠다. '물먹는' 기자가 돼도 좋다. 그게 국내 600만 자영업자에게 이로운 일이니까. 다시 한 번 국내 자영업 시장에 대한 사회적 관심을 촉구한다. 그리고 정보가 제한된 시장인 만큼, 자영업자도 더 부지런히 공부하고 발품을 팔아 창업하시길 부탁드린다.

쌩초보도 고수로 거듭나는 창업의 정석

프랜차이즈 트렌드 2017

초판 1쇄 발행 2017년 2월 10일
    2쇄 발행 2017년 3월 31일

지은이 노승욱

펴낸이 전호림

기획·책임편집 권병규

마케팅·홍보 강동균 박태규 김혜원

펴낸곳 매경출판㈜

등 록 2003년 4월 24일(No. 2-3759)

주 소 (04557) 서울시 중구 충무로 2 (필동1가) 매일경제 별관 2층 매경출판㈜

홈페이지 www.mkbook.co.kr **페이스북** facebook.com/maekyung1

전 화 02)2000-2631(기획편집) 02)2000-2636(마케팅) 02)2000-2606(구입 문의)

팩 스 02)2000-2609 **이메일** publish@mk.co.kr

인쇄·제본 ㈜M-print 031)8071-0961

ISBN 979-11-5542-620-3(03320)

책값은 뒤표지에 있습니다.
파본은 구입하신 서점에서 교환해 드립니다.

〈단위: 만 원〉

업종	상호	기준 매장(평)	창업비용(부가세 별도)							점포 비용		예상 총창업 비용
			가맹비	교육비	인테리어	장비, 기자재	본사 보증금	기타	총계	예상 보증금(상권)	예상 권리금	
중가 커피	디초콜릿 커피앤드	15	1,000		3,250	4,800	500	500	1억 50	5,000(A)	1억	2억 5,050
독서실	토즈 스터디센터	60	1,000		2억 3,780		-	-	2억 4,780	5,000(C)	-	2억 9,780
베이커리	브레댄코	15	500	200	4,000	4,200	1,000	1,032	1억 932	4,000(B)	6,000	2억 932
	뚜레쥬르	25 (일반형)	500	150	5,000	1억 4,700	1,000	850	2억 2,200	6,670(B)	1억	3억 8,870
	파리바게뜨	17 (일반형)	500	150	4,000	7,600	1,500	3,600	1억 7,350	4,500(B)	6,750	2억 8,600
외식	본죽	10	100	800	1,500	1,500	300	1,850	6,050	2,700(B)	3,900	1억 2,650
	본죽&비빔밥 카페	16	1,200	-	3,230	2,540	300	1,590	8,860	4,270(B)	6,400	1억 9,530
	큰맘할매 순대국	20	500	200	2,400	2,190	300	630	6,220	5,300	7,950	1억 9,470
	원할머니 보쌈족발	30	1,200		4,500	3,411	300	-	9,411	1억(A)	2억	3억 9,411
	하남돼지집	30	2,000	-	5,100	4,000	1,000	점포별 상이	1억 2,100~	1억(A)	2억	4억 2,100~
	그램그램	40	2,500	500	6,600	5,500	100	680	1억 5,880	1억 640(B)	1억 6,000	4억 2,520
	놀부 부대찌개 / 보쌈	30	750	500	4,500	2,870	300	250	9,170	1억(A)	2억 6,600	4억 5,770
피자	피자헛	25	2,850	250	6,200	1억 1,300	200	-	2억 800	6,670(B)	1억	3억 7,400
		40	2,850	250	9,100	1억 5,300	200	-	2억 7,700	1억 640(B)	1억6000	5억 4,340
	피자알볼로	20	1,500	500	3,850	4,250	-	1,000	1억 1,100	3,400(C)	3400(C)	1억 7,900
	도미노피자	25	3,000	200	1억 6,000		500	200	1억 9,900	6,670(B)	1억	3억 6,570
	미스터피자	25	3,000	250	5,000	4,760	2,000	700	1억 5,710	6,670(B)	1억	3억 2,380
커피	탐앤탐스	30	1,000		6,000	6,078	1,000	1,170	1억 5,248	1억(A)	2억	4억 5,248
	엔제리너스	30	1,000	120	7,500	9,000	약 2,000	-	1억 9,620	1억(A)	2억	4억 9,620
	할리스	40	1,000		9,800	5,700	1,000	1,800	1억 9,300	1억 3,300(A)	2억 6,600	5억 9,200
	카페베네	40	1,000		8,000	9,050	500	1,100	1억 9,650	1억 3,300(A)	2억 6,600	5억 9,650
패스트 푸드	맘스터치	25	500	-	3,750	5,250	100	1,800	1억 1,400	7,100(B)	7,100	2억 5,600
	써브웨이	17	1,100	-	3,570	7,800	-	1,010	1억 3,480	5,700(A)	1억 1,400	3억 580
	롯데리아	60	1,500	240	1억 3,800	1억 8,000	-	-	3억 3,540	1억 6,000(B)	2억 4,000	7억 3,540
	파파이스	50	1,500	120	7,500	1억	-	5,600	2억 4,720	1억 3,280(A)	1억 9,920	5억 7,920
	버거킹	60	3,000	300	3억 8,000		6,300	-	4억 7,600	1억 6,000(B)	2억 4,000	8억 7,600
여관	야놀자	20객실	1,500	-	2억 2,000 (객실당 1,100)		1,500	-	2억 5,000	-		-
모텔		40객실	1,500	-	8억 1,000 (객실당 2,100)		2,000	120	8억 7,620	약 40억(B)		약 50억
	여기어때	35객실	1,500	-	6억 3,000 (객실당 1,800)		1,000	-	6억 5,500	약 35억(B)		약 42억

*기타는 간판, 홍보물, 이벤트비용, 초도 상품대 등. 철거 및 외부공사, 전기승압, 가스공사, 화장실공사, 냉난방기공사, 닥트공사 등은 별도임
*토즈스터디센터는 3층 이상 매장 기준
*맥도날드는 국내 사업권 매각 완료될 때까지 가맹점 모집 중단함
*창업비용은 VAT 별도 기준, 점포비용(보증금+권리금)은 서울 기준
*자료: 각 사 자료와 한국창업부동산정보원의 '서울 주요 상권 임대 보증금, 권리금 산정 방식'을 취합

2017년 프랜차이즈 다점포율

구분	상호	전체점포	직영점	가맹점	다점포	2017 다점포율	2016 다점포율	2015 다점포율	증감
편의점	CU	1만 509	110	1만 339	3,825	37	40.9	39.9	-3.9
	GS25	1만 362	110	1만 252	3,214	31.3	34.7	31.8	-3.4
	미니스톱	2,317	63	2,254	590	26.2	23.3	20.9	2.9
	세븐일레븐	8,405	90	8,315	2,108	25.4	24.4	20.1	1
	위드미	1,536	9	1,527	119	7.8	7.1	1	0.7
피자	파파존스	107	39	68	37	54.4	49.2	-	5.2
	피자헛	334	0	334	92	27.5	9.5	37.1	18
	피자알볼로	250	10	240	65	27.1	-	-	-
	미스터피자	390	19	371	91	24.5	32	40.1	-7.5
	도미노피자	426	102	324	비공개	비공개	38.9	36.7	-
커피	엔제리너스	889	96	793	368	46.4	27.5	29.8	18.9
	마노핀	55	40	15	6	40	22.2	-	17.8
	이디야커피	1,786	7	1,779	598	33.6	29.2	27.8	4.4
	오가다	78	13	65	10	15.4	-	-	-
	카페베네	850	23	827	123	14.9	비공개	6.9	-
	파스쿠찌	407	42	365	46	12.6	16.1	-	-3.5
	드롭탑	220	7	213	24	11.3	-	-	-
	커피랑도서관	21	3	18	2	11.1	-	-	-
	탐앤탐스	462	57	405	36	8.9	11.2	17.4	-2.3
	투썸플레이스	758	48	710	61	8.6	9.6	-	-1
	셀렉토커피	137	1	136	2	1.5	-	-	-
	요거프레소	786	0	786	10	1.3	1	-	0.3
	커피베이	413	5	408	2	0.5	1.7	0.5	-1.2
	더카페	196	7	189	비공개	비공개	-	-	-
	빽다방	513	2	511	비공개	비공개	-	-	-
저가주스	쥬씨*	814	4	810	약 142	17.5	-	-	-
	커피식스미니	429	1	208	16	7.5	-	-	-
	쥬스식스		1	219					
외식	놀부*	990	21	969	440	45.4	45.4	40.8	0
	하남돼지집	190	10	180	72	40	43.3	-	-3.3
	한촌설렁탕	65	5	60	22	36.7	36.7	-	0
	포메인	134	2	132	42	31.8	32.5	-	-0.7

구분	상호	전체점포	직영점	가맹점
외식	이바돔*	170	27	143
	본죽&비빔밥 카페	170	4	168
	본죽	1,177	2	1,175
	원할머니보쌈*	246	3	243
	박가부대찌개*	126	2	124
	오니기리와 이규동	147	3	144
	코코이찌방야	24	21	3
	더본코리아	780	14	766
패스트푸드	롯데리아	1,316	127	1,189
	써브웨이	189	0	189
	파파이스	127	16	111
	맘스터치	970	0	970
	KFC	215	215	0
	버거킹	253	188	65
생활용품	양키캔들	150	15	135
	다이소	1,106	706	410
디저트	옥루몽	19	0	19
	공차	390	71	319
	던킨도너츠	821	145	655
	설빙	466	7	459
	배스킨라빈스 31	1,106	80	1,116
	디저트39	140	0	140
간편식	본도시락	233	3	230
	한솥도시락	668	5	663
빵	브레댄코	65	4	61
	뚜레쥬르	1,303	14	1,289
	파리바게뜨	3,355	39	3,400
주점	봉구비어	754	7	747
	청담동 말자싸롱	200	5	195
김밥	김가네	426	1	425

다점포	2017 다점포율	2016 다점포율	2015 다점포율	증감
30	21	22.8	-	-1.8
234	17.4	13	9.3	4.4
26	10.7	18.2	13.5	-
4	3.2			-
4	2.8	-	-	-
0	-	-	-	-
비공개	비공개	43.2	-	
292	24.6	26.5	28.2	-1.9
31	16.4	12.6	10.8	3.8
10	9	10.4	8.3	-1.4
64	6.6	-	-	-
-	-	-	4.3	-
비공개	비공개	-	-	-
50	37	31	16.3	6
51	12.4	14.1	6.3	-1.7
5	26.3	4.5	-	21.8
74	23.2	25.6	17.6	-2.4
56	8.5	14.1	-	-5.6
22	4.8	5.7	-	-0.9
42	3.8	3.2	-	0.6
2	1.4	-	-	-
22	9.6	10.3	7.7	-0.7
42	6.3	8.4	7.5	-2.1
20	32.8	26.9	24	5.9
100	7.8	8	9	-0.2
227	6.7	6.8	6.9	-0.1
83	11.1	11	6.9	0.1
18	9.2	-	-	-
30	7.1	7.5	5.6	-0.4

구분	상호	전체점포	직영점	가맹점	다점포	2017 다점포율	2016 다점포율	2015 다점포율	증감
김밥	바푸리	230	0	230	15	6.5	6.8	-	-0.3
	바르다김선생	185	3	182	10	5.5	3.6	-	1.9
	가마솥김밥	20	1	19	0	0	0	-	0
치킨	페리카나**	1,203	0	1,203	152	12.6	12.4	12.3	0.2
	BBQ	1,480	30	1,450	110	7.6	10.2	9.8	-2.6
	BHC치킨	1,370	0	1,370	89	6.5	3.4	3.2	3.1
	교촌치킨**	1,015	0	1,015	16	1.6	7.7	7.4	-6.1
	굽네치킨	939	0	939	0	0	0	0	0
	호식이 두마리치킨**	1,002	2	1,000	51	0	-	-	-
세탁	크린토피아**	2,445	112	2,242	91	4.1	1.1	0.9	3
떡볶이	아딸	780	0	780	104	13.3	13.8	13.3	-0.5
	죠스떡볶이**	311	2	309	10	3.2	3.5	7.9	-0.3
	국대떡볶이	88	4	84	0	0	0	1.9	0
문구	모닝글로리	305	4	301	6	2	2	1.9	0
프리미엄 독서실	그린램프 라이브러리	21	21	-	10	47.6		-	-
	토즈스터디 센터	198	5	193	32	16.6	24.4	-	-7.8
	온더데스크	50	1	49	8	16.3	18.2	-	-1.9
힐링카페	미스터힐링	36	1	35	4	11.4		-	-
만화카페	놀숲	102	-	102	2	2	-	-	-
스크린 야구	스트라이크존	94	2	92	27	29.3		-	-
	리얼야구존	128	2	126	18	14.3		-	-
모텔	야놀자모텔	121	8	113	38	34	20	-	14

* 2016년 4분기 기준
* 놀부, 이바돔은 프랜차이즈 내 복수 브랜드 포함한 기준. 쥬씨는 다점포수 대신 다점포율만 밝힘. 원할머니보쌈, 박가부대찌개는 2015~2016년에는 통합해 다점포율을 밝혔지만 2017년엔 브랜드별로 따로 밝힘
** 가족, 지인 명의 다점포 포함(나머지는 동일 점주 명의 기준)

프랜차이즈별 예상 창업 비용

업종	상호	기준 매장 (평)	가맹비	교육비	인테리어	장비, 기자재	본사 보증금	기타	총계	예상 보증금 (상권)	예상 권리금	예상 총창업 비용
세탁	크린토피아 (편의점)	6	300	-	700	258	300	5	1,563	1,000(C)	1,000	3,563
	크린토피아 (멀티숍)	15	300	-	2,500	7,204	300	5	1억309	2,500(C)	2,500	1억5,309
치킨	또래오래	10	600	100	950	560	100	-	2,310	1,600(C)	1,600	5,510
	네네치킨	10	-	150	1,200	700	200	550	2,800	1,600(C)	1,600	6,000
	60계	10	1,000	300	1,400		-	300	3,000	1,600(C)	1,600	6,200
	BHC	8	700	180	1,280	620	300	420	3,500	1,300(C)	1,300	6,100
	BHC	20	1,000	200	3,200	982	400	420	6,202	5,300(B)	7,950	1억9,452
	BBQ	8	1,000	280	1,480	850	500	2,870	6,980	1,300(C)	1,300	9,580
	BBQ	30	2,000	380	5,700	2,550	500	4,550	1억5,680	8,000(B)	1억2,000	3억5,680
	페리카나치킨	10	300		1,500	1,000	-	300	3,100	2,500(C)	2,500	8,100
	굽네치킨	10	-		1,800	3,600	-	200	5,600	1,600(C)	1,600	8,800
	교촌치킨	15	600	310	2,380	1,065	200	650	5,205	2,500(C)	2,500	1억205
주점	투다리	12	300	60	2,820		100	-	3,280	2,000(C)	2,000	7,280
	봉구비어	10	300	200	4,000	1,000	-	0	5,500	1,600(C)	1,600	8,700
저가 커피·주스	빽다방	5	300		2,500	1,750	500	1,600	6,650	1,350(B)	2,025	1억25
	쥬씨	10	500	500	2,000	2,130	200	-	5,330	2,700(B)	3,900	1억1,930
	커피식스미니/ 쥬스식스	5	500	200	1,500	963	500	700	4,363	1,350(B)	2,025	7,738
	커피식스+쥬스식스	8	1,000	200	2,000	1,653	500	900	6,200	2,160(B)	3,240	1억1,653
간편식	봉구스밥버거	10	500	50	2,250	640	50	670	4,160	1,700(C)	1,700	7,560
	오레시피	10	500	300	1,700	1,500	200	600	4,800	1,700(C)	1,700	8,200
	한솥도시락	12	500	200	1,800	3,300	200	-	6,000	3,200(B)	4,800	1억4,000
	본도시락	12	1,100	-	2,100	1,815	200	780	5,995	3,200(B)	4,800	1억3,995
떡볶이	아딸	10	700	100	1,400	1,410	200	700	4,510	2,700(B)	3,900	1억1,110
	죠스떡볶이	10	500	200	2,700	2,900	200	1,085	7,585	2,700(B)	3,900	1억4,185
김밥	김가네김밥	10	500	200	1,800	1,500	200	500	4,700	2,700(B)	4,050	1억1,450
	바르다김선생	15	700	300	4,725	4,150	200	1,440	1억1,515	4,000(B)	6,000	2억1,515
생활용품	양키캔들	12	500	-	3,400		100	660	4,660	4,000(A)	8,000	1억6,660
	다이소	60	1,200	-	1억380		4,000	6,600	2억2,180	1억6,000(B)	2억4,000	6억2,180
편의점	CU, GS25 세븐일레븐 미니스톱	20	700		본부 지원		GS25만 200	1,500	2,200	6,700(A) 5,300(B) 3,400(C)	1억3,400(A) 7,950(B) 3,400(C)	2억2,300(A) 1억5,450(B) 9,000(C)
디저트	스무디킹	15	1,000	500	4,800	5,100	1,000	-	1억2,400	4,000(B)	6,000	2억2,400
	공차	15	1,500	300	5,500	3,900	1,000	750	1억2,950	4,000(B)	6,000	2억2,950
	베스킨라빈스31	20 (로드샵)	500	150	5,800	6,200	800	1,200	1억4,650	6,700(A)	1억3,400	3억4,750
	던킨도너츠	20	500	150	4,300	7,500	1,000	2,600	1억6,050	6,700(A)	1억3,400	3억6,150
	망고식스	50	1,000		9,000	1억1,100	1,000	1,500	2억3,600	1억3,300(B)	1억9,950	5억6,850
중가 커피	커피식스	15	500	200	3,000	2,300	500	500	7,000	4,000(B)	6,000	1억7,000
	이디야	15	1,000		3,400	3,500	500	1,500	9,900	5,000(A)	1억	2억4,900
	마노핀	20	1,000	250	3,600	3,577	1,000	500	9,927	5,300(B)	7,950	2억3,177